Dr. Henry Cloud und Dr. John Townsend

Liebevoll Grenzen setzen

Durch Liebe und Konsequenz zur Selbständigkeit erziehen

Dr. Henry Cloud und Dr. John Townsend

Liebevoll Grenzen setzen

Durch Liebe und Konsequenz zur Selbständigkeit erziehen

SCHULTE & GERTH

Die amerikanische Originalausgabe erschien im Verlag
ZondervanPublishingHouse, Grand Rapids, Michigan
unter dem Titel
„Boundaries with Kids".
© 1998 by Henry Cloud und John Townsend
© der deutschen Ausgabe 2001 Gerth Medien GmbH, Asslar
Aus dem Amerikanischen übersetzt von Karoline Kuhn.

Die Edition „Neues Leben" wird herausgegeben von Rainer Schacke.
Sie erscheint in Zusammenarbeit mit dem Magazin „Neues Leben"
(Altenkirchen/Berlin).

Best.-Nr. 815 709
ISBN 3-89437-709-7
1. Auflage 2001
Umschlaggestaltung: Michael Wenserit
Umschlagphoto: ZEFA
Satz: Typostudio Rücker
Druck und Verarbeitung: Schönbach-Druck
Printed in Germany

Inhalt

Einleitung

Warum das Ganze?

„Was ist denn das für ein neues Buch, das ihr da schreibt, Henry und du?", fragte mein 7-jähriger Sohn Ricky neugierig.
„Es geht um Kinder und Grenzen", gab ich zurück.
Ricky überlegte einen Moment und sagte dann nachdenklich: „Ich mag ganz gern Grenzen aufstellen, aber hören tu ich sie gar nicht so gern!"

Da geht's dir nicht anders als dem Rest der Menschheit, Ricky. Wir alle haben nichts dagegen, anderen um uns herum Grenzen zu setzen, aber wir werden gar nicht gerne selbst von ihnen eingeschränkt. Rickys Statement beschreibt die Grundeinstellung aller Kinder (und fast aller Erwachsenen): „Was mir gefällt, ist gut, und was mich frustriert, ist schlecht." Seit den Zeiten von Adam und Eva wehren wir Menschen uns dagegen, die Verantwortung für unser eigenes Leben zu übernehmen.

Unsere Aufgabe als Eltern ist es, unseren Kindern dabei zu helfen, von innen her das zu entwickeln, was wir ihnen von außen vorgelebt haben: Verantwortungsgefühl, Selbstbeherrschung und innere Freiheit. Die dazu nötigen Grenzen aufzustellen und beizubehalten ist zwar keine einfache Aufgabe, aber mit den richtigen „Zutaten" ist der Erfolg einfach wunderbar!

Warum Grenzen?

Vor einigen Jahren haben wir zusammen das Buch *Nein sagen ohne Schuldgefühle* geschrieben. In diesem Buch haben wir das Konzept vorgestellt, nach dem uns das Festsetzen von bestimmten Grenzen hilft, unser Leben besser in den Griff zu bekommen und Gott und andere Menschen mehr zu lieben. Die große Popularität dieses Buches hat bewiesen, dass es unendlich viele Menschen gibt, die in schwierigen oder zwanghaften Beziehungen stecken, mit emotionalen Problemen oder Konflikten bei der Arbeit zu kämpfen haben oder Ähnlichem.

Seit der Veröffentlichung von *Nein sagen ohne Schuldgefühle* haben uns immer wieder Eltern gefragt, wie sich die Prinzipien aus dem Buch auf die Kindererziehung übertragen lassen. Alle Eltern möchten gesunde, liebesfähige und selbstständige Kinder erziehen und dazu sind Grenzen unabdingbar. Für diese Eltern ist dieses Buch gedacht.

Wer sollte dieses Buch lesen?

Wir hatten beim Schreiben Eltern von Kindern jeden Alters vor Augen, vom Kleinkind bis zum Teenager. Das Buch kann aber auch Menschen eine Hilfe sein, die nicht (nur) mit eigenen, sondern auch mit Kindern anderer Leute zu tun haben, wie Erziehern, Jugendmitarbeitern, Lehrern oder auch Großeltern.

Man muss nicht unbedingt mitten in einer Krise stecken, um aus diesem Buch Gewinn zu ziehen. Eigentlich passen die hier beschriebenen Prinzipien auch auf alle „normalen" Familiensituationen. Doch natürlich gelten sie besonders in Krisenzeiten und bei massiven Problemen, die nun mal in den besten Familien vorkommen können. Sie werden viele Impulse und hilfreiche Lösungswege zu folgenden Problemfeldern finden:

- Impulsivität
- Mangelnder Respekt
- Autoritätsprobleme
- Jammern
- Aufschieben von Dingen
- Unzuverlässigkeit
- Schulische Probleme
- Wiederkehrende Konflikte mit Freunden
- Sexuelle Übergriffe
- Drogenkonsum
- Gangkonflikte

Dabei ist dieses Buch aber keineswegs *problemorientiert*, sondern es geht eher um bestimmte Prinzipien, die Kindern dabei helfen sollen, das Ruder ihres Lebens selbst in die Hand zu nehmen. Diese Konzepte entstammen einem eingehenden Studium der Aussagen, die Gott in der Bibel zu den Themen Verantwortung, Haushalterschaft und Selbstbeherrschung sagt.

Das Buch ist nicht chronologisch aufgebaut, mit einzelnen Kapiteln zu den verschiedenen Altersstufen des Kindes. Wir haben das Buch absichtlich anders strukturiert, weil wir denken, dass die dargestellten Prinzipien allgemein gültig sind und auf Kinder aller Entwicklungsstufen angewendet werden können. Natürlich muss man sie dem Kind alters- und entwicklungsgerecht vermitteln; dazu haben wir viele Beispiele und Illustrationen eingefügt, die verdeutlichen, was Sie von einem Kind welchen Alters erwarten können und was auf welche Situation passt.

Eigentlich geht es in diesem Buch vielmehr darum, wie Sie sich als Eltern Ihrem Kind gegenüber verhalten als darum, das Kind zu verändern. Grenzen akzeptieren zu lernen hat viel damit zu tun, dass man Erfahrungen macht, zum Beispiel Konsequenzen für ein bestimmtes Verhalten erlebt und Verantwortung für seine Fehler übernimmt. Dieser Wachstumsprozess wird in der Bibel sehr treffend beschrieben: „In dem Augenblick, in dem wir gestraft werden, bereitet uns das nicht Freude, sondern Schmerz. Aber später bringt es denen, die durch diese Schule gegangen sind, als Frucht Frieden und die Annahme bei Gott" (Hebräer 12,11).

Während Sie lernen, wie Sie Ihr Kind zur Selbstständigkeit erziehen können, lernt Ihr Kind den Wert dieser Verantwortlichkeit schätzen. Doch der Prozess beginnt bei Ihnen! Also, seien Sie in diesem Buch herzlich willkommen! Wir beten, dass Sie hier Hilfe, Informationen und neue Hoffnung finden und Ihre Kinder zu selbstständigen, liebesfähigen Menschen erziehen können.

Teil 1

Warum Kinder Grenzen brauchen

1. Die Zukunft beginnt jetzt

Es war ein ganz normaler Tag, aber er veränderte den Erziehungsstil meiner Freunde für immer.

Wir hatten gerade ein gemeinsames Abendessen genossen und ich (Henry Cloud) unterhielt mich mit meinem Freund Bruce, während seine Frau Allison den Tisch verließ, um noch ein paar Dinge zu erledigen. Als Bruce einen Anruf bekam, ging ich zu Allison, weil ich sehen wollte, ob ich ihr helfen konnte.

Ich hörte sie im Zimmer ihres 14-jährigen Sohnes rumoren und platzte dort in eine Szene herein, die mich alarmierte: Allison war fröhlich dabei, Kleidungsstücke zusammenzulegen und das Bett zu machen. Als sie mich sah, setzte sie das Gespräch vom Tisch ganz normal fort: „Ich bin schon so gespannt auf die Fotos von unserer Reise! Es war so ...“

„Allison, was machst du da?“, fragte ich erstaunt.

„Na, nach was sieht das denn wohl aus? Ich räume Camerons Zimmer auf!“, gab sie zurück.

„Du machst *was*?“

„Ich räume Camerons Zimmer auf. Warum guckst du mich denn so komisch an?“

Da konnte ich nicht anders, als ihr die Zukunftsvision mitzuteilen, die sich gerade in meinem Kopf abspielte: „Mir tut Camerons zukünftige Frau jetzt schon Leid!“

Allison richtete sich auf, sah mich entsetzt an und floh aus dem Zimmer. Ich ging ihr nach und fand sie regungslos in der Küche sitzend vor. Weil ich nicht so recht wusste, was ich sagen sollte, schwieg ich einfach und nach einer Weile sagte sie: „So habe ich es noch nie betrachtet.“

Das tun wir alle nicht. Wir erziehen unsere Kinder jetzt und denken nicht unbedingt ständig an die Zukunft. Es gibt ja auch in der Gegenwart schon genug Probleme. Manchmal kommt es einem schon wie eine große Errungenschaft vor, wenn man einen Nachmittag hinter sich gebracht hat, ohne sein Kind zum Nordpol zu wünschen. Doch eine unserer Aufgaben als Eltern ist es, ein Auge auf die Zukunft unserer Kinder zu haben. Wir wollen unsere Kinder zu selbstständigen Erwachsenen erziehen.

Eltern verhalten sich ihren Kindern gegenüber so, wie es ihrer Natur entspricht. Allison zum Beispiel ist von ihrem Typ her eine *Helferin* und tut anderen Menschen gern einen Gefallen, so auch ihrem Sohn. Andere Menschen haben wieder andere Veranlagungen. Entspanntere Mütter lassen die Zimmer ihrer Söhne in Ruhe, auch wenn sie noch so wüst aussehen. Strengere Typen verhängen drakonische Strafen, wenn das Bett nicht ordentlich gemacht ist. Ganz sicher verlangt die Kindererziehung eine flexible Einstellung. Es gibt Zeiten zum Helfen, Zeiten, sich herauszuhalten und Zeiten, wo man streng sein muss. Die wirklich wichtige Frage ist jedoch die: Tun Sie das, was Sie tun, mit einem bestimmten Ziel vor Augen? Oder handeln Sie einfach aus Gründen heraus, die Sie nicht überdenken? Liegen diese Gründe in Ihrer Veranlagung, Ihren eigenen Kindheitserfahrungen, der momentanen Stimmung oder einer Angst begründet?

Denken Sie daran: Erziehung hat mit mehr zu tun als nur diesem Augenblick! Sie bereiten Ihr Kind auf seine Zukunft vor. Der Charakter einer Person ist Ihr Ziel!

Denn der Charakter eines Menschen bestimmt zu einem großen Teil, wie er im Leben vorwärts kommt. Ob jemand in Beziehungen und im Beruf *Erfolg* hat, hängt sehr stark von seinen Fähigkeiten und Gewohnheiten ab. In einer Welt, die angefangen hat, jedes Fehlverhalten mit den verschiedensten Begründungen wegzuerklären, fragen sich viele Menschen, warum ihr Leben nicht funktioniert. *Die meisten unserer Probleme entstehen jedoch aus charakterlichen Schwächen.* Wenn wir aber innere Stärke besitzen, gelingt unser Leben oft auch trotz widriger Umstände. Fehlt uns diese innere Stärke, bleiben wir unweigerlich entweder stecken oder fallen auf die Nase. Ganz praktisch bedeutet das: Wenn eine Beziehung Verständnis und Vergebungsbereitschaft benötigt und wir diese Eigenschaften nicht mitbringen, wird die Beziehung scheitern. Und wenn eine schwierige Phase im Beruf Geduld und Durchhaltevermögen erfordert und wir diese beiden Qualitäten nicht besitzen, werden wir versagen. Charakter ist beinahe alles!

Das Wort *Charakter* bedeutet für jeden etwas anderes. Manche Menschen meinen damit moralisches Funktionieren oder Integrität. Wir benutzen das Wort, um das gesamte Innenleben einer Person zu beschreiben – das, was diesen Menschen ausmacht. Der Charakter eines Menschen sind seine Fähigkeiten und Fehler, seine moralischen Vorstellungen, seine Beziehungsfähigkeit und die Art, wie er Aufgaben erledigt. Wie verhält er sich in bestimmten Situationen? Wie begegnet er den Aufgaben und Anfragen, die ihm täglich begegnen? Ist er liebesfähig? Kann er sich verantwortungsvoll verhalten? Empfindet er Mitgefühl für andere? Entwickelt er seine Begabungen weiter? Kann er Probleme lösen? Kann er mit Niederlagen umgehen? Inwiefern spiegelt er das Wesen Gottes wider? Dies sind nur ein paar der Fragen, die den Charakter eines Menschen definieren.

Wenn es stimmt, dass der Charakter eines Menschen seine Zukunft bestimmt, dann geht es bei der Kindererziehung hauptsächlich darum, Kindern zu helfen, dass sie einen Charakter entwickeln, der sie sicher durchs Leben bringt. Eltern und Menschen, die mit Kindern arbeiten, tun gut daran, das im Hinterkopf zu behalten: Ein Hauptziel aller Erziehung ist es, Kindern dazu zu verhelfen, dass sie einen Charakter entwickeln, der ihre Zukunft positiv bestimmt.

Erst als Allison sich diese Zukunft vor Augen malte, veränderte sich ihr Erziehungsstil. Sie half Cameron gern, doch im Grunde war ihr *Helfen* keine echte Hilfe für Cameron. Er hatte dadurch bereits eine Grundhaltung entwickelt, in der er sich von der Hilfe anderer abhängig machte und dies beeinflusste bereits seine Beziehungen deutlich negativ. Allison hatte ihm immer gern dabei geholfen, das Chaos in Ordnung zu bringen, das er hinterließ. Cameron zu helfen schien ihr eine Möglichkeit zu sein, ihm Liebe zu zeigen.

Doch Allison war ja nicht nur eine Mutter, sondern auch eine erwachsene Frau und eine Ehefrau. Als sie in die Zukunft blickte und sich vorstellte, dass Cameron immer die Verantwortung für sein Leben anderen überlassen würde, begann sie sich Sorgen zu machen. Was sie als Mutter gerne tat, fanden andere Menschen vielleicht lästig. Sie begann, sich Cameron gegenüber anders zu verhalten. Er sollte ein Gefühl für seine Selbstständigkeit bekommen und dafür, wie sein Verhalten sich auf andere Menschen auswirkte. Schließlich sollten auch andere Menschen später einmal ein Teil seiner Zukunft sein.

In diesem Sinne meinen wir unsere Aussage, dass die Zukunft jetzt beginnt. Wenn Sie eine Mutter oder ein Vater sind, dann sollten Sie Ihrem Kind dabei helfen, seine Zukunft zu gestalten. Die Verhaltensmuster, die ein Kind früh lernt, prägen seinen Charakter und damit auch sein späteres Leben. Ihre Rolle bei dieser Charakterbildung können Sie gar nicht überbewerten. Schon in Sprichwörter 22,6 heißt es: „Bring einem Kind am Anfang seines Lebens gute Gewohnheiten bei, es wird sie auch im Alter nicht vergessen."

Vorsorge ist besser ...

In unserem Buch *Nein sagen ohne Schuldgefühle* sprachen wir darüber, wie man Charakterbrüche heilen kann, die durch fehlende Grenzen entstanden sind. Seitdem haben wir unzählige Reaktionen von Menschen bekommen, die uns mitteilten, wie sehr sich ihre Liebesfähigkeit und Lebensqualität durch das Aufstellen von neuen Grenzen verbessert haben. Nichts ist aufregender und erfüllender als mitzuerleben, wie Menschen wachsen und sich verändern.

Doch eins ist uns in unserer Arbeit deutlich geworden: Menschen mit Grenzenproblemen haben diese nicht erst als Erwachsene entwickelt. Sie haben ihre Verhaltensmuster früh im Leben eingeübt und dann diese schädlichen Muster weiter beibehalten. Als Kinder haben sie meist die folgenden Grenzenprobleme erlernt:

- die Unfähigkeit, zu Menschen Nein zu sagen, die einen verletzen, oder ihnen Grenzen zu setzen
- die Unfähigkeit, Nein zu eigenen destruktiven Impulsen zu sagen
- die Unfähigkeit, ein Nein von anderen hinzunehmen und deren Grenzen zu respektieren
- die Unfähigkeit, den Lohn einer Mühe abzuwarten und Dinge durchzuziehen
- die Tendenz, sich zu unselbstständigen oder kontrollierenden Menschen hingezogen zu fühlen und diese *heilen* zu wollen
- die Tendenz, die Verantwortung für andere übernehmen zu wollen
- Manipulierbarkeit und Beeinflussbarkeit
- Schwierigkeiten mit Intimität und Nähe zu anderen Menschen
- die Unfähigkeit, ehrlich und offen gegenüber Nahestehenden zu sein
- die Unfähigkeit, andere auf Konflikte anzusprechen und diese konstruktiv zu lösen
- ständige Opfermentalität, statt das Leben selbstbewusst anzupacken

- Abhängigkeiten und zwanghaftes Verhalten
- schlechte Selbstorganisation und mangelndes Durchhaltevermögen

Nachdem uns dies klar geworden war, begannen wir vorsorgend zu arbeiten. Es ist wunderbar, Erwachsenen zu helfen, die schon seit Jahren mit Grenzenproblemen zu tun haben, aber wichtiger ist es uns, bereits bei Kindern zu verhindern, dass sie später überhaupt mit solchen Schwierigkeiten zu kämpfen haben! Diese Gedanken haben uns dazu gebracht, das vorliegende Buch zu schreiben.

Die meisten Erwachsenen, die wir kennen gelernt haben, hatten durchaus wohlmeinende Eltern, die allerdings oft keine Ahnung hatten, wie sie ihren Kindern gesunde Grenzen vermitteln sollten. Sie haben also im Grunde ihre eigenen mangelnden Fähigkeiten, Grenzen zu ziehen, einfach an ihre Kinder weitergegeben. Damit das bei Ihnen anders wird und Sie Ihren Kindern gute Gewohnheiten mit auf den Weg geben können, gibt es dieses Buch.

Viele Eltern haben selbst erleben müssen, wie schwierig und auch schmerzvoll es sein kann, das Grenzenziehen zu lernen, und sie möchten verhindern, dass ihre Kinder einmal einen ebenso mühsamen Weg gehen müssen. Für ein Kind ist es wesentlich einfacher zu verkraften, wenn es gewisse Privilegien verliert, als es für einen Erwachsenen ist, seine Ehe oder berufliche Karriere zerstört zu sehen. Zudem haben diese Eltern begriffen, dass Grenzen ein wichtiger Schlüssel zu gelingenden Beziehungen sind, und sie wollten lernen, diese entscheidenden Prinzipien in ihrer Familie zu leben. Die Fragen, die uns in diesem Zusammenhang am häufigsten begegneten, waren im Wesentlichen den folgenden drei Gruppen zuzuordnen:

- Wie kann ich meinem Kind Grenzen nahe bringen?
- Wie kann ich angemessen auf der Einhaltung von Grenzen bestehen?
- Wie kann ich sicherstellen, dass meine Kinder nicht dieselben Probleme mit Grenzen bekommen wie ich?

Wir möchten Ihnen diese Fragen beantworten und Ihnen eine Hilfe dabei sein, Ihre Kinder zu liebesfähigen Menschen mit gesunden Grenzen zu erziehen.

16

Kinder werden „grenzenlos" geboren

Eine Grenze ist eine Art *Zaun* um einen Menschen herum; sie definiert, wo eine Person aufhört und die andere beginnt. Wenn wir die Grenzen einer Person kennen, wissen wir, was wir von ihr erwarten können. Wir können davon ausgehen, dass diese Person sich im Hinblick auf ihre eigenen Gefühle, Verhaltensweisen und Einstellungen verantwortlich zeigt. Ich habe unzähligen Paaren dabei zugehört, wie sie sich gegenseitig die Schuld für ein Problem zuzuschieben versuchten, wobei keiner von ihnen die Verantwortung für sein eigenes Handeln übernehmen wollte. In einer Beziehung aber können wir festlegen, was wir voneinander erwarten, und dann muss jeder seinen Teil dieser Abmachung erfüllen. Nur wenn wir die Verantwortung für unser eigenes Handeln annehmen, kann eine Beziehung funktionieren und wir erreichen unsere Ziele.

Kinder sind da nicht anders. Ein Kind muss wissen, wo seine Person anfängt, wofür es selbst verantwortlich ist und was nicht in seiner Zuständigkeit liegt. Wenn ein Kind in einer Umgebung aufwächst, in der es nie klar erkennen kann, wo seine persönlichen Grenzen und Verantwortungsbereiche liegen, kann es nicht die Selbstkontrolle erlernen, die es braucht, um erfolgreich durchs Leben zu steuern. Verwirrung bezüglich der persönlichen Grenzen führt zum Gegenteil: Ein solcher Mensch versucht andere zu kontrollieren und hat selbst keine Kontrolle über sich. Eigentlich ist das eine recht passende Beschreibung für ein normales Kind: Ein Kind ist eine kleine Person, die sich selbst nicht unter Kontrolle hat, dafür aber versucht, jeden um sich herum zu kontrollieren. Es denkt gar nicht daran, mehr Selbstkontrolle zu lernen, um den Wünschen von Mama und Papa gerecht zu werden; es möchte, dass Mama und Papa die Anforderungen herunterschrauben!

Da sehen Sie, warum Elternschaft so schwierig ist. Kinder werden nicht mit einem gesunden Gefühl für Grenzen geboren. Sie erlernen es durch Beziehungen und Disziplin. Damit Kinder lernen, wer sie sind und wo ihre Eigenverantwortung liegt, müssen ihre Eltern auf klaren Grenzen bestehen und diese den Kindern so vermitteln, dass sie sie verstehen und respektieren können.

Wenn Kinder mit klaren Grenzen aufwachsen, können sie folgende positive Eigenschaften entwickeln:

- ein ausgeprägtes Gefühl dafür, wer sie selbst sind
- ein ausgeprägtes Gefühl dafür, für was sie verantwortlich sind
- die Fähigkeit, Entscheidungen zu treffen
- das Wissen, dass gute Entscheidungen gute Folgen und schlechte Entscheidungen schlechte Folgen nach sich ziehen
- echte Liebesfähigkeit aufgrund von innerer Freiheit

Wenn ein Kind gesunde Grenzen kennt, kann es Selbstständigkeit, Verantwortlichkeit, innere Freiheit und Liebesfähigkeit lernen. Wenn Sie Ihrem Kind dann noch eine Beziehung zu unserem liebenden Gott vermitteln können, dann haben Sie alles erreicht, was man sich als Eltern wünschen kann. Doch die Frage ist, wie kann das passieren?

Die drei Eltern-Rollen

Die Elternschaft kann man von vielen verschiedenen Seiten betrachten. Manche sehen sich als eine Art Trainer ihrer Kinder, andere als Polizisten, wieder andere einfach als Freunde und manche sogar als Gott. Teilweise steckt in allen diesen Rollen ein Stück Wahrheit.

Aus unserer Sicht besteht die Aufgabe von Eltern oder anderen Erziehungsberechtigten aus folgenden drei Elementen:

- Beschützer/Wächter
- Verwalter
- Quelle

Beschützer/Wächter

Ein Beschützer ist gesetzlich für das Kind verantwortlich und schützt und bewahrt es in dieser Eigenschaft. Warum ist es nun die Aufgabe der Eltern, ein Kind zu beschützen und zu bewahren?

Die Bibel sagt, dass ein Minderjähriger bis zu einem festgelegten Zeitpunkt „von Vormündern und Vermögensverwaltern abhängig ist" (Galater 4,2). Kinder besitzen nicht die Weisheit und das Wissen, um sich selbst zu schützen. Sie kennen noch nicht den Unterschied zwischen richtig und falsch, Gefahr und Sicherheit, gut und besser. Sie denken nicht an die Folgen ihres Handelns. Wenn sie also ihre Grenzen austesten, bringen sie sich in Gefahr. Weisheit erwächst nur aus Erfahrung und davon besitzt ein Kind noch nicht viel.

Ein Beschützer bietet dem Kind ein sicheres Umfeld, in dem es lernen und Weisheit gewinnen kann. Wenn es zu wenig Freiheit hat, um Erfahrungen zu machen, bleibt es für immer ein Kind. Wenn es zu viel Freiheit hat, kann es sich selbst verletzen. Daher ist das feine Gleichgewicht zwischen Freiheit und Grenzen eine der größten Herausforderungen der Elternschaft.

Zum Beschützen gehört auch das Erstellen angemessener Grenzen, um Kinder vor bestimmten Gefahren zu bewahren:

- Gefahrenzonen in ihnen selbst
- Gefahren von außen
- Freiheiten, mit denen sie noch nicht umgehen können
- Unpassende und böse Verhaltensweisen oder Einstellungen (wie Aggressionen oder Drogenmissbrauch)
- die eigene Tendenz, abhängig zu bleiben und nicht selbstständig werden zu wollen

Eltern in ihrer Rolle als Beschützer wachen über ihrem Kind und sorgen dafür, dass es sicher und gesund aufwächst. Oft brauchen sie dazu bestimmte Grenzen; so muss zum Beispiel die Freiheit des Kindes eine Zeit lang eingeschränkt werden, um es vor sich selbst zu schützen. Mit wachsender Reife des Kindes werden diese Grenzen dann flexibel erweitert.

Verwalter

Ein Verwalter oder Manager sorgt dafür, dass die Dinge laufen – Ziele sollen verwirklicht und Erwartungen erfüllt werden. Kinder kommen nicht diszipliniert auf die Welt; deshalb müssen sie Disziplin von außen lernen. Ein Verwalter lehrt diese Disziplin, indem er darauf achtet, dass das Kind seine Sachen erledigt und sich weiterentwickelt.

Gute Verwalter beaufsichtigen die harte Arbeit, die nötig ist, um Ziele zu erreichen. Sie kontrollieren, lehren, ziehen Konsequenzen, korrigieren, halten die Ordnung aufrecht, strafen und vermitteln Fähigkeiten.

Als Allison beschloss, Cameron davon abzuhalten, weiterhin

unselbstständig zu bleiben, musste sie diesen Prozess verwalten. Wie Sie sicher ahnen, war Cameron nicht gerade begeistert von dem neuen Plan! Allison musste zunächst einige Ziele formulieren und die Konsequenzen ziehen, damit ihr Sohn die Disziplin lernte, die er brauchen würde, wenn er später einmal mit jemand anderem als seiner Mutter zusammenleben wollte. Kurz gesagt musste Allison Camerons Unreife verwalten. Zum Beispiel gab sie ihm einen bestimmten Zeitrahmen, innerhalb dessen er sein Zimmer in Ordnung bringen und kleinere Aufgaben im Haushalt erledigen sollte. Sie erklärte ihm, was passieren würde, wenn er dies nicht tat, und sie hielt die Konsequenzen ein, die sie ihm gegenüber angekündigt hatte. Cameron büßte einige Privilegien ein und spürte, was Faulheit kosten kann.

Regeln spielen eine wichtige Rolle in der Verwalterschaft. Grenzen zu setzen und das Kind zur Verantwortlichkeit anzuhalten erfordert allerdings ein klares Verständnis von diesen Grenzen. Darüber wollen wir später noch mehr hören.

Quelle

Kinder kommen ohne Ressourcen zur Welt. Sie können sich nicht selbst versorgen und schützen. Sie haben außerdem nicht-materielle Bedürfnisse, von denen sie nicht wissen, wie sie sie stillen sollen. Kinder brauchen Liebe, geistliche Nahrung, Weisheit, Unterstützung und Wissen und all das liegt außerhalb ihrer Reichweite.

Die Eltern sind die Quelle all dieser Dinge. Sie sind die Brücke zur Außenwelt, die alles bietet, was man zum Leben braucht. Auch im Geben und Nehmen dieser Notwendigkeiten spielen Grenzen eine große Rolle. Kinder müssen lernen, wie sie Dinge empfangen und verantwortlich damit umgehen, und später auch, wie sie langsam immer mehr für sich selbst sorgen können. Am Anfang sind die Eltern die alleinige Quelle; doch mit der Zeit verleihen sie ihrem Kind mehr und mehr die Fähigkeit, sich selbst mit dem zu versorgen, was es braucht.

Die Quelle für seine Kinder zu sein ist schön, aber auch schwierig. Wenn Eltern grenzenlos geben, lernen Kinder, anspruchlich und egozentrisch zu werden. Undankbarkeit wird dann zu einem ihrer Charaktermuster. Wenn Eltern hingegen mit dem Notwendigen zu zurückhaltend sind, geben Kinder irgendwann auf und versuchen gar nicht mehr, Ziele zu erreichen und befriedigende Belohnungen zu erwarten. Wir werden sehen, wie Grenzen und Regeln dabei helfen, die Ressourcen zu strukturieren.

Verantwortung übernehmen lernen

Als Cameron in den Prozess der Selbstverantwortung hinein-genommen wurde, fehlte ihm so einiges:

- Er verspürte keinerlei Bedürfnis, sein Zimmer aufzuräumen. Seine Mutter hatte jedoch dieses Bedürfnis.
- Er fühlte sich zum Aufräumen nicht motiviert. Seine Mutter schon.
- Er plante keine Zeiten ein, um aufzuräumen. Seine Mutter tat das.
- Er hatte keine organisatorischen Fähigkeiten. Seine Mutter dage-gen sehr wohl.

Wie lernte Cameron also, die Verantwortung für sein eigenes Leben zu übernehmen? Es fand ein langsamer Austausch dieser Fähigkei-ten von außen (seiner Mutter) nach innen statt. Am Ende verspürte seine Mutter nicht mehr die Bedürfnisse und Motivation, die eigent-lich Cameron empfinden sollte, und sie nahm sich auch nicht mehr die Zeit und setzte ihre Fähigkeiten ein, um seine Angelegenheiten zu erledigen. Stattdessen machte Cameron das selbst. Grenzen und Regeln kurbelten diesen Prozess an. Was Cameron nur von außen kannte, konnte er nun verinnerlichen.

Im Folgenden werden wir über den Prozess sprechen, mit dem Kinder Strukturen und Gewohnheiten verinnerlichen können, die sie nicht von Natur aus besitzen. Wenn Sie Ihre Kinder rechtzeitig an gesunde Grenzen gewöhnen, stehen die Chancen gut, dass sie die Motivation, die Fähigkeiten und den Willen entwickeln, ein liebe-volles, verantwortliches, gerechtes und erfolgreiches Leben vor Gott und den Menschen zu führen. Und darum geht es bei dem Wörtchen Charakter.

2. Wie sieht Charakter eigentlich aus?

Als Allison sich das spätere Eheleben ihres Sohnes vorstellte, wurde ihr klar, dass Selbstständigkeit ein wichtiges Erziehungsziel darstellte. Sie konzentrierte sich von da an nicht mehr ausschließlich darauf, mit den Anforderungen des Moments fertig zu werden, sondern sie dachte auch an Camerons langfristige Charakterentwicklung. Zu was für einer Art Mensch wollte sie ihren Sohn erziehen?

Natürlich möchten wir, dass unsere Kinder selbstständig und verantwortungsbewusst werden. Aber oft haben wir kein klares Bild von den Charaktereigenschaften, die uns am wichtigsten sind. Manchmal ist man auch einfach schon mit der Aufgabe überfordert, den nächsten Tag oder nur die nächste Stunde zu bewältigen! Doch wenn wir nach vorn schauen und die Person sehen, die unser Kind einmal werden soll, dann können wir die meisten Erziehungsprobleme anders betrachten. Es ist entscheidend wichtig, dass Sie beginnen, die großen Zusammenhänge zu sehen: Wenn Sie Klein-Martin dazu bringen, seine Hausaufgaben zu machen, dann geht es eben nicht nur darum, diese Sache zu erledigen, sondern daran hängt die ganze Zukunft seiner späteren beruflichen Karriere oder seiner Ehe. Deshalb möchten wir mit Ihnen eine kleine Reise ins „Zwanzig-Jahre-später"-Land machen. Wir wollen Ihnen einige Qualitäten vorstellen, die wir für überaus wichtig halten und bei deren Entwicklung Grenzen eine wichtige Rolle spielen.

Liebesfähigkeit

Paulus schreibt, dass die wichtigsten Eigenschaften des Menschen Glaube, Liebe und Hoffnung sind, dass die Liebe aber die größte unter diesen dreien darstellt (1. Korinther 13,13). Die meisten Eltern würden wohl sagen, dass sie sich wünschen, ihre Kinder zu liebesfähigen Menschen zu erziehen.

Liebesfähige Menschen wissen, dass sich die Welt nicht ausschließlich um sie dreht. Bevor sie handeln, wägen sie die Folgen ihres Tuns für die Menschen um sie herum ab. Psychologisch ausgedrückt sind sie nicht egozentriert – nicht wie diejenigen, die der Meinung sind, dass nur sie allein zählen und die anderen Menschen nur dazu da seien, um ihre Wünsche und Bedürfnisse zu erfüllen.

Doch manchmal haben die liebevollsten Eltern die egozentrischsten Kinder. Wie kommt das? Wir haben alle schon Sätze gehört wie: „Du weißt doch, wie Susan ist. Sie denkt immer nur an sich!" Und oft kommt Susan aus einer unheimlich netten Familie. Doch ihre Eltern haben ihr nie Grenzen gesetzt, die sie gelehrt hätten, die Gefühle anderer Menschen zu respektieren. Diese Grenzenlosigkeit hat zu der egoistischen Einstellung geführt, die Susans Liebesfähigkeit nun drastisch einschränkt. Eine Kindheit ohne Grenzen und Regeln kann auch zu Abhängigkeitsproblemen führen.

George saß niedergeschlagen in meinem (Henry Clouds) Büro. Seine Frau Janet, die er sehr liebte, hatte ihn gerade verlassen, weil er schon wieder seine Stelle verloren hatte. George war sehr begabt und schien eigentlich alles zu haben, um die Erfolgsleiter zu erklimmen. Doch er wurde immer wieder gekündigt, weil er sich verantwortungslos verhielt und keine Aufgabe zu Ende brachte. Und nun hatte Janet die Nase voll.

„Ich liebe sie so sehr", schluchzte George. „Kann sie das denn nicht sehen?"

„Ich glaube Ihnen, dass Sie Ihre Frau lieben", sagte ich. „Aber ich kann mir nicht vorstellen, dass sie diese Liebe wahrnehmen kann. Sie sieht den Effekt, den Ihr Verhalten auf sie und die Kinder hat, und wahrscheinlich fragt sie sich: ‚Wie kann er uns nur so behandeln? Er liebt uns nicht!' Sie können nicht nur einfach sagen, dass Sie jemanden lieben, aber dann nichts dafür tun! Liebe ohne die Früchte der Liebe ist eigentlich gar keine richtige Liebe. Ihre Frau fühlt sich sehr ungeliebt wegen alledem, was Sie ihr zugemutet haben!"

Wenn George Janet zurückerobern wollte, würde das nicht mit ein paar weiteren leeren Versprechungen klappen. Er musste sich selbst Grenzen setzen, um die Kontrolle über sich zu gewinnen, die ihn zu einem verantwortungsvollen Menschen machen würde. Janet würde nur noch auf Taten reagieren, nicht mehr auf leere Worte von Liebe und Veränderung.

George hatte nie Taten sprechen lassen müssen, als er noch ein Kind war. Seine Eltern waren liebe, hart arbeitende Leute und sie wollten, dass George es einmal besser haben sollte als sie. Als Folge davon wurde George sehr verwöhnt und musste so gut wie nie zu Hause mithelfen. Wenn er einen Auftrag bekam und diesen nicht erfüllte, wurde er dafür nicht ausgeschimpft oder sonstwie diszipliniert, denn seine Eltern wollten sein Selbstwertgefühl nicht schädigen. Die Konsequenz war, dass George nie irgendeinen negativen Effekt bemerkte, wenn er seine Aufgaben nicht erledigte.

Doch in der Ehe war das anders. Nun steckte er in einer Beziehung, in der seine Partnerin gewisse Ansprüche an ihn hatte, und so langsam lief die Sache aus dem Ruder. Damit George ein wirklich liebesfähiger Mensch wurde, dessen Liebe für andere Menschen spürbar war, würde er Verantwortlichkeit lernen müssen. Denn am Ende ist Liebe das, was sie tut.

Liebesfähige Menschen respektieren die Grenzen anderer. Waren Sie schon einmal mit jemandem befreundet, der das Wörtchen *Nein* nicht akzeptieren konnte? Wie fanden Sie das? Normalerweise fühlt man sich von einer solchen Person kontrolliert und manipuliert. Von Respekt und Liebe ist jedenfalls nicht viel zu spüren. Ein solcher Mensch überschreitet Grenzen und versucht, von dem anderen Besitz zu ergreifen. Und das hat nun mal nichts mit Liebe zu tun, ganz egal, wie sehr der *Eindringling* Sie seiner Gefühle versichert.

Liebesfähige Menschen sind in der Lage, ihre Impulse zu kontrollieren. Viele Alkoholiker empfinden zum Beispiel tiefe Liebe für ihre Familie. Ihre Sucht macht ihnen sehr zu schaffen und sie fühlen sich schrecklich schuldig. Doch sie trinken trotzdem und obwohl sie (wie George) ihre Familie lieben, zerstört ihre Unfähigkeit, Nein zum Alkohol zu sagen, schließlich diese bedeutsame Beziehung. Viele andere Impulsprobleme – wie sexuelle Übergriffe, Kaufräusche, Fressanfälle oder Wutausbrüche – zerstören ebenfalls irgendwann jede Liebesbeziehung. Und fehlende Grenzen lassen diese Verhaltensweisen immer weiter laufen.

Verantwortlichkeit

Verantwortlichkeit ist ein weiteres Kennzeichen eines reifen Charakters. Georges verantwortungsloses Verhalten brachte seine Ehe in Gefahr und hatte ihm bereits finanzielle Verluste, berufliches Chaos, mangelnde Stabilität und zerbrochene Träume beschert.

Aber was ist das eigentlich, Verantwortlichkeit? Dazu fallen einem viele Dinge ein, wie zum Beispiel Pflichtgefühl, Verbindlichkeit, Zuverlässigkeit, das Erledigen von Aufgaben.

Doch der Begriff Verantwortlichkeit ist noch breiter angelegt. Wir sehen sie auch im Zusammenhang mit dem Thema *Zuständigkeit*. Die Verantwortung für sein eigenes Leben zu übernehmen bedeutet letztendlich, sich für seine Angelegenheiten zuständig zu fühlen und damit auch die Kontrolle über sie zu besitzen. Verantwortlichkeit bedeutet, wirklich Besitz von seinem eigenen Leben ergriffen zu haben und vor Gott und anderen Rechenschaft darüber abzulegen. Wenn Sie die Verantwortung für Ihr Leben übernehmen, akzeptieren Sie, dass alle Aspekte Ihres Lebens Ihre ureigenste Angelegenheit sind und dass niemand anderer Ihr Leben für Sie leben wird.

Wir alle sind Gott Rechenschaft schuldig (siehe 2. Korinther 5,10) und er wird uns einmal für das zur Verantwortung ziehen, was wir mit unseren Talenten, Mitteln, Beziehungen, unserer Zeit und unserem Charakter angefangen haben. Verantwortliche Menschen sehen das Leben als Geschenk, das ihnen anvertraut worden ist, und sie akzeptieren, dass sie allein dafür zuständig sind, etwas daraus zu machen.

In unserem ersten Buch *Nein sagen ohne Schuldgefühle* haben wir beschrieben, was in Ihren *Zuständigkeitsbereich* gehört, was von Ihren Grenzen definiert und geschützt wird. Reife Menschen übernehmen die Verantwortung für

- ihre Gefühle,
- ihre Einstellung,
- ihr Verhalten,
- ihre Entscheidungen,
- ihre Begrenzungen,
- ihre Talente,
- ihre Gedanken,
- ihre Wünsche,
- ihre Werte,
- ihre Liebe.

Verantwortlich zu sein ist schon seit Anbeginn der Menschheit ein Problem gewesen. Erinnern Sie sich an die Geschichte von Adam und Eva im Garten Eden? Adam biss in den Apfel, aber er wollte die

Verantwortung für seine Entscheidung nicht übernehmen. Als Gott ihn fragte, was geschehen sei, schob er Eva den schwarzen Peter zu, und mit der Aussage „Es war die Frau, *die du mir gegeben hast*" implizierte er auch gleich noch, dass Gott selbst einen Teil der Schuld trug. Und Eva beschuldigte die Schlange, die sie verführt hatte. Seitdem kämpft die menschliche Rasse mit dem Problem der Verantwortung. Doch wenn wir uns nicht für unser Leben verantwortlich fühlen, können wir es auch nicht selbstständig leben!

Neulich kam ein Paar zu mir in die Beratung, das Eheprobleme hatte.

Ich fragte die Frau: „Warum entziehen Sie sich Ihrem Mann?"

„Weil er mich immer anschreit", sagte sie.

„Und warum schreien Sie sie an?", fragte ich den Mann.

„Weil sie sich immer mehr vor mir zurückzieht!", gab dieser zurück.

Meine nächste Frage lag auf der Hand: „Und wie lange wollen Sie das noch so weitertreiben?"

Beide erzählten mir, dass sie ihr eigenes Verhalten nicht ändern könnten. Beide dachten, ihre Probleme seien die alleinige Schuld des anderen. Doch solange jeder von ihnen sein eigenes Verhalten auf den anderen abschob, gab es wenig Hoffnung auf Veränderung. Sie erinnerten mich fatal an Adam und Eva!

Das Ziel für Ihr Kind muss sein, dass es nach und nach lernt, was in seinen Zuständigkeitsbereich fällt: Gefühle, Einstellungen, Verhalten. Das sind seine Probleme, nicht die eines anderen. Ein Kind, das über seine Schwester sagt: „Sie hat mich dazu gebracht, das zu machen", wird dasselbe Prinzip auch als Erwachsener verfolgen. Ein reifer Erwachsener dagegen begreift: „Ich habe es getan und ich bin für die Folgen verantwortlich." Mit dieser Einsicht gibt es gute Hoffnung darauf, Selbstkontrolle zu lernen!

Freiheit

Waren Sie schon einmal mit einem *ewigen Opfer* befreundet? Opfer empfinden immer, dass sie keine Wahl haben. Das Leben ist etwas, das ihnen zustößt, und was immer ihres Weges kommt, ist eben ihr Schicksal.

Eine Frau beschwerte sich einmal bei mir über ihre Kollegin, die sie ständig unterbrach, während sie ihre Arbeit zu machen versuchte. Sie stellte die Situation so dar, als wäre ihre eigene Langsamkeit während der Arbeit die Schuld dieser Kollegin.

„Warum unterhalten Sie sich denn mit ihr?", fragte ich.

„Wie meinen Sie das?"

„Wenn sie hereinkommt und Sie von der Arbeit abhält, warum sprechen Sie dann mit ihr?"

„Na, das muss ich doch, wenn sie einfach losredet, oder?"

„Sie könnten ihr doch auch einfach freundlich sagen, dass Sie zu tun haben. Oder Sie machen Ihre Tür zu und hängen ein ‚Bitte nicht stören'-Schild außen dran."

Die Frau starrte mich völlig verblüfft an. Der Gedanke, eine Wahl zu haben und Dinge bestimmen zu können, war ihr völlig neu. Sie dachte, wenn ihr etwas geschah, dann müsse es eben so sein. Sie könne nichts tun, um das zu ändern. Als ich ihr erzählte, dass sie die verschiedensten Möglichkeiten hätte, mit dieser Situation umzugehen, wollte sie sie alle hören. Ich gab ihr fünf oder sechs Ideen mit, von der Anregung, mit der Kollegin zu reden, über ein Gespräch mit einem neutralen Dritten bis hin zu der Bitte um eine Versetzung. Das alles war ein völlig neuer Gedankenpfad für sie; sie hatte einfach nie gelernt, dass sie die Freiheit hatte, in ihrem Leben verschiedene Entscheidungen zu treffen und Dinge, die sie störten, zu ändern.

Joe war auch so ein Opfertyp. Seine Firma führte ein paar neue Geschäftsgepflogenheiten ein, deren Umsetzung ihm schwer fiel. Die Veränderungen bereiteten ihm regelrechte Depressionen.

„Und was wollen Sie jetzt dagegen unternehmen?", fragte ich ihn.

„Wie meinen Sie das, dagegen unternehmen?", fragte er zurück.

„Ich meine, was werden Sie dagegen tun, dass Sie in einer Situation stecken, die Ihnen total widerstrebt?"

Er schaute mich einfach nur an. Es dauerte eine ganze Weile, bis ihm klar wurde, dass er zum Beispiel einfach die Stelle wechseln konnte, um der 50-Stunden-Woche zu entgehen, die ihm so zu schaffen machte.

Kinder, die mit gesunden Grenzen aufwachsen, lernen, dass sie für ihr Leben zuständig sind und dass sie die Freiheit haben, eigenverantwortlich Entscheidungen zu treffen. Einem reifen Erwachsenen steht somit buchstäblich der Himmel offen!

Wir leben in einer Gesellschaft der Opfer. Unzählige Menschen verhalten sich heute so, als hätten sie keine Wahl und als müsste ihnen alles abgenommen werden. Wenn das nicht geschieht, sehen sie sich nicht in der Lage, das Ruder selbst zu übernehmen. Doch positiv gesehen eröffnet dies Ihren Kindern ungeahnte Zukunftschancen: Denn wenn Sie sie zu eigenverantwortlichen Menschen erziehen, sind sie den anderen in allem so weit voraus, dass sie schon beinahe eine Erfolgsgarantie im Leben haben!

Initiative

Jeri erzählte mir von ihrer Beziehung zu Dave. Sie liebte seinen Sinn für Humor, seine Sensibilität und seine Leidenschaftlichkeit, aber sie hatte ein wenig damit zu kämpfen, dass er nie die Initiative ergriff. Sie und Dave überlegten sich zum Beispiel, etwas Neues auszuprobieren und zusammen zum Sport zu gehen. Doch dann geschah einfach nichts, so lange Jeri das Ganze nicht in die Wege leitete. Sie fühlte sich, als müsste sie Dave ständig einen Berg hochschieben.

Ich wusste, dass Daves Chef das ähnlich empfand. Dave tat zwar letztlich immer das, was von ihm verlangt wurde, aber es bedurfte stets eines gewissen Drucks von außen, um ihn in Gang zu bringen.

Dinge zu initiieren ist ein ganz normaler Teil des menschlichen Verhaltens. Wir sind nach dem Bild Gottes geschaffen worden und das beinhaltet auch die Fähigkeit und den Drang, etwas Neues anzufangen und Dinge ins Rollen zu bringen. Wenn jemand Probleme damit hat, die Initiative zu ergreifen, hängt das oft mit einem Grenzenproblem zusammen. Dave fehlte einfach die innere Struktur für ein zielorientiertes Verhalten, die gesunde Grenzen bieten.

Ein Kind muss dazu aufgefordert werden, auch mal die Initiative zu ergreifen; das ist ein wichtiger Aspekt der Grenzenvermittlung. Vor einigen Jahren habe ich eine Freundin besucht, die einen 10-jährigen Sohn hatte. Während wir uns unterhielten, kam der kleine Davey mehrmals herein und beschwerte sich, dass er sich langweilte. Seine Mutter sollte ihm sagen, was er mit seiner Zeit anfangen sollte. Doch da sie wusste, dass ihm die verschiedensten Möglichkeiten offen standen, sagte sie nur: „Davey, du bist für deinen Nachmittag selbst verantwortlich." Kurze Zeit später hatte er einen Freund eingeladen, der zum Spielen zu ihm herüberkam.

Letztens bin ich zufällig seiner Mutter wieder begegnet und sie erzählte von all den interessanten Dingen, die Davey in seinem letzten Collegejahr unternahm. Davey hatte gelernt, dass er selbst für seine Lebensgestaltung verantwortlich war.

„Das Leben ist das, was uns widerfährt, während wir andere Pläne machen", hat die Schriftstellerin Margaret Millar einmal gesagt. Doch für andere Menschen ist das Leben das, was sie bestimmen und gestalten. Sie setzen ihre Talente ein und bauen sie aus und so wird das Leben immer interessanter. Solche Menschen sorgen für ihren eigenen Spaß und das Erreichen ihrer Ziele. Menschen, die das nicht tun, sind oft wenig initiativ; als Kinder mussten sie selten Dinge anstoßen oder zu Ende bringen – das hat immer ein anderer für sie übernommen.

Realitätsbewusstsein

Jemand hat einmal gesagt: „Die Realität ist hart, aber sie ist der einzige Ort, wo man ein gutes Steak bekommen kann!" Das ist wahr; die Realität ist manchmal alles andere als angenehm, aber auch die guten Dinge des Lebens finden sich in ihr. Ein Mensch, der ein gelingendes Leben führen will, muss einen ausgeprägten Realitätssinn haben. Mit *Realität* meinen wir in diesem Fall die Erfahrung der Konsequenzen unseres Handelns in der wirklichen Welt. Diese Idee werden wir in einem späteren Kapitel noch näher erläutern; lassen Sie uns jetzt nur einen Blick auf das grobe Konzept werfen.

Kurz gesagt muss jeder Mensch irgendwann erkennen, dass seine Handlungen in der realen Welt reale Konsequenzen haben. Reife Menschen akzeptieren diese Tatsache und nutzen sie, um ihr Leben zu gestalten, während unreife Menschen sich immer und immer wieder daran stoßen.

Die positive Seite dieser Tatsache ist die, dass ich gute Früchte ernten werde, wenn ich mich bemühe und verändere. Neulich habe ich einen Nachmittag mit einem Freund aus der Collegezeit verbracht. Mitten im Studium hatte er das Fach gewechselt und angefangen, Medizin zu studieren. Ich konnte beobachten, wie hart er arbeitete, um die anderthalb Jahre Rückstand aufzuholen. Doch er schaffte es.

Heute ist er ein angesehener Herzchirurg in einer großen Stadt. Er liebt seine Arbeit und ist im medizinischen Bereich zu einem Vorreiter geworden. Viele Menschen sehen zu ihm auf und bewundern seine Arbeit. Doch sie sehen nicht den jungen Studenten, der damals auf das Gesetz der Realität gebaut hat: *Wenn ich viel lerne und hart arbeite, stehen die Chancen gut, dass ich Erfolg habe.* Sie sehen nur die Früchte dieser Arbeit.

Wenn wir eine große Errungenschaft sehen, nehmen wir nur das Ergebnis wahr, nicht das, was hineininvestiert wurde (dabei sagt ja schon das Wort, dass eine *Errungenschaft* errungen werden muss!). Dadurch verfallen wir leicht in fast magische Denkstrukturen: Wir nehmen an, dass derjenige dieses Ziel durch übermenschliche Genialität oder einen geheimen Trick erreicht hat. Doch die Realität ist, dass das Ziel immer einen Schritt nach dem anderen, ein Seminar nach dem anderen, einen Versuch nach dem anderen erreicht wurde. Und wir müssen unseren Kindern beibringen, die Welt auf diese Weise zu verstehen. Wenn sie lernen und arbeiten, können sie ebenfalls wichtige Ziele erreichen. So bekommen sie einen gesunden Realitätssinn.

Doch die Realität hat, wie gesagt, zwei Seiten. Faulheit und Trödelei kosten etwas. Wenn ich bei Rot über die Ampel fahre, verliere ich vielleicht meinen Führerschein. Mein Verhalten hat Konsequenzen. Wenn ich das begreife, werde ich danach streben, schmerzhafte Folgen meines Tuns (oder Nichtstuns) zu vermeiden.

Wir alle kennen erwachsene Menschen, die keinen Sinn für die Realität haben. Sie treffen falsche Entscheidungen und werden entweder von anderen vor den Konsequenzen geschützt oder sie erleben ein Desaster nach dem anderen. Und wir fragen uns, warum sie immer weiter so handeln, wie sie handeln.

Reife Erwachsene haben einen gesunden Realitätssinn. Sie wissen, dass sie grundsätzlich gute Folgen erleben, wenn sie gute Entscheidungen treffen. Wenn sie nichts tun oder schlecht entscheiden, werden auch die Folgen schlecht sein. Dieser zweiseitige Respekt für die positive und die negative Seite der Realität wird oft mit *Weisheit* bezeichnet.

Natürlich passieren auch Menschen, die sich gut verhalten, schlechte Dinge. Doch selbst dann wird das Endergebnis besser sein, wenn diese Person angemessen reagiert. Wir haben immer etwas an der letztgültigen Realität, in der wir leben, mitzuentscheiden.

Wachstum

Sind Sie jemals einer Person begegnet, die Sie längere Zeit nicht gesehen haben und deren Leben sich in der Zwischenzeit positiv verändert hat? Sicher sind Sie anschließend mit dem warmen, guten Gefühl fortgegangen, dass diese Person einiges erreicht hat. Denken Sie nur an Beispiele wie die folgenden:

- Jemand hat deutlich an Gewicht verloren.
- Ein Paar, das kurz vor der Trennung stand, hat sich wieder zusammengerauft.
- Jemand mit beruflichen Schwierigkeiten hat jetzt Erfolg.
- Ein *schwarzes Schaf* hat den richtigen Weg gefunden.
- Jemand hat eine Abhängigkeit überwunden.
- Ein Mensch mit einer ellenlangen *Abschussliste* der Herzen hat eine langlebige Beziehung aufgebaut.

Wenn wir einmal den Bereich der ernsten Schwierigkeiten verlassen und auf die ganz normalen Alltagsdinge schauen, können wir oft das Gleiche erleben:

- Jemand baut ein kleines Geschäft auf, und es entwickelt sich prächtig.
- Jemand zieht an einen neuen Ort und fängt dort ein ganz neues, viel besseres Leben an.
- Eine Person sattelt spät im Leben noch einmal beruflich um und hat Erfolg.
- Ein schüchterner Mensch baut sich einen Freundeskreis auf und hat tiefe Beziehungen.

Wenige Dinge inspirieren uns so sehr wie die Geschichten von Menschen, die sich weiterentwickeln und Hindernisse überwinden, besonders wenn es Schwierigkeiten in ihrer ureigensten Persönlichkeit sind. Es ist schön zu sehen, wenn Menschen sich positiv verändern und ihre Persönlichkeit an Form zunimmt. Nicht zuletzt faszinieren uns Filme wie „In Sachen Henry" oder „Barry MacGuire", weil sich ein Mensch darin zum Besseren entwickelt.

Die Fähigkeit, sich zu verändern, ist eine Charaktersache. Eine gute Erziehung kann einem Kind dabei helfen, einen Charakter zu entwickeln, der den Hindernissen des Lebens mit einer Ausrichtung auf Wachstum begegnet. Das schließt die Entwicklung von Fähigkeiten ebenso ein wie den Zugewinn an Wissen und die Fähigkeit, negativen Aspekten des eigenen Charakters ins Auge zu sehen und sie anzupacken.

Ein entwicklungsfähiger Mensch besitzt die Fähigkeit,

- sich von aufreibenden emotionalen Situationen zu erholen,
- Zeiten der inneren Anspannung zu ertragen und den Lohn seiner Mühen abwarten zu können, bis eine Sache erledigt ist,
- Verluste verkraften zu können, angemessen zu trauern und das loszulassen, was man nicht zurückbekommen kann,
- zuzugeben, wenn er einen Fehler gemacht hat oder im Unrecht ist,
- sein Verhalten oder seine Richtung zu ändern, wenn er sie als falsch erkannt hat,
- anderen zu vergeben,
- ein Problem eigenverantwortlich anzupacken.

Ein Mensch, der diese Fähigkeiten zumindest ansatzweise besitzt, ist in der Lage, sich im Angesicht einer schwierigen Herausforderung weiterzuentwickeln.

Vor kurzem wurde ich als Berater für ein großes Unternehmen engagiert, das Probleme mit einem Angestellten hatte. Der Mann stand mit dem Rücken zur Wand; sein Verhalten und seine Leistung entsprachen nicht den Erwartungen des Unternehmens. Er war extrem begabt, doch er stand in der Gefahr, seine Stelle zu verlieren, wenn er sich nicht änderte. Das Problem war erst zu Tage getreten, nachdem er befördert worden war und mehr Personalverantwortung bekam. Wie sich herausstellte, hatte er große Schwierigkeiten mit der Mitarbeiterführung und auch mit der Lösung von auftretenden Problemen.

Er musste zum Beispiel Konflikte zwischen seinen Mitarbeitern schlichten, was soweit ging, dass von seinem Umgang mit diesen Konflikten abhing, ob jemand kündigte oder nicht. Doch er konnte mit emotional angespannten Situationen einfach schlecht umgehen. Er verhielt sich dann ausgesprochen feindselig und erwartete dazu noch sofortige Erfolge.

Statt auf seine neue Position und die damit verbundenen Herausforderungen zu reagieren, indem er versuchte, in sie hineinzuwachsen, tat er genau das Gegenteil. Er verlangte, dass das ganze Unternehmen und seine Vorgesetzten sich änderten und endlich merkten, dass er *im Recht* sei! Tatsächlich erfüllte er keinen Punkt der oben angeführten Liste von Charaktermerkmalen einer reifen Persönlichkeit. Er lebte jedes negative Gefühl aus, anstatt den zugrunde liegenden Konflikt zu lösen. Er konnte keine Niederlage hinnehmen oder gar eine Gegenstrategie entwickeln. Auch war er keineswegs gewillt, erst mal einen Gang runterzuschalten und die Veränderungen einzuführen, die notwendig waren, aber nicht sofort Früchte tragen würden. Er wollte sofort Erfolge sehen. Wenn man ihn konfrontierte, beschuldigte er andere. Wenn man ihn zur Veränderung aufforderte, fuhr er einfach seinen Kurs weiter.

Am Ende wurde er durch jemanden ersetzt, der weniger begabt, aber dafür charakterlich reifer war. Das machte mich traurig, denn wenn dieser Mann auf sein inneres Wachstum ausgerichtet gewesen wäre, hätte er Großes erreichen können. Ich verfolgte seinen weiteren Werdegang und stellte immer wieder fest, dass er jede Entwicklung blockierte – ein Muster, das er seit seiner Kindheit verfolgte. Er war nie wirklich gezwungen gewesen, sich der Realität zu stellen; immer hatte er so bleiben können, wie er war. Sein Charme und sein Talent hatten ihm dabei geholfen, jede Veränderung zu umgehen.

Damit so viel Talent nicht verschwendet wird, müssen Eltern ihre Kinder dazu anhalten, für Veränderungen offen zu sein, anstatt die Realität um sich herum verändern zu wollen. Grenzen helfen Kindern dabei zu verstehen, was von ihnen erwartet wird und wie sie sich verändern müssen, um diese Erwartungen zu erfüllen.

Ehrlichkeit

Eine unehrliche Person bewegt sich ständig zwischen nervtötendem Verhalten und einer Katastrophe. Als Berater habe ich mehr Schmerz gesehen, der durch Unehrlichkeit verursacht wurde, als so ziemlich jedes andere Beziehungsproblem. Unehrlichkeit zieht Betrug nach sich, verhindert jede Intimität und blockiert die Entwicklung. Eine Person kann nur so weit wachsen, wie sie auch bereit ist, ehrlich zu sein.

Ehrlichkeit beginnt in einem Elternhaus, in dem sie vorgelebt und von den Kindern erwartet wird und das eine sichere Umgebung für unbedingte Ehrlichkeit bietet. Alle Kinder versuchen immer mal die Wahrheit zu verdrehen oder zu verstecken, wenn sie unbequem ist. Deshalb müssen Eltern einen Kontext schaffen, in dem diese Tendenz möglichst gering gehalten werden kann. Das erfordert eine feine Balance zwischen Sicherheit und Erwartungen.

Ich hatte bereits ein paar Monate mit Sara und Tom gearbeitet, als Sara eines Tages in mein Büro kam und sagte: „Es ist aus. Ich kann Tom nicht vertrauen und ich werde es auch nie können!"

„Was ist passiert?", fragte ich in der Annahme, dass er wieder eine Affäre gehabt haben musste. Vor einigen Jahren hatte Tom Sara betrogen und sie war immer noch nicht darüber hinweggekommen.

„Er hat mir gesagt, wir hätten genug Geld, um unsere Rechnungen zu bezahlen, und ich bräuchte mir keine Sorgen zu machen. Aber heute habe ich mehrere Mahnungen in der Post gefunden!" Sie begann zu schluchzen. „Ich kann einfach nicht mehr so leben!"

Im weiteren Verlauf des Gesprächs bekam ich ein Szenario vor Augen gemalt, das ich buchstäblich Hunderte von Malen von Menschen geschildert bekommen habe, die mit einem unehrlichen Partner zusammen waren. Das Traurige war, dass nicht der Geldmangel das Problem war, sondern die Tatsache, dass Tom Sara gegenüber nicht ehrlich gewesen war. Sara hätte mit dem Geldmangel durchaus umgehen können. Doch weil Tom ihr gegenüber nicht ehrlich war, bewegte sich Sara ständig wie auf Treibsand. Ständig fand sie Dinge heraus, die nicht so waren, wie Tom sie ihr gegenüber dargestellt hatte. Dabei sind die Dinge, über die Ehepartner die Unwahrheit sagen, meist keine großen Sachen. Doch jedes Verbergen und Lügen bricht ein Stück Vertrauen. Der Ausruf, den ich von dem belogenen Partner meist höre, ist ungefähr dieser: „Es ist mir ganz egal, was es ist – nur sag mir die Wahrheit, damit ich mich darauf einstellen kann!"

Die traurige Frage, die man einem Lügner stellen muss, ist: „Warum?" Warum lügen, wenn es doch viel einfacher wäre, die Wahrheit zu sagen? Warum betrügen und hintergehen, wenn es doch viel mehr Schmerz und Ärger hervorbringt, als einfach den Fehler zuzugeben? Warum ein weiteres Problem mit Unehrlichkeit schaffen, wenn man schon eins hat?

Meist liegt die Antwort in der Geschichte dieses Menschen und seiner Charakterentwicklung. Er fürchtet, das Ergebnis seines Fehlers würde Zorn, Gesichtsverlust, Schuldgefühle, Abweisung und Verlassenwerden bedeuten. Also versucht er, die Wahrheit zu vertuschen. Wenn sie dann aber doch herauskommt, ruft das tatsächlich Zorn, Gesichtsverlust, Schuldgefühle, Abweisung und Verlassenwerden hervor – all die Folgen, die er so sehr fürchtet. Doch er bekommt sie mehr wegen seiner Lüge zu spüren als wegen des ursprünglichen Fehlers.

Grenzen helfen dabei, die Wahrheit zu sagen. Sie verleihen Sicherheit, weil man die Konsequenzen kennt, die eine Übertretung nach sich zieht. Kinder können gut mit den bekannten Konsequenzen ihrer Fehler umgehen, wie zum Beispiel Hausarrest, Fernsehverbot oder andere Einschränkungen. Solche Konsequenzen sind für ein Kind weit besser nachzuvollziehen als beziehungsmäßige Folgen wie Ärger, Schuldgefühle, Abweisung oder Verlassenwerden. Vor solchen schwer einzuschätzenden Konsequenzen haben Kinder viel mehr Angst als vor den bekannten Strafen für schlechtes Verhalten, und deshalb versuchen sie, sie zu umgehen. Die Versuchung zur Lüge ist geboren.

Glauben

„Er hat uns geschaffen, und ihm gehören wir", heißt es in Psalm 100, Vers 3. Die wichtigste Frage, die sich jeder Mensch stellen muss, ist die: „Wer ist Gott?", und „Bin ich es, oder ist es Gott?" Die Antworten auf diese Fragen bestimmen die Richtung unseres Lebens.

Menschen, denen klar ist, dass sie nicht Gott sind, schauen auf Gott, um ihre eigene Existenz zu rechtfertigen. Sie ordnen ihr Leben um Gott und seine Gebote herum. Sie wissen, dass sie nicht auf der Welt sind, um sich selbst, sondern um ihm zu dienen. Sie verstehen das wichtigste Gebot: „Liebe den Herrn, deinen Gott, von ganzem Herzen, mit ganzem Willen und mit deinem ganzen Verstand" (Matthäus 22,37). In Gott gegründet zu sein, gibt dem Leben Bedeutung und Richtung und macht es möglich, über alle Probleme, eigene Begrenzungen und Fehler und die Vergehen anderer Menschen hinauszublicken. Ohne die Möglichkeit, über die Realitäten des Alltags hinauszukommen und die Realität Gottes zu berühren, ist ein Mensch sehr eingeschränkt.

Das Traurigste an solchen Menschen ohne höheren Sinn im Leben ist die Art, wie sie auf andere wirken. Ständig ecken sie an, weil sie nicht begreifen, dass sie nicht Gott sind und das Leben sich nicht nur um sie dreht. Weil sie der absolute Mittelpunkt ihres Lebens sind, fühlen sich andere Menschen von ihnen immer nur benutzt. Gott als Gott anzuerkennen bedeutet auch, dass man nicht mehr nur für sich selbst lebt, sondern auch andere wahrnimmt und wertschätzt. Menschen, die das nicht tun, erwarten immer, dass das Leben und andere Menschen ihnen etwas bringen und nicht umgekehrt.

Menschen, die in der Lage sind, über sich hinauszuschauen, nehmen Gott, andere Menschen und deren Begabungen wichtiger als sich selbst und ihre sofortige eigene Befriedigung. Sie können es ertragen, die Belohnung für etwas abzuwarten, wenn dies für eine wichtige Sache oder für das Wohlergehen eines anderen erforderlich ist. Kurz gesagt, sie begreifen, dass das Leben größer ist als sie selbst, und deshalb können sie über sich selbst hinauswachsen. Es ist Demut, die sie dazu befähigt – das ultimative Paradoxon: Stolz bringt Zerstörung mit sich und Demut wahre Größe!

Eine große Aufgabe

Charakterbildung als elterliche Aufgabe zu sehen kann überwältigend sein. Es ist ganz sicher einfacher, nur einen Moment nach dem anderen zu bewältigen und das zu tun, was einem eben so gerade einfällt. Doch das ist nicht genug! Machen Sie sich immer wieder bewusst, dass Sie das ganze weitere Leben Ihres Kindes in der Hand haben!

„Beginnen Sie mit dem Ende im Kopf", sagte Stephen Covey in seinem Bestseller *The Seven Habits of Highly Effektive People* (Die sieben Gewohnheiten erfolgreicher Menschen). Das beherzigen Menschen, die im Leben weiterkommen – und auch Eltern, die wollen, dass ihre Kinder im Leben vorankommen! Wenn wir begreifen, dass ein großes Ziel der Erziehung darin besteht, einer Person dabei zu helfen, einen guten Charakter zu entwickeln, dann sind wir diesem Ziel bereits einen großen Schritt näher gekommen.

Doch um ein Kind mit gutem Charakter zu erziehen, müssen wir selbst einen guten Charakter haben. Um einem Kind den Sinn von Grenzen nahe zu bringen, müssen wir selbst Grenzen kennen und berücksichtigen. Darum soll es im nächsten Kapitel gehen.

3. Kinder brauchen Eltern, die Grenzen kennen

Ich (John Townsend) hörte zum ersten Mal den Ausdruck *Problemkind*, als ich noch zur Schule ging. Zwei Lehrerinnen sprachen über meinen Klassenkameraden Wayne und die eine sagte: „Ich habe schon gehört, dass er ein Problemkind ist."
Ich kannte Wayne und deshalb machte der Ausdruck Sinn für mich. Obwohl ich ihn mochte, wirkte er immer irgendwie unberechenbar. Er war aufdringlich, unverschämt, stellte übermäßige Ansprüche und war frech zu den Lehrern. Ich hatte mir noch nicht viele Gedanken darum gemacht, warum er wohl so war, bis ich ihn einmal zu Hause besuchte.
Waynes Eltern waren nett, aber sie gaben ihrem Sohn keinerlei Strukturen vor. Zum Beispiel spielten wir ziemlich lange im Wohnzimmer Basketball und machten dabei einen Höllenlärm. Erst nach sehr langer Zeit kam seine Mutter herein und sagte mit einem entschuldigenden Lächeln: „Wayne, mein Schatz, ich möchte euch nicht stören, aber wäre es wohl zu viel verlangt, wenn ihr woanders spielen könntet?"
Daraufhin schnitt er nur eine Grimasse und wir machten weiter.
Nach einer Weile kam sein Vater hereingepoltert und brüllte uns an: „Hey, Jungs, wie oft muss ich euch noch sagen, dass ihr das gefälligst lassen sollt?"
Also gingen wir in Waynes Zimmer, wo das Dribbeln für die Eltern im Erdgeschoss noch lauter klang. Wayne hatte in diesem Haus eindeutig das Sagen!
Problemkinder entstehen nicht einfach so. Jedes Problemkind hat auch einen Problemhintergrund und Kinder mit gesunden Grenzen sind auch nicht einfach so zur Welt gekommen. Obwohl wir von Natur aus Grenzen scheuen, erfahren wir auf unserem Lebensweg jede Menge Hilfe – entweder zum Positiven oder zum Negativen. Wenn Sie demnächst einmal wieder Grenzenproblemen begegnen, tun Sie das, was in der Bibel steht: „Denkt darüber nach, von wem ihr abstammt: Aus welchem Felsen seid ihr gehauen, aus welchem Brunnen seid ihr geschöpft?" (Jesaja 50,1).

Als Christen und Psychologen leben wir in zwei total unterschiedlichen Welten. Die religiöse Welt schiebt Probleme oftmals auf die *sündige Natur* des Kindes. Die psychologische Welt dagegen beschuldigt immer die Eltern und begründet jedes schlechte Verhalten des Kindes mit dem, was in seiner Kindheit alles falsch gelaufen ist. In beiden Fällen gibt es jeweils einen klar identifizierbaren *Bösen* und *Guten*.

Doch keine dieser Sichtweisen ist komplett richtig. Eigentlich ist es viel schlimmer: Wer wir heute sind, ist im Grunde das Ergebnis von zwei Einflüssen – unserem Umfeld und unserer Reaktion darauf. Unsere Erziehung, unsere Beziehungen und die Umstände formen auf machtvolle Weise unseren Charakter und unser Verhalten. Doch wie wir auf diese Beziehungen und Umstände reagieren, beeinflusst ebenfalls die Person, die wir werden.

Vielleicht haben Sie ein Kind mit Grenzproblemen oder Sie möchten einfach Ihrem Kind dabei helfen, eine verantwortungsbewusste, ehrliche Person zu werden. Wie dem auch sei, dieses Kapitel soll Ihnen auf keinen Fall Schuldgefühle vermitteln, sondern wir möchten die erste und wichtigste Zutat vorstellen, die ein Kind mit gesunden Grenzen braucht: Eltern, die Grenzen kennen.

Ihr Kind reagiert auf Ihren Erziehungsstil

Es war eine traurige Realität: Mein Freund Wayne hatte Probleme. Und man muss den Tatsachen ins Auge sehen, dass es *seine* Probleme waren und er selbst daran arbeiten musste. Doch man sieht hier auch noch ein anderes Prinzip: Man muss das Verhalten eines Kindes immer auch als Reaktion auf das eigene Verhalten betrachten. Dies erfordert einen Perspektivenwechsel, denn normalerweise betrachten wir das Verhalten eines Menschen im Hinblick auf seine Motive, Bedürfnisse und Bedingungen, nicht auf unsere.

Nehmen wir zum Beispiel Wayne. Er war respektlos, akzeptierte keine Autorität und war unkontrollierbar. Man könnte nun auf verschiedene Arten versuchen, Waynes Verhalten zu verstehen. Er war impulsiv, selbstbezogen und unreif. Das stimmt alles, aber damit hat man noch nicht seine Eltern mit einbezogen. Wayne reagierte auf den Erziehungsstil seiner Eltern. Er ging so weit, wie sie es zuließen. Ihm war klar, dass seine Mutter weich und konfliktscheu war, und folglich nutzte er ihre Schwäche aus. Er wusste auch, dass sein Vater herumschimpfte, aber dass er trotzdem tun konnte, was er wollte, bis Papa explodierte. Und selbst dann konnte Wayne sich noch durchmogeln und woanders mit seinem schlechten Benehmen weitermachen, denn er wusste, dass sein Vater ihm höchstwahrscheinlich nicht nachgehen oder ihn Konsequenzen spüren lassen würde. Stattdessen würde er zu seiner Zeitung zurückgehen in dem guten Gefühl, es dem Jungen mal ordentlich gezeigt zu haben.

Grundsätzlich muss man sehen, dass Kinder nicht wissen, was sie tun. Sie haben wenig Ahnung davon, wie das Leben funktioniert. Darum hat Gott ihnen Eltern zur Seite gestellt, damit sie sie lieben, ihnen Struktur geben und sie zur Reife begleiten. Kinder brauchen Hilfe von außen. Man kann sogar sagen, dass Kinder sich nur bis zu dem Grad entwickeln, bis zu dem ihre Eltern ihnen Struktur vorgeben. Die Fähigkeiten der Eltern im Hinblick auf Verantwortlichkeit bestimmen, wie gut ein Kind Verantwortlichkeit lernt. Kinder besitzen nun einmal nicht die Fähigkeit, sich selbst großzuziehen. Sie reagieren vielmehr auf die Art, wie sie erzogen werden, und passen sich ihr an.

Das erste und fundamentalste Bild dessen, wie das Universum funktioniert, bekommen Kinder zu Hause vermittelt. Zu Hause formen sich ihre Konzepte von der Realität, der Liebe, der Verantwortlichkeit, der Entscheidungen und der Freiheit. Wenn Sie also Ihren Kindern in einer Art und Weise begegnen, die Gottes Gesetze widerspiegelt, klappt die Übertragung auf die Außenwelt später besser. Wenn Sie sie allerdings vor dem schmerzhaften Prozess der Reife und Verantwortlichkeit beschützen wollen, werden sie in ihrem Erwachsenenleben umso härter zu kämpfen haben.

Eine der hilfreichsten Fragen, die Eltern sich selbst stellen können, wenn ihr Kind Probleme hat, ist nicht etwa: „Warum hört er nicht auf, seinen Bruder zu verprügeln?", sondern: „Welchen Anteil habe ich an der Entstehung dieses Problems?" Das kann schmerzlich sein, denn Sie müssen „auf den Balken in Ihrem eigenen Auge schauen statt auf den Splitter im Auge des Nächsten" (siehe Matthäus 7,1-5). Doch das Nützliche an dieser Innenschau ist die Möglichkeit, dass Sie von dem vergeblichen Versuch wegkommen, Ihr Kind kontrollieren zu wollen, und erkennen, dass Sie stattdessen sehr wohl Ihren Einfluss auf Ihr Kind kontrollieren können.

Eltern zu sein, die Grenzen kennen und Kinder erziehen, die

Grenzen kennen, erfordert außerdem eine weitere wichtige Erkenntnis: Dieses Buch allein ist nicht genug! Sie müssen auch an sich selbst arbeiten. Finden Sie heraus, wo Ihre eigenen Grenzen dünn sind. Beschaffen Sie sich Informationen und Hilfe. Sprechen Sie mit anderen Menschen, die ebenfalls wachsen und reifen wollen, und entwickeln Sie gemeinsam und mit Gott neue Grenzen.

Drei Einflussmöglichkeiten

Es gibt drei Wege, auf denen Sie Ihre Kinder zur gesunden Grenzenbildung führen können.

Lehren

Sie lehren Ihre Kinder, wie sie sich die Schuhe binden, Fahrrad fahren und ihr Zimmer aufräumen müssen. Sie schicken sie in die Schule, wo sie Unmengen von Fakten und Fähigkeiten erlernen. Sie können sie genauso Grenzen lehren – die Fähigkeit, Nein zu sagen und ein Nein von anderen zu akzeptieren.

Die Prinzipien von Grenzen sind ganz einfach und klar: Sie sind keine schwammigen esoterischen Ideen, sondern gegründet in der Realität, in Gottes Gesetz und im Alltag. Deshalb ist es möglich sie zu vermitteln und zu verstehen. Damit diese Prinzipien auch von Ihren Kindern behalten werden, sollten Sie Ihre Kinder von Zeit zu Zeit nach ihren Erfahrungen mit ihnen fragen. Doch am wichtigsten ist, dass Sie Ihre Ziele den immer wieder neuen Situationen anpassen und diese mit Ihren Kindern *mitwachsen*.

Haben Sie zum Beispiel keine Angst, Ihren Kindern gegenüber die Wörter *Grenzen* oder *Regeln* zu benutzen. Es sind hilfreiche Ausdrücke. Wenn zum Beispiel Ihre Tochter Sie vor lauter Zorn anschreit, lassen Sie ihr etwas Zeit, sich zu beruhigen. Dann sagen Sie ruhig: „Tina, wir haben in unserer Familie die Regel, dass Anschreien nicht in Ordnung ist. Du kannst wütend sein und auch darüber mit mir reden, aber Anschreien ist verletzend. Wenn du diese Regel brichst, hast du für diesen Tag nach der Schule Hausarrest."

Wichtig ist auch, dass Sie Ihren Kindern die hinter den Regeln stehenden Prinzipien erklären und sie nicht nur die Konsequenzen spüren lassen. Auch kleine Kinder können schon die Bedeutung des Satzes lernen: „Du bist für dein Verhalten verantwortlich." Das bedeutet, dass sie lernen, für bestimmte Dinge zuständig zu sein, zum Beispiel ihr Zimmer aufzuräumen, gute Noten zu bekommen, anständige Tischmanieren aufzuweisen und Gefühlsausbrüche zu kontrollieren. Diese Kinder können dann nicht mehr anderen die Schuld für ihr schlechtes Verhalten zuschieben. Solche Regeln können recht schnell ein Teil des Alltagslebens einer Familie werden und Kinder sehen dann in allen möglichen Gebieten des Lebens ganz natürlich ihre Anwendung. Ich kenne einen Vierjährigen, der neulich zu seiner Schwester gesagt hat: „Lass dieses Stofftier in Ruhe; es gehört mir und du musst meine Grenzen respektieren!" Wenn Sie Kindern die Prinzipien von Grenzen und Regeln ihrem Alter gemäß vermitteln, können sie sie verstehen und auch selbst anwenden (siehe 5. Mose 6,6-7).

Hier kommen ein paar grobe Leitlinien, um Ihnen zu verdeutlichen, welche Grenzprinzipien ein Kind in welchem Alter ungefähr verstehen kann.

0 bis 12 Monate: Im ersten Lebensjahr entwickeln Kinder eine enge Bindung und ein tiefes Vertrauen zu ihren Eltern. Daher sollten sich in dieser Zeit Regeln auf ein Minimum beschränken. Säuglinge können nicht viel Frustration tolerieren und haben noch kaum innere Struktur, deswegen sollten sich die Eltern darauf konzentrieren, das Kind zu schützen, zu nähren und seine Bedürfnisse nach Liebe und Trost zu befriedigen.

1 bis 3 Jahre: Kinder dieses Alters können das Wort *Nein* kennen lernen und verstehen, dass Konsequenzen folgen, wenn sie nicht darauf reagieren. Dies kann sich auf gefährliche Situationen beziehen (heiße Herdplatte oder Ähnliches), aber auch auf Wutausbrüche, Gewalt und anderes. Selbst wenn ein Kind dieses Alters die dahinterliegende Logik noch nicht voll begreift, kann es grundsätzlich verstehen, dass Gehorsam gute Folgen hat und ein Ignorieren des elterlichen *Neins* unangenehme Folgen.

3 bis 5 Jahre: In diesem Alter ist ein Kind bereits in der Lage, den Sinn hinter Regeln und Verantwortlichkeit zu verstehen und warum Konsequenzen folgen, wenn es Grenzen durchbricht. Es kann auch mit Ihnen darüber sprechen und Fragen äußern. In dieser Phase gehört es zur *Grenzenerziehung* dazu, dass das Kind lernt, nett zu anderen Kindern zu sein, Autorität anzuerkennen, eine eigene Meinung zu vertreten, ohne respektlos zu werden, und kleine Arbeiten im Haushalt zu übernehmen. Konsequenzen wie der Verlust von Privilegien, Fernsehverbot oder Hausarrest sind für Kinder in diesem Alter gut verständlich und meist effektiv.

6 bis 11 Jahre: Diese Altersstufe bringt große Betriebsamkeit und immer stärkere Einbindung in die Außenwelt mit sich: Schule, Freizeitgestaltung, Kirche, Freunde, all das wird dem Kind immer wichtiger. Die Inhalte der Regeln und Grenzen werden sich nun hauptsächlich um Themen wie Zeiteinteilung, Hausaufgaben, Umgang mit Geld und die Wahl des Freundeskreises drehen. Konsequenzen können sich auf Hausarrest, Streichung von finanzieller Unterstützung und Verlust von Privilegien beziehen.

12 bis 18 Jahre: Die Teenagerzeit ist die letzte Phase vor dem Erwachsenwerden. Das Kind stabilisiert seine Identität, grenzt sich immer mehr von den Eltern ab, denkt über seinen beruflichen Werdegang nach, reift in sexueller Hinsicht und ordnet seine gesamten Werte neu. In dieser Phase müssen Sie anfangen, von einer kontrollierenden elterlichen Position in eine mehr beeinflussende Richtung zu wechseln.

Wenn Ihre Kinder in die Pubertät kommen, versuchen Sie Ihnen bei ihrer Identitätsfindung zu helfen, besonders was Themen wie Beziehungen, Werte, Zeitmanagement und langfristige Ziele angeht. Zusätzlich brauchen Kinder dieses Alters eine klare Linie, was die Konsequenzen angeht. Sie sollten deshalb möglichst souverän und aggressionsfrei, aber fest die Konsequenzen eines bestimmten Verhaltens aufzeigen (wie zum Beispiel die Streichung des Taschengeldes) und auch die Sanktionsmaßnahmen der Schule unterstützen.

Eine wichtige Sache noch für dieses Alter: Ein Teenager, der sich wie ein Dreijähriger verhält, sollte nicht die Freiheiten haben, die einem reifen Teenager zustehen. Freiheit bekommt man, wenn man gut mit Verantwortung umgeht; sie wird einem nicht automatisch mit zunehmendem Alter zugestanden!

Vorbild sein

Kinder beobachten Sie sehr genau und sehen, wie Sie in Ihrer eigenen Welt mit Grenzen umgehen. Sie beobachten, wie Sie sie behandeln, wie Sie mit Ihrem Ehepartner umgehen und wie Sie Ihre Arbeit machen. Und sie ahmen Sie nach – im Guten wie im Schlechten! Kinder sehen zu ihren Eltern auf und möchten wie diese großen, mächtigeren Personen sein. Wenn sie Papas Schuhe anziehen oder Mamas Lippenstift benutzen, probieren sie sich in der Rolle des Erwachsenen aus. In diesem Sinne werden Grenzen und Regeln eher *erfasst* als *gelehrt*.

Ihre Vorbildfunktion ist immer gegeben, auch wenn Sie gerade nicht auf *Elternschaft* geschaltet haben. Eigentlich tritt sie immer in Kraft, sobald Sie in Sicht- oder Hörweite Ihres Kindes sind. Viele Eltern sind entsetzt, wenn sie sehen, dass ihre Kinder das tun, was sie selbst tun – und nicht das, was sie sagen! Kein Wunder, dass Kinder früh herausfinden, wie ernst Sie Ihre eigenen Regeln und Grenzen nehmen.

Universelle Hausregeln sind hierfür ein gutes Beispiel. Hier gibt es viele Regeln, die für Kinder und Erwachsene unterschiedlich gehandhabt werden, zum Beispiel die Schlafenszeiten oder die *erlaubten* Fernsehsendungen. Es sollte aber auch einige Regeln geben, die für alle Familienmitglieder gleichermaßen gelten. Damit meine ich zum Beispiel eine Regel wie: „Niemand unterbricht denjenigen, der gerade das Wort hat." Eltern haben oft das Gefühl, dass das, was sie zu sagen haben, wichtiger ist als das, was ihr Kind gerade von seinem Schultag erzählt.

Doch wenn in Ihrer Familie die Übereinkunft herrscht, dass universelle Regeln für alle gelten und jeder jeden dazu anhalten kann, lernt Ihr Kind jeden Tag, wie es aussieht, andere Menschen zu respektieren. Wenn also der kleine Jeremy das Recht hat zu sagen: „Mama, jetzt hast du mich unterbrochen", und wenn seine Mutter dann zugeben kann: „Du hast Recht, entschuldige bitte", dann lernt das Kind, dass Respekt, Entschuldigungen und das Einhalten von Regeln zu den Dingen gehören, die Erwachsene tun.

Dies sind nicht nur gute, gesunde und reife Aspekte des Erwachsenseins, sondern auch Realitätsnormen. Und Kinder suchen verzweifelt nach Normen, an denen sie sich ausrichten können. Wenn die Mutter also sagen würde: „Jeremy, das, was ich zu sagen habe, ist eben sehr, sehr wichtig", dann wird Jeremy ebenso anfangen, Kompromisse zu machen und sein Verhalten zu entschuldigen. Das Bedürfnis eines Kindes, dazuzugehören, ist größer als sein Bedürfnis, *gut* zu sein. Wenn ihm das Befolgen von Hausregeln hilft, dazuzugehören, dann wird es auch entsprechend handeln. Und wenn ihm die Rebellion gegen bestimmte Regeln Aufmerksamkeit einbringt, dann wird es ebenfalls entsprechend handeln. Was Sie ihm vorleben, ist der Schlüssel!

Beim Begreifen helfen

Wenn man etwas begreift und verinnerlicht, wird es zu einem Teil von einem selbst. Das ist etwas anderes, als etwas einfach nur zu wissen oder seine Anwendung praktisch zu erleben. Durch Verinnerlichung wird eine Sache zu einer erfahrenen Realität. Es gibt nun zwei Arten, etwas zu *wissen*: intellektuelles Wissen und Erfahrungswerte. Sie können also eine Definition von romantischer Liebe auswendig lernen und sie dann intellektuell *wissen*. Jedoch sich bis über beide Ohren zu verlieben ist eine ganz andere Sache, ein Erfahrungswert.

Dieser Unterschied ist sehr wichtig für das Gelingen der Erziehung Ihrer Kinder. Wenn Ihre Grenzenerziehung nur aus Worten besteht, verschwenden Sie Ihre Energie. Wenn Sie aber Grenzen und Regeln mit Ihrem Kind *einüben*, dann kann es seine Erfahrungen verinnerlichen, sich an sie erinnern, sie verdauen und sie zu einem Teil seiner Sicht der Realität machen.

Meine Frau Barbi und ich arbeiten im Moment daran, unseren Söhnen Ricky, sieben, und Benny, fünf, finanzielle Verantwortung nahe zu bringen. Sie bekommen jede Woche ein kleines Taschengeld, das unter anderem auch von der Erledigung ihrer häuslichen Pflichten abhängt. Einen Teil ihres *Einkommens* sollen sie spenden, einen Teil sparen und einen Teil können sie nach Belieben ausgeben. Als wir mit diesem Prozess anfingen, dachten unsere Jungs noch, dass Geld auf Bäumen wächst. Es gefiel ihnen, welches zu haben, aber sie hatten noch keinerlei Gefühl für ihre Verantwortung auf diesem Gebiet. Es kam ja immer neues Geld nach. Barbi und ich erklärten ihnen mehrmals, dass sie auf größere Anschaffungen sparen müssten und nicht alles auf einmal ausgeben sollten. Doch das ging zum einen Ohr hinein und zum anderen wieder heraus, ohne eine

Wirkung zu haben. Das war nicht der Fehler unserer Söhne; sie hatten einfach noch keine Erfahrungen damit, etwas haben zu wollen, aber nicht die nötigen Mittel dafür zu besitzen.

Eines Tages gaben die Jungen ihr ganzes *übriges* Geld für ein Spielzeug aus, das sie unbedingt haben wollten. Ein paar Tage später gab es dann ein Comic-Buch im Angebot, das sie sich schon lange wünschten. Doch leider hatten sich ihre Portemonnaies über Nacht von selbst nicht wieder aufgefüllt. Also kamen sie zu uns. Auch wenn es uns schwer fiel, wir blieben hart. „Keine Ausleihen, keine Vorschüsse. Ihr müsst bis nächste Woche warten."

Daraufhin fragten sie, ob sie sich mit zusätzlichen Arbeiten das Geld verdienen könnten. Wir sagten Nein. Sie weinten und wir trauerten mit ihnen um die verpasste Gelegenheit, doch die Geldbeutel blieben leer. Etwas später beschloss Benny: „Das nächste Mal warte ich gaaaaanz lange, bevor ich mein Geld ausgebe!"

Und das tat er. Am nächsten *Zahltag* taten die Jungen ihr Geld gleich in ihre Spardose und redeten immer wieder darüber, wie viel sie sparen und wie wenig sie ausgeben würden. Sie hatten die Tatsache verinnerlicht, dass man das, was man jetzt ausgibt, später nicht mehr zur Verfügung hat.

Keine noch so geduldige Belehrung oder Erklärung hätte dieses Ergebnis hervorgebracht. Es bedurfte einer realen Erfahrung, kombiniert mit elterlicher Einhaltung der Grenzen, um den Kindern beim Entwickeln dieser eigenen Grenzen zu helfen. Sie als Eltern sind wie eine alte Eiche, an der sich die Kinder immer und immer wieder den Kopf stoßen, bis sie begreifen, dass der Baum stärker ist als sie und beim nächsten Mal drum herum laufen.

Hindernisse auf dem Weg zum Erlernen gesunder Grenzen

„Wenn du die Hitze nicht ertragen kannst, dann halte dich aus der Küche fern", heißt ein altes Sprichwort. Ein Teil der *Hitze* der Elternschaft ist es, die Aversionen auszuhalten, die Ihr Kind gegen Ihre Regeln und Grenzen empfinden wird. Sie und Ihr Kind haben hier unterschiedliche Aufgaben: Das Kind muss austesten, wie entschlossen Sie im Hinblick auf Ihre Grenzen sind. Denn nur so lernt es etwas über die Realität des Lebens. Ihre Aufgabe ist es, diesem

Test standzuhalten und Zorn, Schmollen, Gefühlsausbrüche und vieles andere zu ertragen, ohne wankend zu werden.

In der Bibel findet sich ein gutes Beispiel für elterliches Versagen. Es ist die Geschichte von König David und seinem Sohn Adonija. Obwohl David ein großartiger Leiter war, hatte er völlig versäumt, seinem Sohn Grenzen zu setzen. „Sein Vater hatte ihn immer sehr nachsichtig behandelt und ihn nie wegen irgendetwas zur Rede gestellt" (1. Könige 1,6). Das hebräische Wort, das der Formulierung „nachsichtig behandeln" zu Grunde liegt, bedeutet „kein Missfallen erregen" oder „nicht ärgern". Adonija wuchs deshalb zu einem selbstbezogenen, treulosen Mann heran und versuchte schließlich sogar, in einer Verschwörung Davids Thron an sich zu bringen (siehe 1. Könige 1,2).

Grenzen und Regeln aufzustellen und durchzuhalten ist anstrengend und unbequem! Die meisten Eltern müssen darum kämpfen und haben es alles andere als leicht damit. Im Folgenden wollen wir ein paar Hindernisse beleuchten, derer Sie sich bewusst sein sollten.

Abhängigkeit von dem Kind

„Warum darf ich nicht bei Madeleine übernachten?", jammerte die 13-jährige Beverly.

Ihre Mutter Samantha erwiderte: „Liebling, du hast diese Woche schon zweimal bei ihr übernachtet und morgen hast du Schule. Du kannst ja am Wochenende wieder bei ihr bleiben."

„Du willst ja nur nicht, dass ich Freunde habe! Nie kriege ich das, was ich will! Nie, nie, nie!" Mit dieser Aussage stampfte Beverly aus der Küche und in ihr Zimmer.

Und damit fing der alte Tanz an, den Samantha und ihre Tochter nun schon seit Jahren miteinander aufführten: Samantha wollte, dass Beverly glücklich war und ihr nahe stand; die Beziehung zu ihrer Tochter war ein zentrales Anliegen für sie und es war ihr einfach unerträglich, wenn Beverly eine innere Distanz zu ihr aufbaute.

Also stellte sich Samantha vor Beverlys zugeknallte Tür und sagte: „Na gut, vielleicht war ich ein bisschen zu streng. Wahrscheinlich würde es nichts schaden, wenn du bei Madeleine schläfst."

Die Tür ging auf und Beverly fiel Samantha stürmisch um den Hals: „Du bist die beste Mami der Welt!" Wieder einmal hatte Samantha sich die Zuneigung ihrer Tochter zurückerobert – und unbeabsichtigt Beverly ein weiteres Mal am Erwachsenwerden gehindert.

Es gibt keine wichtigere Zutat zum Wachstumsprozess Ihres Kindes als Liebe. Sie sind die Hauptquelle Ihres Kindes für Nähe, Intimität und Unterstützung. Doch diese natürliche Beziehung kann mit einem abhängigkeitsähnlichen Bedürfnis eines Elternteils nach Nähe zu dem Kind durcheinander gebracht werden. Und Abhängigkeit vom eigenen Kind ist genau das Gegenteil von dem, was eine gesunde Eltern-Kind-Beziehung prägen sollte.

Die meisten von uns haben eine starke Sehnsucht nach familiärer Nähe. Wir wollen einen Platz haben, an den wir gehören, wo wir willkommen und verstanden sind. Gott hat uns alle mit diesem Wunsch geschaffen. Tatsächlich heißt es in der Bibel: „Den Einsamen schafft er eine Familie" (Psalm 68, 7). Wir wachsen heran, suchen uns einen Partner und bauen ein Nest. Dies ist ein guter, gesunder Prozess. In einer Familie zu leben stillt viele unserer Wünsche und Bedürfnisse.

Aber es entsteht ein Problem, wenn Eltern die Nähe oder Zuneigung eines Kindes brauchen, um ihre eigenen Bedürfnisse zu befriedigen. Das Kind wird dann unbeabsichtigt dazu benutzt, dem Elternteil ein Gefühl der Wärme, der Nähe und Liebe zu vermitteln, doch das drängt das Kind viel zu früh im Leben in eine Elternrolle. Ein Patient von mir, der aus einer großen Familie stammte, hat einmal seine Mutter gefragt, warum sie eigentlich so viele Kinder bekommen habe. Die Antwort war: „Weil ich nie wieder so einsam sein wollte wie in meiner eigenen Kindheit."

Kinder gehen nur allzu gern auf diese Abhängigkeiten ihrer Eltern ein. Es ist nicht so, dass sie diese Position anstreben; sie folgen einfach der generellen Richtung der Beziehung. Wenn es ihnen Nähe und Zuneigung einbringt, dass sie Papas oder Mamas Bedürfnisse erfüllen, dann tun sie es.

Dies kann nicht nur später zu ernsthaften Problemen im Leben des Kindes führen – oft haben solche Kinder als Erwachsene ein Helfersyndrom oder sie neigen zu Depressionen oder Wutausbrüchen –, sondern auch die elterliche Fähigkeit, dem Kind angemessene Regeln und Strukturen nahe zu bringen, wird entstellt. Wenn Sie von der Liebe eines Menschen abhängig sind, ist es extrem schwierig, diese Person zu konfrontieren oder zu disziplinieren, denn das könnte bedeuten, dass Sie zumindest zeitweise die Zuneigung dieser

Person verlieren und ihren Zorn zu spüren bekommen. Also wird das Kind nicht konsequent erzogen und lernt, dass es seinen Willen durchsetzen kann, wenn es mit Liebesentzug droht. Obwohl keiner der Beteiligten es direkt merkt, erpresst das Kind den betroffenen Elternteil, denn dieser versucht mit allen Mitteln, die Stimmung positiv zu halten.

Stellen Sie sich selbst jetzt einmal eine unbequeme, ehrliche Frage: „Habe ich die Befürchtung, dass ich die Zuneigung meiner Kinder verliere, wenn ich ihnen Dinge verbiete und auf Einhaltung von Regeln beharre?" Wenn das der Fall ist, dann beginnen Sie noch heute damit, Ihre Sehnsucht und Ihre Bedürfnisse nach Beziehungen anderswo zu stillen als bei Ihren Kindern! Das Bedürfnis nach Nähe und Bindung ist gut und gottgewollt. Schon im Garten Eden stellte Gott fest, dass es nicht gut für den Menschen ist, wenn er allein bleibt (1. Mose 2,18). Doch Kinder haben mit dem Erwachsenwerden genug zu tun. Bürden Sie ihnen nicht auch noch Ihre eigenen Wünsche auf! Suchen Sie sich gute Freunde und vielleicht eine Kleingruppe, die Ihnen die Nähe und Annahme geben, die Sie brauchen.

Überidentifikation mit dem Kind

Troy und seine Frau Catherine waren aufgeregt. Es war schon eine Weile her, seit sie miteinander ausgegangen waren und ihren dreijährigen Sohn einem Babysitter überlassen hatten. Sie hatten einen Tisch in einem schönen Restaurant reserviert und Karten für ein Konzert besorgt. Als der Babysitter dann kam, sagte der kleine Gavin schüchtern: „Guten Tag", und schien sie ganz nett zu finden. Doch als er sah, wie seine Eltern sich die Mäntel anzogen, begann der Kleine zu weinen und zu jammern und sich an die Beine seiner Mutter zu klammern.

„Komm, Cathy", sagte Troy und zog seine Frau am Arm. „Er beruhigt sich schon wieder."

Aber seine Frau fühlte sich auf einmal wie gelähmt. Als sie die Tränen in den Augen ihres Sohnes sah, konnte sie sich vorstellen, wie verlassen und allein sich Gavin in diesem Moment fühlen musste. Sie spürte seinen Schmerz und er war doch noch so klein. Sie musste eine Entscheidung treffen.

„Können wir unsere Pläne auf ein anderes Mal verschieben, Liebling?", fragte sie Troy. „Es wäre einfach zu schlimm für Gavin!"

Ihr Mann seufzte und zog den Mantel wieder aus. Wieder ein schöner Abend dahin.

Vielen Eltern fällt es schwer, ihren Kindern Grenzen und Regeln beizubringen, weil sie sich in einem viel zu starken Maße mit den Gefühlen der Kinder identifizieren. Im Grunde ist ein solches Verständnis auch gut, weil Kinder so das Gefühl bekommen, ernst genommen und verstanden zu sein. Doch in der Übertreibung verwechseln manche Eltern ihre eigenen Gefühle mit denen des Kindes und denken, dass das Kind viel mehr leidet, als es tatsächlich tut. Sie projizieren ihre eigenen Probleme auf das Kind und was so für den kleinen Gavin eine kurze Trauerphase bedeutet hätte, wird von seiner Mutter zu einem regelrecht traumatischen Trennungserlebnis hochstilisiert. Oder eine Prüfungssituation, die für einen Teenager vielleicht eine geringfügige Unsicherheit bedeutet, wird von seinem Vater so überzogen, dass sie beinahe eine Panikattacke hervorruft.

Oft ist so etwas ein Symptom für unbewältigte Probleme im Leben der Eltern. Catherine zum Beispiel war in ihrer Kindheit von ihren Eltern tatsächlich emotional allein gelassen worden. Sie straften sie mit Liebesentzug, wenn sie nicht so perfekt funktionierte, wie sie das von ihr erwarteten. Zum Beispiel redeten sie über Tage hinweg nicht mit ihr, wenn sie etwas falsch gemacht hatte. In ihrer Ehe mit Troy wurde Catherine jedes Mal nervös, wenn er spät nach Hause kam oder geschäftlich unterwegs war. Sie fühlte sich dann ungeschützt und allein. Natürlich versuchte sie, dieses Gefühl abzuschütteln, aber es blieb immer präsent. Auch in anderen Bereichen ihrer Ehe quälten sie ihre Kindheitserfahrungen immer wieder.

Catherine interpretierte ihre eigenen tiefen Gefühle in Gavins Jammern hinein. Sein Weinen schnitt ihr ins Herz, bis hinein in ihren eigenen unbewältigten Schmerz. Der Unterschied war aber, dass Gavin noch nie verlassen worden war und keine solchen tiefen Gefühle kannte. Im Gegenteil, die beständige Liebe seiner Eltern hatte ihn zu einem stabilen Kind mit einem gut gefüllten Liebestank gemacht. Seine Tränen waren kein Ausdruck des tiefen Schmerzes eines verlassenen Kindes, sondern einfach die normale Traurigkeit eines Dreijährigen, der auch mal lernen muss, mit der Abwesenheit seiner Mutter umzugehen.

Wenn Sie spüren, dass Sie den Schmerz Ihres Kindes nicht ertragen können, dann projizieren Sie vielleicht auch Ihre eigenen Gefühle in Ihr Kind hinein. Werfen Sie einen Blick auf die Probleme in

Ihrer Vergangenheit, die vielleicht noch nicht bewältigt sind. Suchen Sie sich einen guten Seelsorger, um diese Probleme anzugehen. Das ist wichtig für Sie und auch für Ihr Kind, denn es braucht Eltern, die in der Lage sind, momentane Unbequemlichkeit von dauerhaften Schäden zu unterscheiden.

Die Annahme, dass Liebe und Trennung sich widersprechen

Als der 12-jährige Ron ein Zeugnis voller schlechter Noten nach Hause brachte, sagte Susie zu ihrem Mann Keith: „Es ist Zeit für ein paar Konsequenzen. Ron ist intelligent und seine Lehrer sagen, er macht im Unterricht immer nur Quatsch. Wir müssen zusammen über ein paar Disziplinarmaßnahmen nachdenken, um ihn zur Räson zu bringen."

„Liebling", meinte Keith daraufhin, „es stimmt schon, dass seine Noten ein Problem sind, aber Ron soll doch immer wissen, dass wir ihn lieben. Wenn wir ihn nun bestrafen, zweifelt er womöglich an unserer Liebe und dann verlieren wir ihn am Ende noch an eine Gang oder Schlimmeres. Lass uns zusammen mit ihm darüber reden und ich bin sicher, er kommt zur Vernunft!"

Wie Sie sich vorstellen können, kam Ron nicht „zur Vernunft" – jedenfalls nicht, bis er Jahre später die Schule schmiss und zur Armee ging. Die strenge Struktur beim Militär half ihm schließlich, erwachsen zu werden – aber was war das für eine Verschwendung von Zeit und Möglichkeiten! Keith war dem verbreiteten Irrtum aufgesessen, dass sich Liebe und Disziplinierung gegenseitig ausschließen beziehungsweise dass eine kurzzeitige innere Distanzierung von Rons Verhalten gleichbedeutend mit einem Liebesentzug sei. Er wollte nichts tun, was die Freundschaft mit seinem Sohn beeinträchtigen könnte.

Vielen Eltern unterläuft derselbe Irrtum. Sie fürchten, dass Meinungsverschiedenheiten, Konfrontationen oder auch nur schlichte Persönlichkeitsunterschiede einen Bruch in ihrer Beziehung hervorrufen könnten. Deshalb machen sie einfach so weiter, bis die Sache wirklich aus dem Ruder läuft. Tatsache ist, dass Liebe und Trennung miteinander Hand in Hand gehen und das eine das andere keineswegs ausschließt. Wenn Sie nie eine Meinungsverschiedenheit mit der Person haben, die Sie lieben, stimmt etwas nicht. Viele Men-

50

schen haben Angst, in einer Beziehung sie selbst zu sein. Doch die Bibel sagt, dass wahre Liebe die Furcht vertreibt (1. Johannes 4,18). Liebe und Angst schließen sich gegenseitig aus. Und man kann nicht wirklich jemanden lieben, von dem man nicht auch einmal räumlich oder emotional getrennt sein kann. Liebe bedeutet nicht die totale Selbstaufgabe, sondern sie befreit einen dazu, wirklich man selbst zu sein.

Um Ron wirklich Liebe zu erweisen, hätte Keith sich mit ihm hinsetzen müssen und ihm erklären, was ihn sein Verhalten einmal kosten wird. Nur so hätte Ron anfangen können, erwachsen zu werden. Keith hätte ihm so zeigen können, dass sie zwei unterschiedliche Menschen wären, die Rons Lebensgestaltung verschieden bewerteten. Das schloss jedoch keineswegs aus, dass Keith Ron hätte deutlich machen können, wie wichtig er ihm sei und dass er nur das Beste für ihn wollte.

Wenn Sie einmal festgelegte Grenzen und Regeln einhalten, wird sich Ihr Kind im Endeffekt stärker geliebt und beschützt fühlen und nicht etwa weniger. Es weiß dann, dass Sie ihm innerhalb dieser Grenzen die Freiheit einräumen, selbst Entscheidungen zu treffen, und dass Sie es dabei begleiten und unterstützen.

Vielleicht kommt es Ihnen zeitweise so vor, dass alle Liebe zwischen Ihnen und Ihrem Kind erloschen ist, wenn Sie ihm die Wahrheit gesagt haben. Oder Sie haben das Gefühl, dass Sie nicht wirklich sagen können, was Sie denken, wenn Sie Ihrem Kind nahe sein wollen. Wenn dies auf Sie zutrifft, dann sollten Sie beginnen daran zu arbeiten, Gott und Ihnen nahe stehenden Menschen gegenüber ehrlicher und echter zu werden. Wirkliche Freunde werden Ihnen in diesem Prozess helfen und die Beziehung wird noch enger werden. Andere werden wahrscheinlich fortgehen und das ist gut so! Denken Sie daran, dass Liebe und Wahrheit in Gottes Reich zusammengehören. „Recht (Wahrheit) und Frieden (Liebe) küssen einander", heißt es in Psalm 96, Vers 11.

Ignorieren und Explodieren

Carol zählte Geduld zu ihren positiven Eigenschaften. Sie war in der Lage, anderen Menschen bei ihren Problemen zu helfen, das *große Ziel* zu sehen und auf Ergebnisse von Veränderungen zu warten. Diese Tugend wurde bei der Erziehung der 5-jährigen Tess oft gefordert, denn die Kleine hatte einen sehr starken Willen. Beim Einkaufen verlangte sie lautstark nach Spielsachen und Süßigkeiten. Carol nahm nun an, wenn sie dieses Verhalten einfach ignorierte, würde es schon vergehen. Doch das tat es nicht. Jeder Besuch im Supermarkt brachte stattdessen immer peinlichere Szenen mit sich.

Einmal war eine Freundin beim Einkaufen dabei, die anschließend sagte: „Meine Güte, deine Kleine weiß aber, was sie will!"

Carol war entsetzt und als Tess im Auto noch einmal nach einem Keks verlangte, brüllte Carol sie an: „So, junge Dame, jetzt reicht es mir! Du treibst mich noch in den Wahnsinn mit deinem ständigen Gequengel! Wenn wir nach Hause kommen, gehst du sofort in dein Zimmer. Und warte nur ab, was los ist, wenn dein Vater davon hört!"

Alle Geduld, die Carol besaß, war dahin und sie rastete völlig aus. Tess bekam Angst und weinte den ganzen Weg nach Hause. Daraufhin fühlte Carol sich schuldig und machtlos.

Vollkommen unbeabsichtigt hatte Carol etwas getan, das wir „Ignorieren und Explodieren" nennen. Sie ließ Tess gewähren in der Hoffnung, dass ihr unpassendes Verhalten von selbst verschwinden würde. Das tat es natürlich nicht, sondern es wurde immer schlimmer und Carols Ärger wuchs im gleichen Maße an. Schließlich kamen all die Wahrheiten, die sie die ganze Zeit hinuntergeschluckt hatte, in einem einzigen Ausbruch hervor und Tess fühlte sich total eingeschüchtert. Dieses weit verbreitete Problem beruht auf der irrigen Annahme, dass ein schlechtes Verhalten auf wundersame Weise verschwindet, wenn man es nicht beachtet. Dummerweise funktioniert das so nicht. Man behandelt ja auch Infektionen oder ein undichtes Hausdach nicht mit Missachtung. Generell werden Probleme, um die man sich nicht kümmert, mit der Zeit schlimmer statt besser.

Mit Kindern ist es nicht anders. Sie haben keine *inneren Bremsen* bezüglich ihres Verhaltens. „Kinder neigen zu Dummheiten", stellen die Sprichwörter fest (Kapitel 22, Vers 15). Sie brauchen ihre Eltern als externes Kontrollorgan, die sie korrigieren, einschränken und mit Konsequenzen belegen, bis die äußeren Grenzen schließlich vom Kind selbst verinnerlicht sind. Darum ist Beständigkeit im Ansprechen und Bekämpfen von schlechtem Verhalten von Anfang an so wichtig.

„Ignorieren und Explodieren" lehrt das Kind, dass es in neun von zehn Fällen mit seinem Verhalten davonkommt und beim zehnten

Mal einfach nur wissen muss, wie es den Ausraster des Elternteils heil übersteht. Neun zu eins ist ein hervorragendes Verhältnis! Sie würden sicher in ein Geschäft investieren, das eine 90-prozentige Erfolgsquote hat! Um diese falsche Einstellung zu vermeiden, sollten Sie so früh wie möglich problematische Verhaltensweisen Ihres Kindes angehen und Ihre (vielleicht ebenfalls mit der Kindererziehung beschäftigten) Freunde bitten, Sie bei diesem konsequenten Verhalten zu unterstützen. Auf diese Weise bereiten Sie Ihr Kind auf das wahre Leben vor, in dem es nicht alles bekommt, was es will – ganz egal, wie oft es das auch versucht.

Erschöpfung

Es ist schon beängstigend, wie unsere Kinder spüren, wann wir schwach und nachgiebig gestimmt sind. Viele Eltern haben schon erlebt, wie ein Teenager unendlich lange betteln, flehen, argumentieren und diskutieren kann, um sich um eine kleine Aufgabe zu drücken. Freunde von mir erzählten, dass ihr Sohn sie regelmäßig in eine dreiviertelstundenlange Diskussion über das Müllraustragen verwickelte – eine Aufgabe, die keine 5 Minuten in Anspruch nimmt! Es machte ihm nichts aus, so viel Zeit zu verlieren, solange er nur um die Aufgabe herumkam.

Kinder sind anstrengend. Sie geben nicht so leicht auf. Und je später Sie anfangen, gesunde Grenzen zu etablieren, desto energischer werden Ihre Kinder dagegen ankämpfen. Es ist ja auch schwer, wenn man nach vielen Jahren plötzlich vom Thron gestoßen wird! Wir können uns nur allzu gut mit Eltern identifizieren, die erschöpft sagen: „Na gut, diesmal gebe ich nach und leihe ihm das Geld. Es ist einfach den Streit nicht wert."

Bei manchen Gelegenheiten kann das auch wahr sein. Doch jedes Mal, wenn Sie so etwas zulassen, wird die Entwicklung Ihres Kindes zu einem selbstständigen, selbstbeherrschten Menschen behindert.

Wenn Sie feststellen, dass Ihr Kind Sie total auslaugt, dann kann das verschiedene Dinge bedeuten: Entweder sind Ihre Reserven aufgebraucht und Sie brauchen einfach mal wieder Unterstützung von Freunden oder Sie brauchen etwas Zeit für sich selbst. Grenzen kann man nicht in einem Vakuum einhalten. Denken Sie immer daran, dass Elternschaft eine zeitlich begrenzte Aufgabe ist und keine Identität. Kinder mit Eltern, die noch ein eigenes Leben haben, lernen früh, dass sie nicht der Mittelpunkt der Welt sind und dass auch sie später die Freiheit haben werden, ihre eigenen Träume zu verfolgen. Zweitens könnte es sein, dass Sie Ihrem Kind beigebracht haben, dass Sie irgendwann nachgeben, wenn es Sie genug genervt hat. Ein guter Freund verriet mir einmal: „Der Trick bei der Erziehung ist, dass man als Eltern genau einmal mehr auf der Einhaltung der Regel bestehen muss, als das Kind auf seinem Wunsch besteht. Das ist alles, was nötig ist: einmal mehr!" Doch Sie brauchen Freunde, die Ihnen helfen, auch das tausendste Mal Nein zu sagen. Die gute Nachricht: Wenn Sie konsequent bleiben, begreift das Kind irgendwann, dass Mami es wohl ernst meint, und es beginnt, seine Bemühungen herunterzuschrauben.

Denken Sie daran: Sie können Ihr Kind nichts lehren, was Sie nicht selbst beherrschen. Setzen Sie Ihrem Kind nicht einfach Grenzen, sondern *stellen* Sie selbst eine Grenze *dar*. Wenn Sie diese Konsequenz noch nicht haben, dann arbeiten Sie daran. Es wird sich für Sie und Ihr Kind auszahlen!

Teil 2

Zehn Regeln, die Kinder kennen müssen

4. Was passiert, wenn ich das mache?

Die Regel von Saat und Ernte

Sally hatte große Pläne für ihre Familie. Sie wollten nach Disneyland fahren und sie freute sich schon auf all den Spaß, den sie dort haben würden. Um die Mittagszeit wollten sie losfahren und Sally überlegte schon beim Frühstück, was jeder vorher noch zu erledigen hatte. Ihr Sohn Jason sollte noch ein paar Arbeiten im Garten machen (die er schon seit Tagen vor sich herschob), weil sie dem Nachbarn endlich die Geräte zurückgeben mussten, die er ihnen geliehen hatte.

Also sagte Sally Jason, dass er die Sachen erledigen musste, bevor sie losfuhren. Sie betonte, wie wichtig es war, dass er vor 12 Uhr damit fertig war. Eine Stunde später hatte er noch nicht angefangen, und sie erinnerte ihn noch einmal daran. Eine halbe Stunde später kam die nächste Erinnerung.

Sie kümmerte sich dann um ihre eigenen Aufgaben und als sie um 11:30 Uhr wieder ins Wohnzimmer kam, saß Jason noch immer seelenruhig vor dem Fernseher.

„Was machst du denn da?", schrie sie. „Ich habe dir doch gesagt, dass der Garten fertig sein muss, bevor wir losfahren. Jetzt kommen wir alle zu spät weg! Ich kann nicht fassen, dass du so egoistisch bist!"

Sie schimpfte weiter und schließlich machten sie, ihr Mann, eine ihrer Töchter und Jason zusammen die Gartenarbeit und fuhren erst um 13:40 Uhr endlich los. Die Fahrt und der Rest des Tages vergingen in schlechter Stimmung und unterdrücktem Zorn auf Jason.

Nebenan war ein ähnliches Szenario jedoch mit einem anderen Ergebnis zu beobachten gewesen. Susan hatte am Nachmittag mit ihren drei Töchtern einkaufen gehen wollen. Auch sie hatten Anweisungen bekommen, was sie noch erledigen mussten, bevor sie aufbrachen. Susan hatte den Mädchen gesagt, dass sie um Punkt ein Uhr losfahren würde und falls dann eine von ihnen ihre Aufgaben noch nicht erledigt hatte, musste sie zu Hause bleiben.

Eine Viertelstunde vor Abfahrt stellte Susan fest, dass die mittlere ihrer Töchter mit ihrer Aufgabe noch nicht fertig war.

„Ach, du willst also nicht mitkommen?", fragte Susan Jenny. „Wie schade. Du wirst uns fehlen!"

„Das kannst du mir nicht antun!", jammerte Jenny. „Das ist nicht fair!"

„Ich finde, das ist sehr fair. Jeder von euch war klar, dass die Aufgaben erledigt sein müssen, bevor wir fahren. Es tut mir wirklich Leid, dass du dich dafür entschieden hast, sie nicht zu erledigen. Wir sehen uns dann nachher. Übrigens habe ich mir noch keine Konsequenz überlegt für den Fall, dass du die Aufgabe auch bis zum Abendessen noch nicht getan hast. Aber vielleicht ist das ja auch nicht nötig und du überlegst dir, sie doch noch zu erledigen. Bis dann!"

Susan und ihre zwei anderen Töchter hatten einen tollen Nachmittag.

Das Prinzip der Realität lehren

Eltern stehen vor einem großen Problem, wenn sie nicht in der Lage sind, psychologische und beziehungsstörende Konsequenzen von natürlichen Konsequenzen zu unterscheiden. Fakt ist, dass das Leben auf natürlichen Konsequenzen basiert, die auch für jeden Menschen nachvollziehbar sind. Psychologische und beziehungsstörende Konsequenzen aber wie Wutanfälle, Vermittlung von Schuldgefühlen, ständiges Meckern und Liebesentzug bewegen Menschen normalerweise nicht dazu, sich zum Besseren zu verändern. Ist dies doch der Fall, dann ist die Veränderung meist kurzlebig und hat nur zum Ziel, den psychologischen Druck kurzfristig zu verringern. Wirkliche Veränderung geschieht allein, wenn das Verhalten einer Person zu natürlichen Konsequenzen führt wie Schmerz, der Verlust von Zeit, Geld, Privilegien oder Gemeinschaft mit geliebten Menschen.

In den beiden oben geschilderten Szenarien standen Sally und Susan vor einem ähnlichen Problem, doch ihre Reaktionen darauf

Sallys Konsequenzen für Jason	Susans Konsequenzen für Jenny
• Ständiges Ermahnen, so dass Jason nicht selbst auf die Zeit achten musste. • Herumschreien und Zornesausbrüche, die ablenkten und Sally zum Problem für Jason machten. Statt zuzugeben: „Ich habe meine Aufgabe nicht erledigt und stehe jetzt in Gefahr, Konsequenzen zu spüren", konnte Jason sich sagen: „Meine Mutter spinnt!" • Sich selbst als Opfer des Fehlverhaltens darstellen: „Jetzt kommen wir zu spät. Wie konntest du nur so egoistisch sein!" Dadurch lernt das Kind, sich selbst als ausschlaggebend für das Wohlergehen der ganzen Familie zu sehen. • Die falschen Emotionen im Kind auslösen, statt der einzigen, die in ihm den Wunsch weckt, sich zu verändern: Traurigkeit. • Und das Schlimmste: Sicherstellen, dass das Fehlverhalten das Kind nichts kostet und nur die Mutter traurig stimmt, was dem Kind wenig ausmacht!	• Kein Ermahnen: Jenny konnte selbst auf die Uhr schauen, wenn sie wollte. • Keine emotionalen Ausbrüche, die vom eigentlichen Problem (Faulheit) ablenkten und Susan für Jenny zum Problem machten. • Keine Opferrolle: Susan behielt das Ruder in der Hand und ließ die Pläne oder die Stimmung der Familie nicht von Jennys Verhalten beeinträchtigen. • Susan löste keine Gefühlsausbrüche in Jenny aus, stattdessen ließ sie sie einfach die Konsequenzen ihres Verhaltens spüren. • Sie stellte sicher, dass Jenny ihr Fehlverhalten etwas kostete, das ihr wirklich am Herzen lag.

waren vollkommen unterschiedlich. Sally hatte negative Beziehungskonsequenzen benutzt und natürliche Konsequenzen verhindert. Susan machte es umgekehrt (s. Tabelle S. 58).

Kurz gesagt, Susan hatte Jenny die Regel von Saat und Ernte lernen lassen. Jenny hatte verantwortungsloses Verhalten gesät und die entsprechenden Konsequenzen geerntet: den Verlust von etwas, das ihr am Herzen lag. So funktioniert die reale Welt nun einmal und es war Susan wichtig, dass ihre Tochter dieses Gesetz kannte. Denken Sie daran, dass Gott sagt: „Jeder wird ernten, was er gesät hat. Wer sich von seiner Selbstsucht leiten läßt, wird den Tod ernten. Wer sich vom Geist Gottes leiten läßt, wird unvergängliches Leben ernten" (Galater 6,7-8).

Ist es nicht so, dass wir erst dann aus unseren Fehlern lernen, wenn wir gezwungen sind, für sie zu bezahlen? Natürliche Konsequenzen führen uns wirklich dazu, dass wir unser Verhalten ändern.

Das Gesetz von Saat und Ernte ist eine Realität, die wir täglich im Negativen wie im Positiven erleben. Gott hat es mit dem gesamten Universum verwoben und wir können mit ihm als festem Bestendteil unseres Lebens rechnen. Auf der positiven Seite hat das folgende Effekte:

- Wenn ich hart arbeite, werde ich beruflich weiterkommen.
- Wenn ich genug Werbung mache, werden meine Produkte bekannter.
- Wenn ich die Bibel lese und Gott suche, werde ich geistlich wachsen.
- Wenn ich offen gegenüber den Menschen bin, die ich liebe, wird unsere Beziehung sich vertiefen.

Und im Negativen:

- Wenn ich alles esse, nach dem mir der Sinn steht, werde ich zunehmen oder krank werden oder beides.
- Wenn ich Menschen anschreie, verletze ich sie und verursache einen Bruch zwischen uns.
- Wenn ich mich nicht weiterbilde, werde ich immer auf dem jetzigen Niveau bleiben und unzufrieden sein.
- Wenn ich nicht auf meine Ausgaben achte, bekomme ich Geldprobleme und verliere meine Freiheiten.

Die positive Seite der Regel von Saat und Ernte gibt uns eine gewisse Kontrolle über unser Leben. Das liegt in Gottes Absicht und es gefällt ihm, wenn wir unsere Talente und Begabungen einsetzen, um gute Früchte zu ernten (Matthäus 25,14-30). Sowohl die Bibel als auch unsere Lebenserfahrung zeigen, dass Anstrengungen, Durchhaltevermögen und Verantwortlichkeit sich auszahlen.

Die negative Seite der Regel von Saat und Ernte verleiht uns einen gesunden Respekt vor üblen Dingen. Das Wissen um die Konsequenzen schlechten Verhaltens hilft uns dabei, uns in die richtige Richtung zu bewegen.

Wenn wir dieses Naturgesetz nie begreifen, verpassen wir beide Seiten. Uns fehlt die Motivation, ehrlich und fleißig zu sein, und wir fürchten auch nicht die Konsequenzen von Faulheit, Verantwortungslosigkeit und anderen Charakterproblemen.

Denken Sie nur einmal an das, was Jason vermittelt wurde: „Du musst deinen Anteil nicht tun, denn irgendwann machen es die anderen für dich. Wenn du nichts tust, hat das keine schmerzhaften Konsequenzen. Du kannst deine Pflichten vernachlässigen und trotzdem mit nach Disneyland fahren. Du verlierst nichts. Klar, die anderen sind sauer auf dich, aber das Geschrei kannst du ausblenden und irgendwann regen sie sich auch wieder ab."

Eine gute Übung für den späteren Umgang mit Chefs und Ehefrauen, nicht wahr?

Pech für wen?

Konsequenzen übertragen die Verantwortung von den Eltern auf das Kind. Das Problem wird zum Problem des Kindes.

Ich war bei Freunden zu Besuch, als ich ihren 9-jährigen Sohn fragte, ob er mit rauskommen und ein bisschen Basketball mit mir spielen wollte.

„Ich kann nicht", antwortete er. „Ich hab Hausarrest!"

„Weswegen?", fragte ich nach.

„Meine Mama hat telefoniert und ich hab sie dabei dauernd unterbrochen. Pech für mich!"

„Pech für mich" – das ist die Lektion, die ein Kind aus Konsequenzen lernt: „Mein Verhalten ist mein Problem." Viel zu oft ist es das nicht und schlechtes Verhalten bringt dem Kind keinerlei

Nachteile ein. Stattdessen lassen Eltern zu, dass das Problem zu ihrem eigenen wird anstatt zu dem des Kindes. Eigentlich sollte sich das Kind Gedanken darum machen und das Problem selbst lösen. Dabei besteht die Aufgabe der Eltern darin, das Kind dazu zu motivieren und ihm zu helfen. Konsequenzen können diese Motivation bewirken.

Jenny zum Beispiel lernte, dass ihre Trödelei ein ernstes Problem darstellte, und zwar für sie selbst, nicht für ihre Mutter. Wetten, dass sie beim nächsten Mal auf die Uhr achten würde? Doch Jason hat noch nicht begriffen, dass sein Verhalten sein eigenes Problem ist. Vielmehr hatte seine Mutter ihre liebe Mühe, Sorgen und den Ärger und er fuhr trotzdem mit nach Disneyland.

Wenn Sie vor einer schwierigen Situation mit Ihrem Kind stehen, denken Sie an die folgenden Fragen:

• Wessen Problem ist es?
• Was kann ich tun, damit mein Kind merkt, dass es sein Problem ist?
• Was tue ich, das mein Kind von dieser Erfahrung abhält?

Alter und Anforderungen verändern sich, aber die Regel bleibt die gleiche

Selbstbeherrschung ist eine der wichtigsten positiven Eigenschaften eines Menschen und die Regel von Saat und Ernte hilft Kindern dabei, sie zu lernen. Sie begreifen auf diese Weise: „Ich bin für die Qualität meines Lebens verantwortlich." Der Sohn meiner Freunde wusste, dass er die Wahl hatte, mit Hausarrest im Zimmer festzusitzen oder draußen spielen zu können. Er selbst hatte seine Situation in der Hand, nicht seine Eltern.

Bei einem Kleinkind kann die Regel folgendermaßen aussehen: „Geh nicht zum Fernseher und mach ihn an, sonst musst du in die Ecke." Ein Schulkind kann folgende Regel bekommen: „Fahr mit dem Fahrrad nicht weiter als bis zur Straßenecke oder du bekommst das Fahrrad eine Weile abgenommen." Ein 18-Jähriger bekommt von seinen Eltern zu hören: „Wenn du wegen Geschwindigkeitsüberschreitung geblitzt wirst, musst du die Strafe zahlen und darfst zwei Wochen nicht mit meinem Auto fahren."

Andersherum kann man natürlich auch arbeiten: „Weil du so brav warst, darfst du noch eine halbe Stunde länger hier spielen"; „Du hast dich an die Regeln gehalten, deshalb darfst du ab jetzt auch bis in die Nachbarstraße fahren"; „Weil du immer so besonnen Auto fährst, leihe ich dir den Wagen, damit du mit deinen Freunden zu dem Konzert fahren kannst."

Die genauen Bedingungen müssen immer der Situation und dem Kind angepasst sein. Wenn es nicht mit Nahrungsmitteln um sich wirft, darf es am Tisch essen. Wenn sie ihre Verkaufsquote erfüllt, wird sie Regionalleiterin. Der Inhalt ist unterschiedlich, aber die Regel ist dieselbe: Wenn man gute Entscheidungen trifft, läuft das Leben besser, als wenn man schlechte trifft.

Das Rezept für Eltern sieht folgendermaßen aus: Geben Sie Ihren Kindern die Freiheit, ihre eigenen Entscheidungen zu treffen, und dann gehen Sie souverän mit den entsprechenden Konsequenzen um. Loben Sie und geben Sie mehr Freiheiten, wenn die Kinder sich verantwortlich verhalten, und machen Sie ganz deutlich, warum das so ist. Wenn Kinder schlechte Entscheidungen treffen, bleiben Sie konsequent und empfinden Sie mit. Vermeiden Sie Aussagen wie: „Ich habe dir ja gleich gesagt ...". Echtes Mitgefühl klingt ungefähr so:

- „Wirklich traurig, dass du heute nicht draußen spielen kannst."
- „Es tut mir Leid, dass du das Spiel verpasst. Ich kenne das Gefühl!"
- „Ich wette, du hast Hunger. Es ist wirklich nicht schön, ohne Abendessen ins Bett gehen zu müssen!"

Vergleichen Sie diese Aussagen mit den folgenden:

- „Komm nicht angerannt und heul dich bei mir aus! Wenn du einfach deine Arbeit gemacht hättest, würdest du jetzt nicht in Schwierigkeiten stecken!"
- „Hör auf mit diesem ‚Das ist nicht fair'-Gejammer! Du hast dir die Suppe selbst eingebrockt, jetzt musst du sie auch auslöffeln!"
- „Wenn du deine Aufgaben gemacht hättest, wäre das nicht passiert. Vielleicht bist du das nächste Mal nicht so egoistisch und hältst uns alle vom Abendessen ab!"

Kinder geraten leicht in eine ablehnende Haltung, wenn ein Elternteil Aussagen wie die letzten drei trifft. Dann konzentrieren sie sich mehr darauf, die Mutter oder den Vater zu hassen, die ihnen schlechte Gefühle vermitteln, statt das Verhalten zu korrigieren, das sie in diese Schwierigkeiten gebracht hat. Wir können gar nicht überbetonen, wie wichtig es ist, mit einem Kind mitzufühlen, das eine falsche Entscheidung getroffen hat. So bauen Sie Brücken, statt Gräben zu ziehen!

Entscheidungsfreiheit und Konsequenzen ausbalancieren

Das Ziel der Erziehung ist nicht, Kinder so stark zu kontrollieren, dass sie tun, was Sie wollen. Vielmehr muss es das Ziel sein, Kindern die Wahl zu lassen, was sie tun, jedoch die Folgen der falschen Entscheidung so unangenehm zu machen, dass sie sie gar nicht erst treffen wollen. Wer mag schon Hausarrest? Auf diese Weise zwingen Sie Ihre Kinder nicht zu etwas; Sie lassen sie wählen, doch gleichzeitig verleihen Sie dem Gesetz von Saat und Ernte Fleisch. Wenn die Kinder verantwortungsloses Verhalten säen, ernten sie Schmerz. Und wenn sie verantwortliches Verhalten säen, ernten sie Gutes und das ist es ja, was jeder Mensch möchte.

Der kleine Johnny möchte zwei nicht zu vereinbarende Dinge:

- Er will seinen Kopf durchsetzen.
- Er will, dass die Dinge gut für ihn laufen.

Johnnys Mutter will auch zwei Dinge:

- Sie will, dass die Dinge gut für Johnny laufen.
- Sie will, dass er die richtigen Entscheidungen trifft.

Seine Mutter weiß, was Johnny braucht, um zu einem reifen Erwachsenen zu werden, und sie hat es in der Hand, die entsprechenden Privilegien, Freiheiten, Annehmlichkeiten und Disziplinierungsmaßnahmen zu verteilen. Wenn sie sich nur immer wieder daran erinnert, dass es ihre Aufgabe ist zu verhindern, dass Johnny nicht seine beiden Wünsche erfüllt bekommt, dann macht sie es gut. Er kann eins von beiden haben, aber nicht beides. Wenn er sich für seinen Willen entscheidet, dann wird es vermutlich nicht besonders gut laufen. Wenn die Dinge jedoch gut für ihn laufen, dann wahrscheinlich deshalb, weil er die richtige Entscheidung getroffen hat. Die Saat ist die Angelegenheit des Kindes; Eltern sind die Herren über die Ernte.

Kein Erwachsener kann diese beiden Dinge bekommen: „Ich möchte erfolgreich sein" und „Ich möchte den ganzen Tag tun und lassen, was ich will." Er muss sich zwischen den beiden Wünschen entscheiden und ein Kind muss das ebenso.

Der Schlüssel besteht hier darin, dass das Kind eine *Wahl zwischen den beiden Wünschen* treffen kann. Das ist die Essenz des Begriffes Freiheit und die Wurzel der Selbstkontrolle. Ohne Freiheit und Wahlmöglichkeiten gibt es auch keine Selbstkontrolle. Die Aufgabe der Eltern ist es daher, dem Kind angemessene Freiheiten und Wahlmöglichkeiten zu lassen und die Konsequenzen weise zu verwalten.

Wenn sich Freiheit, Verantwortlichkeit, Konsequenzen und Liebe die Waage halten, ist alles in Ordnung. Wenn unser Kind die Freiheit hat, Entscheidungen zu treffen, und für die Folgen gerade steht, dann entwickelt es sich zu einer liebesfähigen Person, die das Richtige aus den richtigen Gründen tut. Wenn eine der vier *Zutaten* aber aus dem Gleichgewicht gerät und zum Beispiel Freiheiten gewährt werden, ohne dass das Kind je Konsequenzen zu spüren bekommt, dann entstehen Charakterprobleme. Oder wenn jemand verantwortlich gemacht wird, aber dabei keine Entscheidungsfreiheit hat – dann wird er zum Sklaven und kann nicht lernen, aus den richtigen Gründen Entscheidungen zu treffen. Ein Kind braucht kleine Portionen von Freiheit, Wahlmöglichkeiten und Konsequenzen, um langsam das Prinzip von Saat und Ernte kennen zu lernen und zu einem verantwortungsbewussten Erwachsenen heranzureifen.

Einmischung

Den meisten Eltern fällt es schwer, ein Kind wirklich die harten Konsequenzen seines Tuns spüren zu lassen. Die natürliche Tendenz aller Eltern ist es vielmehr, den Kindern aus diesen Konsequenzen herauszuhelfen. Hand aufs Herz: Wie viele Abende haben Sie schon mit der Fertigstellung eines Schulprojekts verbracht, das am nächsten Tag fällig war? Die Szene läuft normalerweise so ab:

Kind: „Mama, ich brauche Klebstoff für mein Schulprojekt!"

Mutter: „Oh, tut mir Leid, ich glaube, wir haben keinen mehr."

Kind: „Aber ich muss das Projekt bis morgen fertig haben!"

Mutter: „Seit wann hast du denn die Aufgabe?"

Kind: „Seit zwei Wochen."

Mutter: „Und warum machst du es erst jetzt?"

Kind: „Ich hab's vergessen!"

Mutter: „Hm, jetzt hat nur noch der und der Laden geöffnet, und dahin fahren wir 20 Minuten! Wie kannst du mir so etwas antun?"

Kind: „Tut mir echt Leid, Mama. Aber ich muss das bis morgen fertig haben, sonst bekomme ich eine 6!"

Mutter: „Okay, dann komm, lass uns fahren."

Manchmal wird die Mutter zumindest sauer, aber oft macht es ihr auch gar nicht groß etwas aus. Vergleichen Sie diese Szene mit der folgenden, in der die Mutter die Zukunft ihres Kindes im Blick hat:

Kind: „Mama, ich brauche Klebstoff für mein Schulprojekt!"

Mutter: „Oh, tut mir Leid, ich glaube, wir haben keinen mehr."

Kind: „Aber ich muss das Projekt bis morgen fertig haben!"

Mutter: „Was ist denn das für ein Lehrer, der euch für ein Projekt nur einen Tag Zeit gibt?"

Kind: „Ähm, eigentlich haben wir die Aufgabe schon seit zwei Wochen ..."

Mutter. „Ach so. Du hattest also zwei Wochen Zeit, um Klebstoff und die anderen Materialien zu besorgen."

Kind: „Ja, aber ich dachte, wir hätten die Sachen da!"

Mutter: „Das ist aber wirklich sehr schade. Ich kann mich noch dunkel erinnern, dass es beim letzten Projekt nicht anders gelaufen ist. Aber tut mir Leid, ich habe keinen Klebstoff und es ist auch schon Schlafenszeit. Ich hoffe, dir fällt noch irgendeine andere Methode ein. Gute Nacht, mein Schatz. Ich denk an dich."

Mutter Nummer zwei hat gesehen, dass ihr Kind hier eine wichtige Lektion lernen musste, die es für die Zukunft brauchen würde. Sie erkannte, dass das Kind dabei war, ein schädliches Verhaltensmuster zu entwickeln. Es war nicht das erste Mal, dass ihr Sohn etwas bis zum letzten Moment vor sich hergeschoben hatte. Natürlich ist es kein Problem, wenn eine Mutter einmal einem Kind aus der Klemme hilft, das normalerweise seine Projekte rechtzeitig in Angriff nimmt. Doch hier sah der Fall anders aus und Mutter Nummer zwei wollte verhindern, dass sich dieses schlechte Verhaltensmuster festsetzte, das ihrem Sohn im späteren Leben immer wieder Probleme machen würde:

- Ärger mit dem Chef bis hin zum Verlust der Stelle, weil Projekte nicht rechtzeitig erledigt werden.
- Schwierigkeiten mit der Steuer etc., weil er nie rechtzeitig alle Angaben beisammen hat.
- Zerstörte Beziehungen, weil er immer die Tendenz haben würde, sich auf die Hilfe anderer zu verlassen, statt sich selbst um seine Angelegenheiten zu kümmern.

Deshalb entschloss sie sich, die Regel von Saat und Ernte in Kraft treten zu lassen. Ihr Sohn hatte das Projekt vor sich hergeschoben und würde die Konsequenzen seiner schlechten Planung zu spüren bekommen. Diese Konsequenzen würden ihn seine Lektion weit klarer und einfacher lernen lassen, als es zu einem späteren Zeitpunkt in seinem Leben möglich sein würde. Was auch immer die Schule ihm an Strafe auferlegen würde, wäre immer noch weit weniger schmerzhaft als die „Erwachsenenversion" der Folgen desselben Verhaltens.

Das Gesetz von Saat und Ernte funktioniert – wenn wir ihm nicht im Weg stehen! Doch viel zu oft blockieren wir den natürlichen Gang der Dinge. Wir verhindern die Konsequenzen, bevor unsere Kinder ihre lebenswichtige Lektion lernen konnten. Und viel zu oft lernen sie es dann erst spät im Leben auf die harte Tour, wenn ihnen niemand mehr zu Hilfe eilen kann. Unverantwortliches Handeln fordert einen hohen Preis von allen Menschen, die mit einer solchen Person zu tun haben, und irgendwann sind sie es leid. Deshalb ist es die Aufgabe von uns Eltern, es ganz schnell satt zu bekommen, unseren Kindern immer wieder aus der Klemme zu helfen, bevor es später einmal die Menschen um sie herum leid sind.

Doch dazu ist es notwendig, dass Eltern es ertragen können, ihr Kind *leiden* zu sehen. Wie die Bibel sagt: „In dem Augenblick, in dem wir gestraft werden, sind wir unglücklich und unzufrieden. Aber später zeigt sich bei allen, die durch diese Strafe erzogen wurden, daß es gut war und daß sie zu Menschen geworden sind, die das Rechte tun und Frieden verbreiten" (Hebräer 12,11). Bestraft zu werden ist nicht schön. Aber um die gute Frucht der Disziplin zu ernten, bedarf es eines gewissen Schmerzes. Natürlich sieht keine Mutter und kein Vater sein Kind gern leiden. Aber lassen Sie es lieber jetzt den Schmerz der Konsequenzen seines Handelns spüren als später. Passieren wird es ohnehin; es ist Ihre Aufgabe sicherzustellen, dass es jetzt geschieht, wo die Konsequenz vielleicht nur in dem Verlust gewisser Privilegien besteht, und nicht später, wo sie das Scheitern einer Ehe oder einen beruflichen Einbruch bedeuten kann!

Wenn es Ihnen unmöglich scheint, Ihrem Kind konsequent zu begegnen, suchen Sie sich jemanden, der Ihnen hilft, Ihre eigenen Widerstände zu überwinden. Vielleicht haben Sie mit Ihren eigenen Verletzungen aus der Vergangenheit zu kämpfen oder mit kodependenten Verhaltensmustern, die Sie in Ihrer Kindheit erlernt haben. Dann kann es gut und notwendig sein, zum Wohl Ihrer Kinder einen Seelsorger, Therapeuten oder eine Selbsthilfegruppe aufzusuchen.

Gnade und Wahrheit

Wir haben schon darüber gesprochen, dass Gnade und Wahrheit gut ausbalanciert sein müssen, um Wachstum zu ermöglichen, und wir werden auch noch öfter darauf zurückkommen. Doch auf einen einfachen Nenner gebracht ist die Formel für die Weiterentwicklung einer Persönlichkeit immer Gnade plus Wahrheit mal Zeit. Geben Sie einem Kind Gnade (unverdiente Zuneigung) und Wahrheit (klare Strukturen) und viel Zeit und es bestehen die besten Chancen, dass das Kind einen guten Charakter entwickeln wird.

Gnade schließt Unterstützung, Ressourcen, Liebe, Mitgefühl, Vergebung und alle anderen beziehungsmäßigen Anteile von Gottes innerstem Wesen ein. Wahrheit ist die Struktur des Lebens; sie sagt uns, wie wir leben sollen und wie das Leben funktioniert. Die Regel von Saat und Ernte ist fundamental wichtig für ein gelingendes Leben. Eltern können ihren Kindern wieder und wieder erzählen, was gut für sie ist; doch so lange diese Theorien nicht für das Kind praktisch erfahrbar werden, gehen sie zum einen Ohr hinein und zum anderen wieder hinaus. Damit die Wahrheit für ein Kind greifbar wird, muss sie real sein, nicht nur ein Konzept. Und es ist die Aufgabe der Eltern, Wahrheiten erfahrbar zu machen.

Wie das praktisch aussehen kann

Die Liste der möglichen Konsequenzen ist nur durch Ihre eigene Kreativität begrenzt. Doch hier einige Vorschläge:

- Die Konsequenz sollte möglichst eine natürliche Folge des *Vergehens* sein. Wenn ich zum Beispiel zu spät losfahre, um rechtzeitig am Kino anzukommen, verpasse ich den Film. Wenn ich zu spät zum Abendessen erscheine, muss ich hungrig ins Bett gehen. Wenn ich nicht für die Klassenarbeit lerne, bekomme ich eine schlechte Note. Wenn ich meine Aufgaben im Haushalt nicht erledige, verliere ich ein Privileg, das die anderen behalten. Wenn ich meinen Eltern nicht sage, wo ich hingehe, muss ich das nächste Mal zu Hause bleiben.
- Heben Sie sich Konsequenzen für ernsthafte Vergehen auf. Generell sind die genannten Maßnahmen für Verhaltensweisen gedacht, die zu einem üblen Muster führen können. Wir alle brauchen aber auch Verständnis und Flexibilität. Zum Beispiel entschuldigt jede Schule ein einmaliges Fehlen, wenn ein guter Grund vorliegt. Wenn jemand aber für alles eine Entschuldigung vorbringt, ist es nicht länger eine Entschuldigung, sondern eine Ausrede. Konsequenzen treten dann auf den Plan, wenn vernünftige Gespräche und Warnungen keinen Effekt hatten.
- Konsequenzen müssen sofort erfolgen. Je jünger das Kind ist, desto schneller muss die Strafe dem Fehlverhalten auf dem Fuße folgen. Bei kleinen Kindern können das feste Neins, kurze Isolation, ein Klaps oder ein Entfernen aus der Situation sein.
- Halten Sie sich mit emotionalen Strafen zurück und unterstützen Sie natürliche Konsequenzen. Ärger, Schuldgefühle und Beschimpfungen bringen das Kind nicht dazu, sich besser zu verhalten. Viel effektiver ist hier der Verlust von Fernsehzeiten, Taschengeld oder Internet-Privilegien.
- Beziehungsmäßige Konsequenzen sollten nur zum Tragen kommen, wenn sie Ihre eigenen Gefühle betreffen. Wenn das Verhalten Ihrer Tochter Sie oder eine andere Person verletzt, sollten Sie

ihr das sagen und ihr auch mitteilen, was Sie dagegen zu tun ge-
denken: „Es tut mir weh, wenn du so mit mir sprichst. Ich möchte
so nicht behandelt werden. Deshalb werde ich einfach nicht mehr
zuhören, wenn du frech oder respektlos bist. So etwas will ich
nicht hören. Wenn du normal mit mir sprichst, höre ich dir gern
jederzeit zu.“

- Sehen Sie Konsequenzen immer als Maßnahme, um sich und den
  Rest der Familie vor einem schlechten Verhalten Ihres Kindes
  zu schützen. Ihre eigenen Grenzen sind hier der Maßstab: „Ich
  mag nicht mit jemandem am Tisch sitzen, der mit seinem Essen
  herumschmeißt. Du gehst jetzt in dein Zimmer, Jimmy, und wenn
  du denkst, du kannst weiteressen, ohne Quatsch zu machen,
  kannst du zurückkommen. Allerdings räume ich den Tisch um
  halb acht ab und danach gibt es nichts mehr zu essen.“ Oder: „Das
  Wohnzimmer ist für alle da und es gefällt uns nicht, wenn wir auf
  Schritt und Tritt über deine Spielsachen stolpern. Ich werde alle
  Spielsachen einsammeln und im Schrank einschließen, die noch
  herumliegen, wenn ich ins Bett gehe. Wenn du sie zurückhaben
  willst, musst du dafür etwas tun.“

- Lassen Sie dem Kind die Wahl. Wenn es eigentlich nur eine Op-
  tion gibt, geben Sie trotzdem eine Alternative: „Du kannst
  mitkommen und mit uns zusammen Spaß haben oder du kannst
  weiter herumschmollen. Was ist dir lieber?“

- Stellen Sie sicher, dass Ihr Kind nicht einen guten Grund für sein
  Verhalten hat, bevor Sie mit Konsequenzen kommen. Forschen
  Sie nach verborgenen Ängsten oder medizinischen Problemen.
  Ein Kind könnte aus einem emotionalen Problem heraus sich
  schwierig verhalten, dem es allein nicht auf den Grund gehen
  kann. Es ist zum Beispiel nicht unüblich, dass ein Kind sich daneben benimmt, wenn die Eltern Streit haben, auch wenn das nicht
  in einem direkten Zusammenhang steht. Vielleicht wird das Kind
  auch in der Schule tyrannisiert oder bedroht. Es gibt viele Möglichkeiten und oft ist ein Fehlverhalten ein Symptom für ein tieferliegendes Problem, das mehr als Konsequenzen braucht. Mehr
  dazu in dem Kapitel über Empathie.

- Reden Sie mit dem Kind und fragen Sie es, warum es sich so
  verhält. Das sollten Sie zu einem Zeitpunkt anfangen, wenn das
  Kind sich nicht daneben benimmt. „Ich würde gern verstehen,
  warum du das und das machst. Möchtest du mir damit vielleicht

irgendetwas anderes sagen? Bist du wütend oder hat dich etwas verletzt? Was meinst du, was wäre eine gute Art und Weise sich zu verhalten, wenn so etwas das nächste Mal passiert?"

Noch etwas zum Thema Belohnungen und Strafen

Neulich erzählte mir eine Mutter, dass sie ihren Sohn gebeten hatte, den Müll herauszubringen. Seine Antwort: „Was kriege ich dafür?" Sie wollte wissen, was eine angemessene Belohnung für so eine Tätigkeit sei. Ich sagte ihr, sie solle ihm antworten, er würde ziemlich viel Stress bekommen, wenn er es *nicht* täte!

Wir halten Belohnungen nur bei zwei grundsätzlichen Gelegenheiten für sinnvoll:

• Wenn das Kind etwas Neues gelernt hat.
• Wenn das Kind etwas außergewöhnlich gut gemacht hat.

Keine besondere Belohnung ist fällig, wenn das Kind

• die altersgemäßen Aufgaben eines zivilisierten Menschen erledigt (wie persönliche Hygiene, Essen, Hausaufgaben ...),
• etwas tut, was grundsätzlich von ihm erwartet wird (wie einfache Arbeiten im Haushalt).

Belohnungen wie Lob, Süßigkeiten, Geld, ein Ausflug in den Zoo oder Bonus-Sternchen auf dem Kühlschrank können mächtige Lehrmeister beim Erlernen von neuen Dingen sein. Wenn wir etwas Neues lernen, das einigen Aufwand erfordert, brauchen wir manchmal die direkte Motivation durch kleine Belohnungen am Wegesrand. Kinder lieben es, wenn sie dafür belohnt werden, dass sie etwas Neues gelernt haben.

Belohnungen können auch sinnvoll sein, wenn jemand über das hinauswächst, was grundsätzlich von ihm erwartet wird. Schulen zeichnen überdurchschnittliche Leistungen ebenso aus wie Sportvereine und Arbeitgeber. Gewinnbeteiligungen und andere Gratifikationen sind die wichtigsten Motivationsmittel für Mitarbeiter.

Ein bestimmtes Normverhalten wird allerdings von jedem Menschen erwartet. Behörden, Vermieter, Arbeitgeber, Lehrer, Freunde und Ehepartner setzen alle einen gewissen Standard im zwischenmenschlichen Bereich bei den Menschen voraus, mit denen sie in Beziehung stehen. Wenn Kinder einmal die Fähigkeiten und Kenntnisse erworben haben, die dazu notwendig sind, sollte dieses Verhalten von ihnen erwartet werden können, auch ohne dass eine Belohnung dafür lockt. Umgekehrt sollte es sie etwas kosten, wenn sie diese Erwartungen nicht erfüllen.

Man lobt einen Zweijährigen dafür, wenn er aufs Töpfchen geht, aber nicht einen Teenager, wenn er diese Gewohnheit weiter aufrechterhält. Sie bekommen auch keine Belohnung dafür, wenn Sie eine Woche lang jeden Tag pünktlich zur Arbeit erschienen sind. Das wird einfach von Ihnen erwartet. Doch wenn Sie mehrmals in Folge zu spät kommen, werden Sie vermutlich in irgendeiner Form Ärger bekommen.

Passen Sie gut auf, dass Sie Ihren Kindern nicht die Haltung vermitteln, dass sie nur etwas tun müssen, wenn sie dafür *bezahlt* werden. Sie sollten vielmehr lernen, dass *sie* zahlen *müssen*, wenn sie *nicht* das tun, was von ihnen erwartet wird. Jeder Mensch ist dafür zuständig, seinen Teil zum Ganzen beizutragen. Wenn jemand mehr als das tut, kann man über einen Bonus verhandeln, aber das Minimum wird von jedem erwartet.

Jesus sagt: „Werdet ihr euch vielleicht bei ihm (einem Sklaven) bedanken, weil er euren Befehl ausgeführt hat?" (Lukas 17,9). Im realen Leben wird die Erfüllung der Minimalanforderungen nicht gefeiert. Allerdings gibt es viele hässliche Konsequenzen für die Nichterfüllung der grundsätzlichen Erwartungen an einen zivilisierten Menschen!

Die Realität ist unser Freund

Reife beginnt dort, wo wir aufhören zu erwarten, dass das Leben unsere Forderungen erfüllt, und selbst beginnen, die Anforderungen des Lebens zu erfüllen. Das Prinzip von Saat und Ernte hilft uns dabei. Wir verändern unser Verhalten, wenn es mehr Schmerz bedeutet, so zu bleiben, wie wir sind. Konsequenzen verursachen den Schmerz, der dazu notwendig ist.

Die Realität ist dabei aber nicht etwa unser Feind, sondern unser Freund. Dinge so zu tun, wie die Realität es verlangt, lohnt sich:

„Mein Sohn, vergiß nicht, was ich dir beigebracht habe; behalte meine Anweisungen im Gedächtnis! Dadurch sicherst du dir ein langes, erfülltes Leben, Liebe und Treue zu anderen sollen bei dir niemals fehlen. Schmücke dich damit wie mit einer Halskette! So findest du Zuneigung und Beifall bei Gott und den Menschen" (Sprichwörter 3,1-4).

Ein reifer Mensch weiß, dass gutes Verhalten richtig ist. Weise zu leben, gute Entscheidungen zu treffen und das Richtige zu tun bringt ein gutes und angenehmes Leben hervor.

Aus der Sicht eines Kindes ist die Realität allerdings zunächst ein Feind. Doch Konsequenzen können es lehren, dass das nicht stimmt. Anfangs sieht es vielleicht aus wie eine Bestätigung seiner Vorurteile, aber letztlich bewirkt eine Verhaltensänderung, dass die Dinge besser laufen. Das Kind lernt, dass es zu einem großen Teil selbst bestimmen kann, wie sein Leben verläuft. Wenn wir die Anforderungen der Realität erfüllen, ernten wir gute Früchte. Wenn wir die Realität zu vermeiden versuchen, müssen wir irgendwann dafür bezahlen. Und das ist nicht schön!

Tun Sie Ihren Kindern einen Gefallen und bringen Sie ihnen früh im Leben bei, Freundschaft mit der Realität zu schließen. Es ist billiger und sicherer – und Sie können pünktlich mit dem Abendessen beginnen ...

Doch dazu müssen Kinder lernen, sich für die richtigen Dinge zuständig zu fühlen. Im nächsten Kapitel wollen wir Ihnen zeigen, wie das aussieht.

5. Am eigenen Strang ziehen

Die Regel der Verantwortlichkeit

Als meine (John Townsends) Söhne Ricky und Benny noch kleiner waren, stritten sie sich oft, wie das bei Geschwistern eben so ist. Meine Frau Barbi und ich fungierten dann oft als Moderatoren und Richter. Einer von uns saß am Küchentisch und sie kamen mit ihren Beschwerden über die schrecklichen Untaten des jeweils anderen zu uns. Wir trugen die Fakten zusammen, entschieden, wer im Recht und wer im Unrecht war und machten Vorschläge, wie das Problem zu lösen war: Das Stofftier zurückgeben, sich entschuldigen oder was auch immer.

Dieses System funktionierte ganz gut, bis ich merkte, dass wir immer mehr Zeit damit zubrachten. Ständig mussten wir alles stehen und liegen lassen und Richter spielen. Die Jungen verließen sich immer mehr auf unsere elterliche Weisheit. Schließlich hatte ich eine Idee.

„Wir machen heute mal was anderes", erklärte ich ihnen. „Ab sofort kommt ihr mit einem Problem erst zu mir oder Mama, wenn ihr schon selbst darüber geredet habt. Versucht erst selbstständig eine Lösung zu finden. Wenn es dann nicht besser ist, könnt ihr immer noch zu uns kommen. Allerdings wird dann derjenige, der an der ganzen Sache schuld ist, eine Konsequenz zu spüren bekommen."

Es dauerte eine gewisse Weile, aber die Jungen fingen an, die Sache selbst in die Hand zu nehmen. Zwei Dinge spornten sie dabei an: Zunächst einmal war der Angeklagte natürlich ziemlich erpicht darauf, die Angelegenheit ohne elterliche Einmischung zu klären. Zweitens machte es die beiden stolz, wenn sie ihre Eltern nicht brauchten, um ihre Meinungsverschiedenheiten beizulegen.

Tatsächlich musste ich selbst schwer mit mir kämpfen, als ich sie eines Tages bei einem Streit vorfand. Ich wollte helfen und ging auf sie zu. „Was ist denn los, Jungs?"

Benny drehte sich zu mir um und sagte genervt: „Wir kriegen das schon hin, Papa!"

Offensichtlich war ich bereits überflüssig!

Meine Söhne hatten hier eine wichtige Lektion zum Thema Grenzen und Regeln gelernt: Sie waren und sind für sich und ihre Streitigkeiten selbst verantwortlich. Kinder müssen lernen, dass ihre Probleme *ihre* Angelegenheit sind und nicht die ihrer Eltern – was natürlich nicht heißt, dass man sie mit Problemen allein lassen sollte, denen sie noch nicht gewachsen sind! Ihr Leben ist ihr eigener kleiner Wagen und ihre Aufgabe ist es, ihn zu ziehen und nicht zu erwarten, dass jemand anderer das für sie übernimmt. Parallel dazu ist außerdem wichtig, dass Kinder zwar lernen, sich um andere zu kümmern und Beziehungen zu pflegen, aber nicht die Probleme anderer Menschen zu ihren eigenen zu machen. Sie sind verantwortlich *für* sich selbst und *vor* anderen – mehr dazu unter dem Kapitel *Liebe statt Rettungsversuche*.

Eine der wichtigsten Wegmarken der Reife ist es, dass man die Verantwortung für sein eigenes Leben, seine Bedürfnisse und Probleme übernimmt. Wenn wir zu spät zur Arbeit losfahren, können wir nicht den Stau dafür verantwortlich machen, dass wir zu spät kommen. Wenn wir unsere Karriere vorantreiben wollen, müssen wir uns fortbilden. Wenn wir wütend sind, müssen wir mit dem umgehen, was uns wütend gemacht hat, statt jemanden zu suchen, der uns beruhigt. Reife Erwachsene sehen sich selbst als Problemlöser an, anstatt jemand anderem die Schuld in die Schuhe zu schieben oder sich ständig helfen zu lassen.

Unreife Menschen sehen sich stets als Opfer und *brauchen* immer jemanden, der ihre Probleme für sie löst. Eine Definition eines Süchtigen lautet zum Beispiel: „Jemand, dem ein anderer seine Schulden bezahlt." Doch schon die Bibel lehrt uns: „Jeder hat genug an dem zu tragen, was er vor Gott verantworten muß" (Galater 6,5).

Eigenverantwortung ist Kindern nicht angeboren. Im ersten Lebensjahr ist ein Baby sogar genau mit dem Gegenteil beschäftigt: Es ist völlig abhängig und bedürftig. Das Kind empfängt von seiner Mutter Liebe, Trost und Nahrung und lernt, ihr zu vertrauen. Das Leben des Kindes liegt ganz und gar in der Hand eines anderen Menschen und ohne dessen Aufmerksamkeit stirbt es. Doch auch ein

Säugling übernimmt schon seinen Teil der Verantwortung für seine Bedürfnisse. Er schreit, wenn er hungrig ist oder sonst irgendetwas nicht stimmt, das Aufmerksamkeit erfordert. Er streckt die Ärmchen aus, wenn er gehalten werden will. Er windet sich, wenn er vom Arm will. Gott hat uns so geschaffen, dass wir gleich von Anfang an in diesen Lernprozess hineinkommen, unser Leben selbst in die Hand zu nehmen.

Ein großer Teil Ihrer Erziehungsarbeit wird also darin bestehen, dass Sie Ihrem Kind begreiflich machen, dass es mehr und mehr die Verantwortung für sein Leben übernehmen muss. Was als Aufgabe der Eltern beginnt, muss als Aufgabe des Kindes enden.

Für viele Menschen sind das schwierige Aussichten, besonders für Eltern, die selbst in ihrer Kindheit Verletzungen erlitten haben. Sie haben etwas nicht bekommen, das sie dringend brauchten: Fürsorge, Sicherheit oder Struktur. Oder sie haben etwas bekommen, das sie gar nicht brauchen konnten, wie Zorn, Distanziertheit oder ständige Kritik. Sie müssen selbst reparieren, was kaputt gegangen ist, nicht derjenige, der den Schaden verursacht hat. Und das ist nicht fair!

Doch seit dem Sündenfall im Garten Eden ist das Leben nicht mehr fair. Guten Menschen passieren schlimme Dinge. Wenn wir auf Genugtuung warten, unterstellen wir unser Leben den Menschen, die uns verletzt haben. Besser ist da Gottes Lösung: die Sache zu betrauern und zu vergeben und durch den Schmerz zu wachsen. Denken Sie daran, dass Gott uns auch nicht gibt, was wir verdienen; stattdessen hat er die Beziehung zu uns so hoch geschätzt, dass er selbst für uns ans Kreuz gegangen ist (Römer 5,6).

Auf einem unserer Seminare fragte jemand aus dem Publikum: „Wie viel von dem, was ich heute bin, ist meine eigene Verantwortung, und wie viel ist das Ergebnis meiner Umgebung?" In anderen Worten wollte der Fragende wissen, wie stark ihn die Erziehung seiner Eltern beeinflusst hatte.

Henry und ich schrieben unabhängig voneinander auf einen Zettel, wie viel Prozent unserer Meinung nach das Kind an Verantwortung für sein eigenes Leben trägt und wie viel die Eltern. Als wir unsere Zettel verglichen, hatten wir genau dasselbe Ergebnis aufgeschrieben: Das Kind trägt 70% der Verantwortung, die Eltern 30%.

Natürlich sind diese Zahlen nicht in Stein gemeißelt. Doch sie reflektieren unsere Meinung, dass unsere eigene Reaktion auf unsere Umgebung am stärksten unseren heutigen Charakter bestimmt (obwohl wir natürlich alle auf irgendeine Weise schlecht behandelt und verletzt worden sind). Das Kind trägt die Hauptverantwortung an seiner eigenen Entwicklung.

Wofür Kinder Verantwortung übernehmen müssen

Die Bereiche des Lebens, die die Angelegenheit Ihrer Kinder sind, nennen wir ihre *Schätze*, also Dinge von großem Wert. Jesus lehrte, dass das Königreich Gottes wie ein Schatz ist, der es wert ist, all unsere Besitztümer dafür zu opfern (Matthäus 13,44). Ein Teil dieses Schatzes ist unser Charakter – die Art, wie wir lieben, arbeiten und dienen. Diesen Charakter müssen wir schützen, ernähren und weiterentwickeln, wenn wir im Leben glücklich sein wollen. Lassen Sie uns einen Blick auf einige der *Schätze* werfen, für die Ihr Kind die Verantwortung übernehmen muss:

Gefühle

Cheryl war am Ende ihrer Weisheit angelangt. Ihr 11-jähriger Sohn Nathan bekam jedes Mal Wutausbrüche, wenn er wegen irgendetwas frustriert war. In diesem Alter war ein solcher Wutausbruch schon beängstigend. Nathan schrie sie an, stampfte auf, knallte die Türen und warf manchmal sogar mit Gegenständen um sich. Cheryl war der Meinung, Nathan müsse seine aufgestauten Emotionen irgendwie rauslassen, und deshalb ließ sie zu, dass er *sich auslebte*. Sie versuchte nur ihn zu beruhigen, doch sein Verhalten wurde immer schlimmer. Schließlich sagte ein guter Freund zu ihr: „Du erziehst Nathan zu einem wandelnden Wutausbruch!" Cheryl erschrak und suchte endlich Rat.

Mit ein wenig Hilfe änderte sie dann ihre Reaktion auf Nathans Ausraster. Sie sagte ihm: „Ich weiß, dass dich manche Dinge aufregen und es tut mir Leid, dass du so frustriert bist. Doch deine Ausbrüche stören mich und den Rest der Familie. Deshalb haben wir uns Folgendes überlegt: Wenn du wegen etwas wütend bist, kannst du uns das sagen. Du sollst ruhig ehrlich aussprechen, was du fühlst. Wenn es etwas mit uns zu tun hat, dann setzen wir uns gemeinsam hin und versuchen eine Lösung dafür zu finden. Aber Herumschreien, Fluchen, Beschimpfungen und Herumwerfen von Gegenständen akzeptieren wir nicht länger. Wenn so etwas passiert, gehst du sofort in dein Zimmer, wo du nicht telefonieren, fernsehen, Computer spielen oder Musik hören darfst, bis du dich wie ein zivilisierter Mensch verhältst. Die Minuten, die du die Familie bis dahin Nerven gekostet hast, wirst du in Form von zusätzlichen Hausarbeiten ausgleichen. Ich hoffe wirklich, dass wir dir helfen können, besser mit deinen Gefühlen umzugehen."

Zuerst nahm Nathan Cheryl nicht ab, dass sie das wirklich durchziehen würde. Doch sie blieb hart. Eine Weile trieb er es noch schlimmer – das sollten Sie als Eltern auf jeden Fall einkalkulieren, denn Ihre Kinder werden austesten wollen, wie ernst es Ihnen ist –, doch Cheryl machte die angedrohten Konsequenzen wahr. Die ganze Zeit fürchtete sie, dass Nathan nun, wo er kein Ventil für seine aufgestauten Gefühle mehr hatte, noch schlimmer ausrasten würde. Oder würde er vielleicht Schaden an seiner Seele nehmen?

Nichts davon geschah. Nach einer Protestphase beruhigte Nathan sich schnell. Seine Ausbrüche wurden seltener und schwächer. Er begann, seine Probleme als Probleme zu betrachten und nicht als Explosionsgrund, und er sprach mit Cheryl darüber. Schließlich wurde er in seinem Inneren langsam Herr über seine Emotionen. Seine Gefühle konnten nun so wirken, wie Gott sich das gedacht hat: als Signale der Seele. Nathan konnte wütend werden, aber anstatt dieses Gefühl unkontrolliert ausleben zu müssen, war er nun in der Lage, die Ursache dafür herauszufinden und das Problem anzugehen, das zu diesem Gefühl geführt hatte. Nathan begann, Besitz von einem seiner *Schätze* zu ergreifen: seinen Gefühlen.

Einstellungen

Einstellungen unterscheiden sich deutlich von Gefühlen. Als Einstellung bezeichnet man die Haltung oder Meinung, die wir im Hinblick auf eine Person oder ein Thema einnehmen. Zum Beispiel kann man unterschiedliche Lebenseinstellungen haben. Eine egoistische Einstellung besagt: „Ich tue, was ich will, und ich sollte auch bekommen, was ich will!" Eine reifere Einstellung könnte lauten: „Ich bekomme vermutlich das, was ich will, wenn ich hart dafür arbeite."

Einstellungen sind die Basis für viele wichtige Entscheidungen, die wir im Laufe unseres Lebens treffen. Hier kommt eine Liste der Aspekte, aufgrund derer Ihre Kinder eine gesunde Einstellung entwickeln sollten:

- sie selbst (mit Stärken, Schwächen, Wichtigkeit, Neigungen, Abneigungen)
- ihre Rolle in der Familie
- Freundschaften
- Gott (wer er ist und wie sie zu ihm stehen)
- die Schule (Interessen und Pflichten)
- Arbeit
- moralische Fragen (Sex, Drogen, Gangs etc.)

Um ihre eigenen Einstellungen zu entwickeln, brauchen Ihre Kinder Hilfe. Sie müssen sie als etwas begreifen, das sie sich selbst erarbeiten. Und sie sollten wissen, dass sich die Einstellungen anderer Personen drastisch von ihren eigenen unterscheiden können. Außerdem müssen Sie ihnen zeigen, welche Folgen ihre Sicht der Dinge hat und dass sie auch dafür die Verantwortung tragen.

Die Einstellung Ihres Kindes bezüglich Ihrer Familie könnte zum Beispiel lauten: „Die Familie ist dazu da, meine Wünsche zu erfüllen", statt: „Ich bin ein Teil eines Teams, in dem jedes Mitglied und dessen Bedürfnisse gleich wichtig ist." Sie müssen diesem Kind zeigen, dass seine Einstellung es selbst und andere schädigt. Und dem müssen dann auch Erfahrungen folgen, die die Realität untermauern. Zum Beispiel könnten Sie sagen: „Molly, wenn du nicht warten kannst, bis dein Bruder mit dem Erzählen fertig ist, und ihn immer wieder unterbrichst, musst du bis morgen warten, bis du deine Geschichte erzählen darfst. Wir würden sie alle gern hören, aber du musst lernen zu warten, bis du an der Reihe bist." So kann Molly lernen, eine respektvolle Einstellung gegenüber ihren Geschwistern zu entwickeln.

Sie tun Ihren Kindern einen unschätzbar wertvollen Gefallen, wenn Sie sie das Prinzip von Jesu Gleichnis vom Splitter und vom Balken lehren: Bevor man den Splitter im Auge des Freundes ansieht, soll man erst den Balken aus dem eigenen entfernen (Matthäus 7,1-5). In anderen Worten, bringen Sie Ihren Kindern folgendes Prinzip bei: *Wenn du ein Problem hast, überprüfe zuerst, was du selbst vielleicht dazu beigetragen hast.* Und eins steht fest: Die Einstellung hat mehr als alles andere damit zu tun. Hier ein paar Beispiele:

Situation	Splitter	Balken
Ein Mädchen in der Schule ist gemein zu mir.	Sie ist so fies!	Womit könnte ich sie verletzt haben?
Ich habe eine schlechte Note bekommen.	Der Lehrer ist ein Ekel!	Habe ich genug gelernt?
Ich habe weniger Taschengeld als sonst bekommen.	Meine Eltern sind unfair!	Welche meiner Pflichten habe ich nicht erledigt?
Mein großer Bruder hat mich verhauen.	Mein Bruder ist böse und doof.	Hab ich ihn geärgert und nachher das „arme Opfer" gespielt?

Verhalten

Kinder lernen ihr Verhalten sowohl im privaten als auch im öffentlichen Rahmen durch Nachahmung, Vorbilder, Liebe, Lehre und Erfahrung. Sie müssen aber ebenfalls lernen, dass ihr Verhalten ihre eigene Angelegenheit ist.

Von Natur aus sind Kinder impulsgesteuert. Das bedeutet, dass sie Emotionen und Handlungen direkt aneinander koppeln, ohne steuernde Instanzen wie Nachdenken, übergeordnete Werte oder Mitgefühl für andere. Wenn sie dies bis ins Erwachsenenleben beibehalten, kann das zu Suchtverhalten oder Charakterproblemen führen. Solche Menschen entladen ihre Gefühle einfach in ihr Verhalten. Es gibt dann nicht die Frage: „Welche Folgen könnte mein Verhalten haben?" Ein solches Kind (oder ein unreifer Erwachsener) *funktioniert* vielmehr folgendermaßen:

- *Ursache:* Ich bin ungehalten, weil du mich nicht länger fernsehen lassen willst.
- *Effekt:* Ich heule und bekomme einen Wutanfall.

Ein Kind, das Grenzen kennt, verhält sich ungefähr so:

- *Ursache:* Ich bin ungehalten, weil du mich nicht länger fernsehen lassen willst.
- Gedanke: Ich könnte jetzt ausflippen, aber dann verliere ich vielleicht noch mehr als nur die Fernsehzeit. Besser, ich gebe nach!
- Effekt: Ich gehe und mache meine Hausaufgaben.

Ihr Kind kommt leider nicht mit dieser hinterfragenden Instanz im Hinterkopf zur Welt. Doch Gott hat Ihnen, den Eltern, die Mittel an die Hand gegeben, um dem Kind diese Möglichkeit zu vermitteln – und zwar sogar dann, wenn es nicht kooperiert. Sie machen es ihm einfach unangenehmer, impulsiv zu handeln, als sein Verhalten zu überdenken. Viele Eltern unterschätzen den Grad, zu dem Kinder in der Lage sind ihr eigenes Verhalten zu beherrschen. Gesunde Kinder mit einem eigenen Willen können es lernen, die Verantwortung für ihr Verhalten zu übernehmen.

Kinder lernen, ihren Verstand einzuschalten, indem man sie ernst nimmt, ihnen erklärt, wie Abwägen funktioniert und indem man sie Erfahrungen sammeln lässt.

- *Ernst nehmen*: Lassen Sie Ihr Kind wissen, dass seine Gefühle echt sind, auch wenn sie nicht unbedingt realistisch sind.
- *Erklären:* Sagen Sie Ihrem Kind, dass Wutausbrüche unangemessen sind. Nennen Sie ihm andere Möglichkeiten, mit seinen Gefühlen umzugehen, zum Beispiel darüber zu reden oder zu überlegen, wie es bekommen kann, was es will.
- *Erfahrung:* Lassen Sie das Kind Konsequenzen für anhaltend unpassendes Verhalten spüren und loben Sie es, wenn es Ansätze macht, sich angemessen zu verhalten.

Zum Beispiel hatten in einer Familie in meinem Bekanntenkreis zwei Schwestern ein Problem miteinander: Die lebhafte Taylor unterbrach immer wieder die eher stille Heather. Die Eltern setzten sich mit Taylor hin und sagten: „Taylor, wir wissen, dass du uns viel zu sagen hast und wie wichtig das ist (*ernst nehmen*). Aber es ist unhöflich gegenüber Heather und es verletzt sie, wenn du ihr dauernd ins Wort fällst. Wir möchten, dass du übst, deinen Gedanken im Kopf zu behalten, bis Heather zu Ende erzählt hat. Wenn du das nicht schaffst, bekommt Heather doppelt so viel Redezeit, bis du gelernt hast, dich zurückzuhalten. Es ist sehr wichtig, dass du das lernst, denn niemand mag es, unterbrochen zu werden, und irgendwann könnten die Leute dich später nicht mehr leiden, weil du ihnen ständig ins Wort fällst (*erklären*)."

Taylor hörte zu und testete dann die neue Regel aus, wie Kinder das nun einmal tun. Ihre Eltern blieben konsequent und Taylor musste erleben, dass sie an mehreren Abenden hintereinander kaum zu Wort kam (*Erfahrung*). Dann geschah etwas Lustiges, wie Taylors Mutter mir berichtete:

„Am dritten Abend erzählte Heather etwas, und ich sah, wie Taylors Gesicht arbeitete, weil ihr gerade etwas Wichtiges eingefallen war, was sie uns sagen wollte. Sie holte Luft und öffnete den Mund. Heather verstummte bereits und in der folgenden Stille konnten wir genau sehen, wie es in Taylors Gehirn zu arbeiten begann. Alle verlorenen Gelegenheiten der vorigen zwei Abende fielen ihr ein. Sie sah in die Runde, grinste und meinte: ‚Was wolltest du eben sagen, Heather?‘ Wir fielen alle vor Lachen fast von den Stühlen!"

Hurra! Taylor hatte begonnen, Selbstbeherrschung zu lernen – nicht nur ein wichtiger Aspekt der Reife, sondern auch eine Frucht des Heiligen Geistes (siehe Galater 5,23). Die Selbstbeherrschung unterscheidet uns von den Tieren. Man muss nicht jedes Gefühl und jeden Impuls ausleben; man kann sie auch später ausdrücken, sie in Worte fassen, darüber nachdenken und, und, und. Kinder sollten wissen, dass sie zwar ihre Gefühle nicht kontrollieren können, wohl aber ihren Umgang damit.

Was Kinder lernen müssen

Der Unterschied zwischen: „Es fällt mir schwer" und „Ich kann nicht"

Ein weiterer Schritt auf dem Weg zur Selbstverantwortung ist, dass Kinder den Unterschied zwischen „nicht können" und „nicht wohl dabei fühlen" begreifen, denn Kinder sehen diese beiden Dinge als eins. Wenn etwas unangenehm ist, denken sie, sie *können* es nicht tun. Also muss jemand anderer das erledigen. Und dieser Jemand ist dann meist der *schier grenzenlos* nette Elternteil ...

Die Auffassung, dass es etwas nicht tun *kann*, nur weil es sich dabei unwohl fühlt, behindert ein Kind in seiner Entwicklung. Entweder wird es bei allen Schwierigkeiten im Leben verfrüht aufgeben, weil sie ja *soooo* hart sind, oder es wird jemand anderen dazu bewegen, sie zu erledigen, oder es findet einen Weg, die Sache zu umgehen, wie beispielsweise Abgucken bei Klassenarbeiten.

Es beginnt, wie so vieles, im Kleinen. Erst neulich stand ich mit unserem 5-jährigen Sohn Benny vor einer solchen Situation. Er hatte beim Essen sein Saftglas umgeworfen, schaffte es aber mit etwas Hilfe ganz gut, den See zu beseitigen. Als er alles aufgewischt hatte, hielt er mir ganz automatisch das nasse Küchentuch hin, damit ich es wegwarf. Genauso automatisch griff ich danach, doch dann hielt mich etwas zurück. Wahrscheinlich lag es nur daran, dass ich gerade an diesem Buch arbeitete!

Ich sagte also: „Benny, was machen wir denn hier? Du kannst doch aufstehen und das Tuch selbst wegwerfen. Schließlich hast du das Glas doch umgeworfen, nicht ich."

Benny hatte kein Problem damit. Er protestierte nicht und wurde auch nicht wütend, sondern stand auf und warf das Tuch weg. Thema erledigt.

Mir war bis dahin noch gar nicht aufgefallen, dass dies schon zu einem richtigen Verhaltensmuster zwischen Benny und mir geworden war: Er gab mir etwas weiter und ich erledigte es für ihn. Erst jetzt wurde mir deutlich, dass er zwei gesunde Beine hatte und gut selbst zum Mülleimer laufen konnte. Er war nicht hilflos oder brauchte die Unterstützung eines Erwachsenen. Und das Wichtigste an dieser Erkenntnis: Dass es bisher falsch gelaufen war, war meine Schuld, nicht Bennys!

Kinder ergreifen jede sich bietende Gelegenheit, um Verantwortung abzuschieben – es sei denn, wir erklären Selbstverantwortung zu einem erwünschten Verhalten. Wie wir in diesem Buch immer wieder sagen, können Sie Ihren Kindern gesunde Grenzen nicht einfach verbal beibringen. Worte sind hier nicht genug. Sie als Eltern sind das Modell; Sie werden für Ihre Kinder zu einer Verkörperung von Grenzen und Regeln. Nur so können Ihre Kinder Verantwortung und Realitätssinn lernen.

Ein Aspekt der Reife ist es, dass wir lernen, für welche Dinge wir selbst zuständig sind und bei welchen wir Hilfe brauchen. Galater 6 spricht von einem Paradoxon: „Jeder hat genug an dem zu tragen, was er selbst vor Gott verantworten muss" (Vers 5), aber: „Einer soll dem anderen helfen, seine Lasten zu tragen" (Vers 2). Auf den ersten Blick hört sich das so an, als sollten wir uns um unsere eigenen Probleme *und* um die aller anderen Menschen kümmern! Und so kommt manchen von uns ihr Leben auch vor. Doch die griechischen Ursprungswörter erklären, wie es in der Bibel gemeint ist: Die *Lasten*, die wir dem anderen in Vers zwei tragen helfen sollen, sind die überwältigenden *Mühlsteine* des Lebens, wie finanzielle, gesundheitliche oder emotionale Krisen. Die Dinge, die in Vers 5 zur Sprache kommen, sind dagegen eher *Rucksäcke*, die wir ganz gut selbst tragen können und sollen – normale alltägliche Verpflichtungen und Tätigkeiten.

Kinder sehen ihre *Rucksäcke* allerdings oft als unzumutbare Lasten und möchten, dass wir sie für sie übernehmen. Doch wir müssen ihnen früh deutlich machen, dass sie zwar mit Dingen, die ihre Möglichkeiten übersteigen (wie Krisensituationen, Transportprobleme und anderes mehr) jederzeit zu uns kommen können, dass wir aber andererseits erwarten, dass sie bestimmte Dinge selbst in die Hand nehmen.

Es gibt auf jeden Fall Probleme und Situationen, in denen Kinder Hilfe brauchen. Das Leben ist kompliziert und niemand kann alles allein schaffen. Tatsächlich sind *einsame Kämpfer*, die isoliert von anderen Menschen leben, gefühlsmäßig nicht gesund. Die Bibel lehrt uns, dass wir „die müden Hände und zitternden Knie stärken" sollen (Hebräer 12,12). Wir alle brauchen die Liebe, den Rat und die Unterstützung anderer Menschen, um durchs Leben zu kommen.

Ihr Kind muss unbedingt wissen, dass es jederzeit um Hilfe bitten kann, wenn es in einer Krise steckt, sich machtlos fühlt oder sonst ein Problem hat, das es nicht alleine lösen kann. Ihr Zuhause sollte eine Umgebung sein, in der Ihr Kind die Freiheit hat zu sagen: „Ich schreibe nächste Woche eine Mathearbeit und verstehe den Stoff nicht!" oder auch darüber hinausgehende Dinge: „Ich habe etwas verbockt" oder „Ich bin schwanger!" In solchen Situationen muss das Kind sicher sein können, dass es angenommen ist und dass ihm geholfen wird.

Es hat allerdings trotzdem noch seinen Teil der Verantwortung zu tragen. Hier sind seine Aufgaben in einer Krise:

- Ehrlich und demütig genug zu sein, um zuzugeben, dass es ein Problem hat.
- Die Initiative zu ergreifen und um Hilfe zu bitten, statt sich einzuigeln oder zu hoffen, dass es von selbst besser wird.
- Vertrauenswürdige Leute auszusuchen, die es um Hilfe bittet.
- Seinen Anteil an der Lösung des Problems zu erfüllen.
- Die Hilfe, die ihm gewährt wird, zu schätzen wissen.
- Aus dem Erlebnis zu lernen und denselben Fehler nicht zu wiederholen.

Das ist das Dumme: Selbst wenn wir uns nicht selbst helfen können, haben wir immer noch unseren Anteil zu tun. Wenn man von einem Auto angefahren wird, ist man ein Opfer – aber man muss trotzdem zum Arzt humpeln und die Reha-Übungen machen. Wenn dein bester Freund wegzieht, ist das nicht dein Fehler – aber es ist deine Aufgabe, jemand anderen zu finden, dem du dein Herz anvertrauen kannst. Es gibt nur wenige *Mühlsteine* im Leben, bei denen man keinerlei Eigenverantwortung mehr hat.

Liebe statt Rettungsversuche

Als ich in der achten Klasse war, wurde unsere Physiklehrerin Mrs. Southall wegen Krankheit von einer neuen Lehrerin vertreten. Die Ersatzlehrerin war unerfahren und unsicher und Bill, einer der beliebten Jungs in der Klasse, machte es ihr wirklich schwer. Einmal rief er ihr sogar einen Schimpfnamen zu und sie verließ daraufhin weinend die Klasse.

Als Mrs. Southall wieder da war, war sie stinksauer. Sie wollte wissen, wer das mit dem Schimpfwort gewesen war. Natürlich verpetzte niemand Bill und so ging Mrs. Southall durch die Reihen und fragte jeden von uns persönlich, ob wir wüssten, wer es gewesen sei. Auf diese Weise konnten wir das Problem nicht vermeiden: Wir mussten lügen oder die Wahrheit sagen. Einer nach dem anderen sahen 30 Kinder Mrs. Southall in die Augen und logen – ich eingeschlossen.

Nur ein Junge namens Jay sagte: „Bill war's." Bill wurde bestraft und war danach ziemlich sauer auf Jay. Er und seine Clique schnitten und ärgerten Jay und dieser hatte für seine Tat lange Zeit zu leiden.

Jahre später sprach ich Jay noch einmal auf diese Sache an. Er war kein Streber oder Lehrerliebchen, sondern er war einfach nicht der Meinung gewesen, dass Bill geschützt werden sollte. „Bill war mein Freund", erklärte Jay. „Aber ich fand trotzdem, dass richtig richtig und falsch falsch sein musste. Und ich fand, dass ich ihm keinen Gefallen tat, wenn ich für ihn log."

Ich kann Jays Überzeugungen nur bewundern. Er hat den Zorn und den Verlust seines Freundes riskiert, weil er sich geweigert hat, ihn vor den Konsequenzen seines Handelns zu schützen. Jay konnte eindeutig zwischen *Hilfe* und *Rettungsversuchen* unterscheiden!

Diesen Unterschied zu begreifen ist einer der wichtigsten Schritte auf dem Weg zur Verantwortlichkeit: Ein Kind ist verantwortlich *für* sich selbst und es ist verantwortlich *vor* anderen. Es soll sich für seine Freunde und seine Familie einsetzen und auch bereit sein, einmal Umwege zu machen, um ihnen zu helfen. Aber Verantwortlichkeit schließt auch ein, dass das Kind nichts tut, um sie vor den Konsequenzen ihres Handelns zu schützen.

Auch das ist Kindern nicht angeboren. Sie schwanken zwischen extremer Ichbezogenheit und unglaublicher Aufopferungsbereitschaft für Freunde und/oder Familie. Oft verwechseln sie gerade in engen Freundschaften *helfen* mit *beschützen*, zum Beispiel, wenn der Freund verlangt, dass es zu ihm steht, auch wenn er etwas offensichtlich Falsches tut.

Ein Teil dieser Verwirrung gehört zum normalen Entwicklungsprozess dazu. Wenn Kinder erwachsener werden und sich von ihren Eltern zu lösen beginnen, entwickeln sie neue soziale Strukturen, um sich auf ihr eigenes Leben vorzubereiten. Besonders in den späteren Teenagerjahren verlagert sich der Schwerpunkt des sozialen Lebens immer mehr nach außerhalb des Elternhauses. Das schließt eine Verbündung mit den Freunden und *gegen* die Eltern mit ein. Teenager haben oft das Gefühl, dass die Eltern sie nicht verstehen, ihre Probleme, Leidenschaften und ihre Musik nicht begreifen. Deshalb bilden sie enge Cliquen mit Freunden, denen sie sich seelenverwandt fühlen, und verbringen Stunden um Stunden mit ihnen, um ihre Gedanken und Gefühle zu teilen.

Das ist eine gute und gesunde Entwicklung. Sie als Eltern sollten

Ihren Kindern erlauben, innerhalb eines vernünftigen Rahmens dieses eigene Leben zu entwickeln. Doch gerade Teenager müssen auch lernen, dass die Regel von der Verantwortlichkeit nicht nur für ihre Freunde, sondern auch für die Familie gilt. Zum Beispiel sollte ein Kind die innere Stärke besitzen, dem sozialen Druck zu widerstehen und seinen Eltern von einem Freund erzählen, der Drogenprobleme hat. Auch muss es in der Lage sein, Nein zu sagen, wenn ein Freund von ihm verlangt, für ihn seine Probleme zu lösen oder für sein Glück zuständig zu sein.

Ein solches Verhalten lernen Kinder nicht aus einem Buch, sondern im täglichen Leben zu Hause. Hier kann es beobachten, wie man andere liebt, ohne die Verantwortung für ihr komplettes Leben zu übernehmen. Es kann in Beziehungen Mitgefühl empfinden und helfen, aber auch Nein sagen zu Dingen, die nicht gut für es selbst sind oder bedeuten, dass es anderen ihre Verantwortung abnimmt. Lassen Sie ruhig zu, dass Ihr Kind sich das Knie aufschlägt und sich selbst ein Pflaster holt. Sie müssen nicht immer zur Stelle sein und alles für Ihr Kind übernehmen. Wenn Sie selbst mal einen schlechten Tag haben, darf das Kind das ruhig mitbekommen, aber es sollte auch sehen, wie Sie sich selbst darum kümmern.

Wenn Ihr Kind den Unterschied zwischen Helfen und Rettungsversuchen kennt, ist es auch in der Lage, sich Freunde zu suchen, die nicht ständig jemanden brauchen, um ihre Probleme gelöst zu bekommen. Es findet vielmehr andere Kinder mit einem stabilen Charakter, die nicht gleich die Freundschaft kündigen, wenn Ihr Kind mal nicht nach ihrer Pfeife tanzt.

Der Hauptgrund dafür, dass Kinder Rettungsversuche machen, ist die Erfahrung, dass sie nur so ihre Freundschaften aufrechterhalten können. Helfen Sie Ihrem Kind jedoch dabei, sich bessere Freunde zu suchen. Ich freue mich immer, wenn ich beobachten kann, wie unsere Kinder mit ihren Freunden spielen und es dabei zu Meinungsverschiedenheiten kommt. Die meisten ihrer Freunde flippen nicht aus, wenn jemand mal nicht mit ihnen übereinstimmt. Solche Freunde braucht jeder Mensch!

Es passiert leider nur zu leicht, dass man zulässt, dass das eigene Kind Rettungsversuche unternimmt und im Bereich der Verantwortung durcheinander gerät. Oft macht zum Beispiel ein einsamer Elternteil ein Kind zu seinem Vertrauten und denkt dabei noch: „Ist es nicht schön, dass meine Tochter und ich uns so nahe stehen? Ich kann ihr all meine Probleme erzählen und sie mir ihre auch." In Wirklichkeit lernt das Kind so, seiner Mutter eine Mutter zu sein und es besteht die Gefahr, dass es von da an alle Beziehungen auf diese Weise angeht. Wir haben Hunderte von Menschen in kodependenten Beziehungen kennen gelernt, *Geber*, die *Nehmer* geheiratet haben. Bei vielen gleichen sich die Erfahrungen in der Kindheit:

- Sie hatten einen einsamen, bedürftigen Elternteil.
- Sie hatten einen unkontrollierten Elternteil, der jemanden brauchte, der ihn vor sich selbst schützte.
- Sie hatten einen Elternteil, der seine eigenen Bedürfnisse mit denen des Kindes verwechselte.

Unsere Kinder sind nicht unsere Altersvorsorge, unsere Mülleimer oder unsere Seelsorger. Sie leben für Gott und für sich selbst. Es ist gut, wenn Sie Ihren Kindern gegenüber offen zu Ihren Fehlern und Schwächen stehen. So lernen sie, dass auch Erwachsene nicht perfekt sind. Doch es ist etwas ganz anderes, wenn Sie von Ihrem Kind erwarten, dass es Ihre emotionalen Bedürfnisse stillt. Belasten Sie Ihr Kind nicht mit Ihren Problemen und Verletzungen. Erwarten Sie nicht von Ihrem Kind, dass es Sie tröstet oder Ihr *bester Freund* ist; suchen Sie sich dafür erwachsene Freunde. Ihr Kind hat genug damit zu tun, erwachsen zu werden.

Wie kommt es nur, dass ein kleines, schwaches Kind so viel Macht über einen Erwachsenen haben kann? Wenn Sie schon jemals eine Mutter beobachtet haben, die den Launen eines Kleinkindes im Supermarkt ausgesetzt war, dann wissen Sie, was ich meine. Unsere nächste Regel beschäftigt sich mit diesem Thema: Wie Sie Ihrem Kind helfen können, seine eigenen Einflussmöglichkeiten zu entdecken und gleichzeitig unangemessene Machtspielchen aufzugeben.

6. Ich kann nicht alles allein, aber ich bin auch nicht hilflos

Die Regel der Macht

Als ich (John Townsend) sieben Jahre alt war, las ich das Buch *Tom Sawyer* und mir wurde klar, dass es an der Zeit war, von zu Hause abzuhauen. Meine Eltern und meine Geschwister nervten mich und ich wusste, dass ich es ohne sie schaffen konnte. Eines Samstags schnürte ich mir also mein Überlebensbündel, bestehend aus einem Stapel Erdnussbutter-Sandwiches, einem Kompass, einem Ball und zwei grünen Plastiksoldaten.

Ich verließ das Haus am Nachmittag und marschierte einige hundert Meter bis zum Wald. Entschlossen drang ich in Regionen vor, die noch nie ein Kind betreten hatte. Irgendwann endete der Weg in einem undurchdringlichen Dickicht. Ich aß meine Sandwiches und es wurde langsam dunkel. Komische Geräusche drangen an mein Ohr. Es wurde Zeit, nach Hause zu gehen.

Ich weiß noch, wie ich auf dem Heimweg dachte: *Das ist ja komisch: Ich will nicht nach Hause gehen und es zwingt mich auch niemand und trotzdem muss ich nach Hause gehen!*

Da war ich also und wollte groß und mächtig sein – doch ich wurde gnadenlos mit meiner Machtlosigkeit konfrontiert!

Kinder an die Macht

Viele Kinder haben irgendwann ein ähnliches Erlebnis. Sie denken, sie sind schon groß, stark und unabhängig und ihre vermeintliche Allmacht verlockt sie zur Großspurigkeit. Doch wenn die Eltern sich nicht allzu dumm anstellen, werden diese Kinder irgendwann von der Realität eingeholt, dass sie eben nicht so mächtig sind, wie sie dachten. Sie müssen sich den Gegebenheiten anpassen und haben hoffentlich aus dieser Erfahrung etwas gelernt. Anpassung an die Realität ist eigentlich nur eine Umschreibung von mentaler Gesundheit. Wenn man erwartet, dass sich die Realität einem selbst anpasst, ist das schon nahezu eine krankhafte Einstellung.

Um gesunde Grenzen zu entwickeln, müssen Kinder eine gewisse Macht haben, im Sinne der Fähigkeit, etwas zu kontrollieren. *Macht* kann bedeuten, ein Puzzle zusammenzusetzen, einen Konflikt zu lösen oder eine gute Freundschaft zu entwickeln. Das Fortkommen eines Kindes in der Welt hängt von einer gesunden, realistischen Einschätzung der folgenden Bereiche ab:

- dem Urteilsvermögen darüber, über was man Macht hat und über was nicht,
- dem Ausmaß des eigenen Einflusses auf Dinge, die man kontrolliert,
- dem Umgang mit Dingen, die man nicht kontrollieren kann.

Ich zum Beispiel hatte damals keinen Einfluss auf mein Bedürfnis, nach Hause zurückzugehen. Ich musste mich meiner fehlenden Macht anpassen und die Tatsache akzeptieren, dass ich noch ein kleiner Junge war. Doch ich hatte Macht über meine Gefühle. Es gefiel mir nicht, dass ich so abhängig war; zumindest hier hatte ich ein klein wenig Einfluss!

Um sich dem Paradoxon „Kinder und Macht" anzunähern, stellen Sie sich bitte einmal ein Kleinkind und seine Eltern vor. Zunächst ist das Kind vollkommen hilflos. Menschliche Babys sind länger unselbstständig als jedes Tierkind. Gleichzeitig hat aber schon ein Säugling eine enorme Macht über seine Eltern. Sie arrangieren ihr ganzes Leben um das Kind herum, tragen es bei sich, schützen und versorgen es. Sie installieren Maschinen, um sicherzustellen, dass das Kind auch noch atmet. Für eine Weile ist das Baby der absolute Lebensmittelpunkt der Eltern. Wenn man nun aber mit dem Kind reden könnte, würde es sicher nicht sagen: „Ich kommandiere diese Familie!" Ein Baby schwankt zwischen unangenehmen Gefühlen von Angst, Hilflosigkeit, Hunger, Zorn und Schmerz und angenehmen Gefühlen von Sicherheit, Geborgenheit, Wärme und Sättigung. Es würde vermutlich sagen, dass es keinerlei Macht oder Kontrolle besitzt.

In diesem Stadium hat ein Kind auf jeden Fall keine Macht über sich selbst. Deshalb hat Gott mit der Familie ein System erfunden, in dem das Kind von den Eltern versorgt wird, bis es selbst eine gewisse Macht entwickelt.

Macht, Machtlosigkeit und Grenzen

Den richtigen Umgang mit Macht zu lernen hilft Kindern bei der Entwicklung von gesunden Grenzen. Reife Menschen wissen, dass sie über bestimmte Dinge Macht haben und über andere nicht. Sie investieren sich in erstere und lassen zweitere los. Ihr Kind muss jedoch erst lernen, über was es Macht hat, über was nicht und wie es das eine vom anderen unterscheiden kann.

Kinder haben zunächst kein realistisches Bild von Macht. Sie denken, sie könnten über Häuser springen. Sie stürzen sich ins Meer und sind sich sicher, die Wellen meistern zu können. Und sie gehen ganz natürlich davon aus, dass Sie und ihre Freunde das Leben genauso sehen wie sie.

Und hier liegt auch schon das erste Problem: Ein Kind versucht immer, Macht über Dinge zu haben, die ihm nicht zustehen. Doch ein Kind kann keine Grenzen um etwas ziehen, das nicht sein Eigentum ist. Wenn es das versucht, wird der wirkliche Besitzer irgendwann seine Zäune wieder einreißen.

Das passiert zum Beispiel, wenn ein Kind seine Freunde herumkommandiert. Wenn sie gesund sind, werden sie entweder Protest einlegen oder einfach gehen. Und so findet sich das Kind, das sich für omnipotent hält, in einem immer wiederkehrenden Kreislauf wieder, in dem es entweder fruchtlose Versuche macht, zu kontrollieren, was es nicht kontrollieren kann, oder schwache Menschen findet, die bereit sind, seine Verirrung zu unterstützen. Ein klassischer Fall hierfür bei Erwachsenen ist ein herrischer Mann und eine unterwürfige Frau. Er meint, Macht über ihr Leben zu haben, und sie spielt mit, anstatt ihn mit seiner Unfähigkeit zu konfrontieren, sie zu kontrollieren. Ein Kind, das nie an die Grenzen seiner Macht stößt, kann sich zu einem solchen Ehemann entwickeln.

Das zweite Problem, vor dem das Kind steht, ist, dass es in dem Versuch, etwas Unkontrollierbares zu kontrollieren, die Tatsache negiert, dass es durchaus über andere Dinge Macht ausüben kann. Es ist so sehr auf seine aussichtslosen Kämpfe im ersten Bereich konzentriert, dass es den zweiten völlig vernachlässigt. Um im oben genannten Beispiel zu bleiben: Ein Kind, das damit beschäftigt ist, seine Freunde herumzukommandieren, übt keine Kontrolle über sich selbst aus und kann nicht lernen, ein Nein zu akzeptieren, sich anzupassen, manche Wünsche eben loszulassen und so weiter. Gott hat uns Macht gegeben, nicht zu tun, was wir wollen, sondern das, was gut und richtig ist.

Tatsächlich ist es außerordentlich wichtig für Ihr Kind (auch in geistlicher Hinsicht), dass es mit seiner Machtlosigkeit konfrontiert wird. Wenn wir die Realität unserer Menschlichkeit akzeptieren – dass wir nämlich nicht in der Lage sind, unseren gefallenen Zustand zu ändern, aber gleichzeitig vollkommen dafür verantwortlich –, treibt uns das Gottes Gnadenangebot in die Arme. Kinder, die in der Illusion aufwachsen, allmächtig zu sein, und die nie mit ihrem eigenen Versagen konfrontiert worden sind, werden nicht einsehen, wozu sie einen Retter brauchen. Sie fallen leicht dem Gedanken zum Opfer: „Ich muss mir eben nur ein bisschen mehr Mühe geben, dann kann ich schon alles." Dabei lehrt die Bibel, dass Machtlosigkeit ein segensreicher Zustand ist: „Lass dir an meiner Gnade genügen, denn meine Kraft ist in den Schwachen mächtig" (2. Korinther 12,9).

Was ist „meins" und was nicht?

Alle Eltern können sich lebhaft an diverse Machtkämpfe mit ihren Kindern erinnern. Kinder erproben ihre Macht in tausend Bereichen, wie Kleidungsstil, Mithelfen, Privilegien, Verbote und Umgang mit Freunden. Es ist nun Ihre Aufgabe, Ihren Kindern dabei zu helfen, herauszufinden, was sie kontrollieren können und was nicht und wie weit ihre Macht in den einzelnen Bereichen geht. Denken Sie daran, dass Sie wahrscheinlich nicht mit willigen Schülern rechnen können! Genau wie Erwachsene mögen Kinder es nicht besonders, an ihre Grenzen erinnert zu werden, und Sie kennen ja sicher den altertümlichen Brauch, den Überbringer einer schlechten Nachricht *büßen* zu lassen ... Legen Sie sich also schon einmal ein dickes Fell zu, wenn Sie Ihre *göttlich verordnete* Aufgabe anpacken!

Macht über mich selbst

Zuerst muss ein Kind begreifen, was es im Hinblick auf sich selbst tun und nicht tun kann. Der Kasten unten zeigt ein paar der wichtigsten dieser Aspekte:

Ich habe nicht die Macht ...	Ich habe die Macht ...
zu überleben, ohne andere Menschen zu brauchen	mir auszusuchen, auf wen ich mich verlassen will
zu tun, was immer ich möchte	zu tun, was ich tun kann
Konsequenzen zu umgehen	mich so anzupassen, dass unangenehme Konsequenzen auf ein Minimum reduziert werden
Fehler und Versagen zu vermeiden	Versagen zu akzeptieren, daraus zu lernen und es beim nächsten Mal besser zu machen.

Verleugnung der Abhängigkeit

Kinder möchten nicht zugeben, dass sie andere Menschen brauchen. Sie wollen ihre eigenen Entscheidungen treffen, ihre Probleme selbst lösen und ihre Eltern nie um Hilfe oder Unterstützung bitten müssen. Sie sehnen sich so sehr nach Unabhängigkeit, dass sie oft erst in ernsthafte Schwierigkeiten geraten müssen, bevor sie ihre Eltern einweihen.

Oft werden hier zwei Arten der Abhängigkeit durcheinander gebracht. Die *funktionale Abhängigkeit* bezieht sich auf die Weigerung oder Unfähigkeit des Kindes, die Dinge zu tun, die im Leben einfach von ihm erwartet werden. Es versucht, andere dazu zu bringen, dass sie diese unangenehmen Aufgaben an seiner Stelle übernehmen. Zum Beispiel bittet ein Teenager seine Eltern um mehr Taschengeld, statt sich einen Ferienjob zu suchen. Eine solche funktionale Abhängigkeit dürfen Sie nicht unterstützen! Ein Teenager kann ruhig einmal das Gefühl verspüren, abgebrannt zu sein. Das wird ihm den nötigen Antrieb geben, sich einen Nebenverdienst zu suchen.

Die *beziehungsmäßige Abhängigkeit* dagegen ist unser Bedürfnis, mit Gott und anderen Menschen in Gemeinschaft zu treten. Gott hat uns beziehungsorientiert geschaffen; Nähe zu anderen ist unser Treibstoff zum Leben: „... wer allein ist, ist übel dran, wenn er fällt, weil keiner ihm helfen kann" (Prediger 4,10). Unsere beziehungsmäßige Abhängigkeit treibt uns dazu, einander unsere Bürden zu erleichtern und uns verletzlich zu machen. Wenn wir von Gott und anderen Menschen geliebt werden, wird unser innerer *Liebestank* aufgefüllt. Und weil nun Kinder in dieser Hinsicht so viel mehr brauchen, sind sie von Beziehungen besonders abhängig. Doch nach und nach, je mehr sich ihr Liebestank füllt, brauchen sie weniger Zuwendung; die Liebe, die sie von ihren Eltern erhalten haben, trägt sie. Trotzdem braucht natürlich jeder Mensch bis ans Ende seines Lebens immer wieder tiefe, enge Beziehungen zu anderen Menschen, die ihn lieben und schätzen.

Sie sollten also die beziehungsmäßige Abhängigkeit bei Ihrem Kind fördern. Bringen Sie ihm bei, dass reife, gesunde Menschen andere brauchen; sie isolieren sich nicht von ihnen. Vielleicht verwechselt Ihr Kind auch die beiden Formen der Abhängigkeit und fürchtet, ein Baby zu sein, wenn es um Ihre Unterstützung oder Ihren Trost bittet. Helfen Sie ihm zu begreifen, dass es nicht *unreif* ist, Liebe zu brauchen. Im Gegenteil – nur die Liebe gibt uns die Kraft, die wir brauchen, um hinauszugehen und gegen unsere täglichen *Drachen* anzukämpfen.

Vielleicht hat Ihr Kind auch ein Problem, doch in seiner vermeintlichen *Allmacht* isoliert es sich von Ihnen. Sie kennen sicher diese Art Dialog: „Hallo, wie war dein Tag?" – „Ach, ganz okay." Lassen Sie Ihr Kind nicht damit durchkommen. Sagen Sie ihm, dass Sie ihm keinen Vortrag halten werden, sondern einfach nur wissen wollen, wie es ihm geht. Unterstützen Sie nicht seinen Irrglauben, es würde niemanden brauchen.

Allerdings müssen Sie warten, bis Ihr Kind Sie einlädt, ihm zu helfen. Wenn Sie ihm zur Seite eilen, bevor es nach Ihnen gerufen hat, unterstützen Sie eher die gegenteilige Idee: „Ich habe so viel Macht, dass ich Mama nicht brauche", denn es musste ja nicht um Hilfe bitten. Warten Sie ab. Es ist zwar nicht einfach, dabei zuzusehen, wie Ihr Kind das Ende der Fahnenstange erreicht; das kann jeder Mutter und jedem Vater das Herz zerreißen. Aber es ist der einzige Weg, wie Ihr Kind seine Hilfsbedürftigkeit begreift und merkt, dass es ohne die Liebe und Unterstützung anderer Menschen nicht leben kann.

Dabei müssen Sie Ihrem Kind aber auch helfen, sich in Beziehungen nicht nur total hilflos zu fühlen. Es soll seine Wünsche, Bedürfnisse und Meinungen den Menschen in seiner Umgebung gegenüber offen aussprechen können. Das gilt besonders für die Beziehung zu Ihnen. Ihr Kind hat sich nicht ausgesucht, zu Ihrer Familie zu gehören; das war schon eher Ihre Entscheidung. Doch das Kind hat sehr wohl einige Wahlmöglichkeiten, wie es mit Ihnen umgehen kann. Sie sollten ihm deshalb zum Beispiel gestatten, seinen eigenen Rhythmus von Nähe und Distanz zu finden. Seien Sie nicht aufdringlich mit Liebesbekundungen, wenn Ihr Kind gerade ein bisschen Abstand braucht. Entziehen Sie ihm aber auch nicht Ihre Nähe, wenn es diese nötig hat. Wichtig ist auch, dass Ihr Kind seine Meinung zu Familienaktivitäten sagen kann. Seine Meinung ist wichtig und soll gehört werden, auch wenn es nicht die letztendliche Entscheidung treffen kann.

Die Macht über Entscheidungen

Kinder denken oft, dass sie alles tun können und sollten, was ihnen gerade so durch den Kopf schießt. Keine Aktivität ist ihnen zu viel und sie meinen, über endlose Zeit und Energie zu verfügen. Wenn man es nur ließe, würde sich ein Kind zum Beispiel folgenden Zeitplan für einen Samstag aufstellen:

- 09:00 Uhr: Fußball spielen
- 10:30 Uhr: einen Film sehen
- 12:00 Uhr: Hot Dogs essen
- 13:00 Uhr: Inline-Skaten
- 15:00 Uhr: auf eine Geburtstagsparty gehen
- 17:00 Uhr: noch einen Film sehen

In solchen Angelegenheiten braucht Ihr Kind Ihre Hilfe. Kinder übernehmen und verzetteln sich sonst leicht. Eine Freundin von mir war als Kind so und auch heute als Ehefrau und Mutter versucht sie noch, die Zeit zu dehnen wie ein Gummiband. Sie meint, sie schafft es, die Kinder zur Schule zu bringen, einkaufen zu gehen, mit einer Freundin Kaffee zu trinken und das Haus zu putzen – und das alles vor dem Mittagessen! Natürlich geht das nicht und so hetzt sie sich ab, ist frustriert und kommt ständig zu spät. Im Moment arbeitet sie gerade daran, die Illusion zum Platzen zu bringen, dass sie alles machen kann, was sie machen möchte.

Leiten Sie Ihr Kind innerhalb bestimmter Alters- und Reifeparameter dazu an, ein Gefühl für Machbarkeit und Zeiten zu entwickeln, indem Sie gemeinsam einen Zeitplan erstellen, der zusammenbricht, wenn es sich zu viel vornimmt. Lassen Sie das Kind als Experiment mehr in eine Woche packen, als Sie für gutheißen würden. Koppeln Sie jedoch daran bestimmte Bedingungen wie zum Beispiel:

- mindestens eine 2 im anstehenden Vokabeltest
- vier Nächte werden zu Hause verbracht
- Schlafenszeit ist spätestens um .... Uhr
- es dürfen keine Anzeichen von Erschöpfung oder Stress auftreten.

Lassen Sie Ihrem Kind genug Leine, um sich daran *aufzuhängen*! In meiner Schulzeit habe ich mich so mit Schularbeiten, sozialen Aktivitäten und Sportereignissen vollgeladen, dass ich an den Rand der Erschöpfung geriet. Meine Eltern setzten sich daraufhin eines Abends mit mir hin und sagten mir, dass sie Angst hatten, ich könnte krank sein. Mir war gar nicht aufgefallen, dass es mir wirklich nicht gut ging und ich war ihnen dankbar, dass sie mich selbst hatten erfahren lassen, dass ich keine Allmacht über meine Zeit und Energie besaß.

Der Versuch, Konsequenzen zu umgehen

Es ist leider wahr: Ein gewisser Teil Ihres kleinen Engels ist richtiggehend kriminell. Er meint, die Macht zu haben, die Resultate seines Tuns umgehen zu können. Das ist nur allzu menschlich; schon Adam und Eva dachten, sie könnten sich vor Gott verstecken! Kinder sind bereit zu manipulieren, zu lügen und endlos zu diskutieren, um einer Bestrafung zu entgehen.

Doch Ihr Kind muss lernen, unangenehme Folgen zu vermeiden,

indem es *vorher* schon seine Taten durchdenkt und kontrolliert. Wenn Kinder davon ausgehen, dass sie es vermeiden können, erwischt zu werden, dann konzentrieren sie sich auch aufs Nichterwischt-werden und nicht etwa auf die vorbeugende Vermeidung von falschen Entscheidungen. Das Ergebnis ist dann nicht charakterliche Reife, sondern pathologische Verzerrung.

Machen Sie Ehrlichkeit zur Norm in Ihrem täglichen Miteinander, und setzen Sie Unehrlichkeit deutliche Grenzen. Was auch immer Ihre Konsequenzen für Ungehorsam sind, die Folgen von Unehrlichkeit müssen noch schwerwiegender sein. Feiern Sie dagegen Ihr Kind gebührend, wenn es ein Fehlverhalten von sich aus zugibt. Es muss möglichst früh erleben, dass ein Leben in Unehrlichkeit und Betrug viel schlimmer ist als ein Leben im Licht der Wahrheit, auch wenn das im Moment Unannehmlichkeiten bedeutet. Nur so hört es auf, in dem Irrglauben zu verharren, man könne den Konsequenzen seines Tuns ausweichen.

Eine uns bekannte Familie hat die Regel aufgestellt, dass es eine bestimmte Strafe für die vom *Täter* von sich aus eingestandenen Übeltaten gibt. Wenn allerdings die Missetat auf anderen Wegen ans Licht kommt, ist die Konsequenz ungleich härter. Obwohl diese Idee die Gefahr in sich birgt, kleine Petzen heranzuziehen, geht sie doch mit der Rechtspraxis konform, dass Täter, die sich freiwillig stellen, milder behandelt werden als die, die erst gefasst werden müssen.

Der Versuch, Versagen zu vermeiden

Wir alle sind geborene Perfektionisten und werden nicht gern an unsere Fehlerhaftigkeit erinnert. Oft denken gerade Kinder, sie wären in der Lage, Fehler oder Versagen ganz zu vermeiden. Doch auch Ihr Kind muss lernen, seine Unvollkommenheit zu betrauern und zu akzeptieren und aus Fehlern zu lernen. Das Erwachsenwerden lässt ihnen keine andere Wahl. Entweder verleugnet man seine Fehler und wiederholt sie immer und immer wieder, oder man gibt sie zu und arbeitet sich hindurch.

Befreien Sie Ihr Kind von der Annahme, es könnte vermeiden, Fehler zu machen. Erklären Sie Fehlerhaftigkeit zu Ihrem Freund. Reden Sie offen über dumme Dinge, die Sie zu Hause oder im Büro angestellt haben. Verteidigen Sie sich nicht gleich wild, wenn ein Familienmitglied einen Ihrer Fehler anspricht. Und machen Sie vor allem nicht den Fehler, Ihrem Kind den Eindruck zu vermitteln, dass Sie es mehr lieben, wenn es perfekt *funktioniert*. Wenn Sie in der Öffentlichkeit über Ihr Kind sprechen, streichen Sie neben all seinen anderen Qualitäten immer auch heraus, dass es zu seinen Fehlern steht und wie gut Sie das finden. Solche Informationen kommen dem Kind immer irgendwie zu Ohren!

Macht über andere

Während Sie dabei sind, Ihrem Kind klarzumachen, dass es keine vollkommene Macht über sich selbst hat, müssen Sie ihm auch vermitteln, dass das Gleiche ebenso für seinen Einfluss auf andere Menschen gilt. Erinnern Sie sich noch an das Bild vom machtlosen und gleichzeitig mächtigen Kind? So fängt es an – und so bleibt es, wenn Sie nicht einschreiten. Das Ziel ist, dass Ihr Kind den Gedanken aufgibt, andere kontrollieren zu wollen, und sich stattdessen auf seine Selbstkontrolle konzentriert. Denken Sie auch daran, dass Selbstbeherrschung eine der Früchte des Geistes ist (Galater 5,23), nicht aber die Beherrschung anderer!

Babys brauchen ständig ihre Eltern, um überleben zu können. Doch mit der Zeit entwickeln sie genügend Grundvertrauen gegenüber anderen und genügend Vertrauen in ihre eigenen Fähigkeiten, um ihren Eltern gegenüber nicht mehr so extrem abhängig zu sein und sie daher auch nicht mehr so verzweifelt kontrollieren zu wollen. Doch noch immer hängen sie der Idee an, dass sie über andere Menschen bestimmen können. Sie brauchen Liebe, Anleitung auf dem Weg zur Selbstverantwortung und Grenzen für ihre vermeintliche Allmacht. Und Sie sind der *Koch*, der diese drei Zutaten einbringt.

Als Ricky in der Vorschule war, hatte er einen besten Freund namens David. Sie hingen den ganzen Tag zusammen. Eines Abends erzählte mir Ricky dann ganz traurig, dass David jetzt einen neuen besten Freund hätte, Andy. David und Andy verbrachten jetzt ihre Zeit miteinander – ohne Ricky. Er fühlte sich ausgeschlossen und allein. Ich versuchte, ihm bei seinem Problem zu helfen.

„Warum redest du nicht mal mit David über deine Gefühle?", schlug ich vor.

„Könnte ich machen."

„Was würdest du ihm sagen?"

„Ich werde zu ihm sagen: *Du musst mich aber mögen*!"

So denken Kinder! Im Folgenden finden Sie noch ein paar Beispiele, wie Kinder versuchen, Macht über andere auszuüben – und
ein paar Tipps zu Antworten, die Sie darauf geben können:

Versuch der Machtausübung	Ihre Reaktion
Wenn ich lange genug herumjammere, bekomme ich das Stofftier!	Frag mich nur einmal und ganz normal und ich ent-scheide. Gejammer bringt automatisch ein Nein!
Ich kann meine Freunde herumschubsen.	Die anderen Kinder scheinen dich zu meiden. Du solltest erst mal keine Kinder mehr einladen, bis wir gemeinsam einen Weg gefunden haben, wie du besser mit Leuten umgehen kannst.
Wenn ich besonders nett und hilfsbereit bin, muss ich den Hausarrest für meine letzte Schandtat nicht ganz absitzen.	Ich freue mich über dein gutes Verhalten, aber deine Strafe musst du trotzdem bis zum Ende absitzen!
Ich kann deine Aufforderun-gen, das Wohnzimmer aufzu-räumen, einfach ignorieren.	Ich sage es nur noch einmal und dann hast du 15 Minuten Zeit. Wenn danach nichts passiert ist, darfst du nicht zum Fußballspiel.
Ich kann dich mit meinem Geschrei und meinen Wut-anfällen ärgern und aus dem Konzept bringen.	Dein Geschrei macht mir nichts aus, aber es ist ein schlechtes Verhalten. So lange du dich also so aufführst, sind alle deine Privilegien gestrichen!
Mein Hass kann dich zerstören!	Du kannst mich damit verletzen, aber deshalb gehe ich noch längst nicht weg!

Auf diese Weise helfen Sie Ihrem Kind, nach und nach den Wunsch nach Macht über andere Menschen aufzugeben. Wie bei jedem Aspekt der Erziehung werden Sie auch hier bei den ersten Versuchen auf die Meinung stoßen, dass Sie das nicht richtig ernst meinen können. Und beim zweiten oder dritten Versuch, sich gegen Ihre Grenzen zu stemmen, wird dem Unglauben auf Seiten Ihres Kindes vielleicht Wut folgen. Bleiben Sie dennoch fest! Wenn Ihr Kind erst einmal akzeptiert hat, dass Ihre Grenzen Gesetz sind, können Sie ruhiger darüber diskutieren, was geschieht und warum.

Wenn dieser Prozess erst einmal ins Rollen gekommen ist, fühlt Ihr Kind vielleicht echte Trauer über die Tatsache, dass es seine Umwelt nicht unter Kontrolle hat. Das ist gut und richtig, denn es muss sich von einem unrealistischen Wunsch verabschieden. Jetzt sollten Sie Ihrem Kind zeigen, dass es zwar keine Macht über andere hat, aber auch nicht hilflos ist. Es kann andere durchaus *beeinflussen* und in eine Richtung lenken, die es für wichtig hält. Kontrolle und Einfluss sind aber zwei ganz verschiedene Dinge. Kontrolle spricht dem anderen seine Freiheit ab; Einfluss respektiert diese Freiheit. Sagen Sie Ihrem Kind: „Wenn du mit einigen Entscheidungen, die ich treffe, nicht einverstanden bist, dann möchte ich gern deine Meinung und deine Vorschläge dazu hören, solange sie durchdacht und respektvoll sind. Ich verspreche, dass ich offen zuhöre, aber wenn ich darüber nachgedacht habe und trotzdem an meiner Entscheidung festhalte, möchte ich, dass du das akzeptierst."

Verletzte Eltern

Wenn Ihr Kind seine Wut oder seinen Egoismus an Ihnen auslässt, kann das sehr wehtun. Da Sie in enger Verbindung mit Ihrem Kind stehen, hat es die Macht, bei Ihnen schlechte Gefühle zu verursachen. Doch das dürfen Sie keinesfalls als Druckmittel gegenüber dem Kind verwenden, indem Sie zum Beispiel sagen: „Wenn du herumschreist, machst du Mama traurig, und du sollst sie doch glücklich machen!" Mit solchen Äußerungen unterstützen Sie die Allmachtsphantasien Ihres Kindes und tragen zu verschiedenen anderen Fehlentwicklungen bei, zum Beispiel:

• Das Kind wird in eine Elternrolle gedrängt.
• Es bekommt unnötige Schuldgefühle vermittelt.

- Das Kind hat den Eindruck, an der Instabilität des Elternteils beteiligt zu sein.
- Die Betonung liegt auf den Gefühlen des Elternteils, nicht auf den Konsequenzen für das Kind.

Andererseits darf das Kind aber auch ruhig wissen, dass es Sie durchaus verletzt und dass Ihnen das ganz und gar nicht gefällt. Das Kind muss erfahren, dass es Menschen in seinem Umfeld wehtun kann und dass es zu ernsthaften Problemen in der Beziehung führt, wenn es dieses Verhalten fortsetzt. Nur so kann es seine empathische Verantwortung für andere begreifen.

Prinzipien der Machtentwicklung

Das Grundkonzept, das Sie im Kopf haben sollten, wenn Sie Ihrem Kind vermitteln, was seine Angelegenheiten sind und was die anderer Menschen, wird in der folgenden Grafik zusammengefasst:

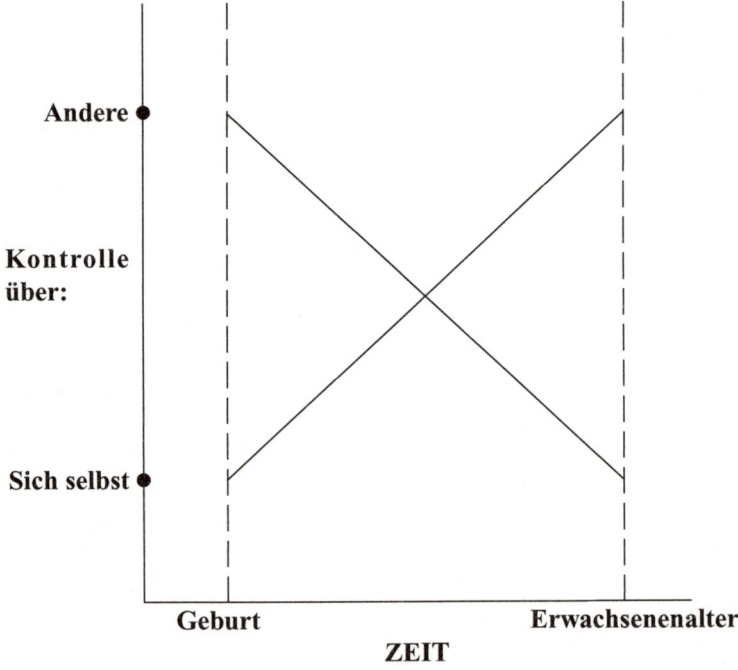

Ein Kind kommt beinahe ohne Macht über sich selbst zur Welt. Um dies zu kompensieren, verwendet es enorme Energie darauf, seine Eltern zu kontrollieren. Ihre Aufgabe als Eltern ist es deshalb, seine Macht über sich selbst zu verstärken und seine Kontrollversuche über Sie zu vermindern.

In Verbindung bleiben

Im Laufe dieses Prozesses meint das Kind, dass Sie ihm etwas wegnehmen wollen, was ihm eigentlich zusteht und was es braucht. Deshalb ist es enorm wichtig, dass Sie Ihrem Kind immer emotional nahe bleiben. Identifizieren Sie sich mit seinen Ängsten, hilflos zu sein, seiner Frustration darüber, dass es seine Freunde nicht kontrollieren kann und seinen Bedenken über sein Versagen. Auch seinen vergeblichen Versuchen Sie zu kontrollieren sollten Sie möglichst mit Mitgefühl begegnen. Sagen Sie ihm immer wieder: „Vielleicht werde ich mal wütend oder verletzt sein, aber ich gehe nicht weg. Egal, was es ist, ich bin für dich da, auch wenn ich nicht deiner Meinung bin oder dir Grenzen setze. Und jetzt lass uns anfangen!"

Spielen Sie nicht selbst die Allmächtigen

Ihr Kind kann nur von Ihnen lernen, die Grenzen seiner Macht anzuerkennen, wenn Sie selbst auch Ihre Grenzen kennen. Geben Sie also ruhig Ihre Fehler, Schwächen und Begrenzungen zu. Andersherum sollten Sie aber auch die Macht ausüben, die Sie besitzen. Im Laufe dieses Prozesses geben Sie Ihrem Kind so viel Freiheit wie möglich und so wenig Kontrolle wie nötig. „Ich werde dich daran hindern" ist manchmal angemessen bei kleinen Kindern oder in Notfällen. Meist ist aber die folgende Aussage viel passender: „Ich kann dich nicht daran hindern, aber ich kann dir sagen, was passiert, wenn du damit weitermachst." Stoßen Sie keine leeren Drohungen aus! Ziehen Sie die angekündigten Konsequenzen durch; darin liegt Ihre Macht. Sie können ein Kind nicht dazu bringen, sich gut zu benehmen, aber Sie können Wahlmöglichkeiten strukturieren und Konsequenzen aufstellen, die Ihrem Kind bei seinen Entscheidungen helfen.

Freie Entscheidungen treffen

Seien Sie *unkontrollierbar* – das heißt, seien Sie Eltern, die sich nicht von den Reaktionen Ihrer Kinder in Ihren Entscheidungen beeinflussen lassen. Die Gefühle und Wünsche Ihres Kindes sind Ihnen wichtig, weil Sie es lieben, aber Sie sind der Boss und Sie treffen die Entscheidungen, die Sie für richtig halten, weil Sie wiederum einem höheren *Boss* Rechenschaft schuldig sind (siehe 2. Korinther 5,10).

Ich habe schon oft beobachtet, wie Eltern in Ihren Entscheidungen schwankend wurden, weil ihre Kinder den Aufstand probten. Diese Eltern gründen ihr Tun dann nicht auf absolute Werte, sondern auf Konfliktvermeidung! Das wiederum führt Kinder zu der Schlussfolgerung, dass sie große Macht über ihre Eltern haben – und in diesem Fall haben sie sogar Recht!

Wenn Sie sich nicht sicher sind, ob Sie auf eine Anfrage Ihres Kindes positiv reagieren sollen, sagen Sie Nein. Wenn Sie nicht von ganzem Herzen Ja dazu sagen können, lassen Sie es. Und denken Sie daran: Wenn Sie zuerst zu einer Sache Nein sagen und sie dann doch erlauben, sind Sie ein Held – aber genau das Gegenteil, wenn Sie erst Ja sagen und dann doch Nein!

Freie Entscheidungen zu treffen bedeutet auch, dass Sie sich nicht von den Kontrollversuchen Ihres Kindes beeindrucken lassen. Wenn Sie es *brauchen*, dass Ihr Kind sich auf eine bestimmte Art verhält, haben Sie ihm schon zu viel Macht eingeräumt. Kinder wissen zum Beispiel ganz genau, welchen Tonfall sie benutzen müssen, um ihre Eltern auf die Palme zu bringen, und mit welchen Kosenamen sie sie um den Finger wickeln können. Die Entschlossenheit so mancher Väter ist schon ins Wanken geraten, wenn ihr kleines Töchterlein die „Süßes-Schätzchen-und-bester-Papa-der-Welt"-Nummer abzog.

Der Schlüssel ist hier, dass Sie nichts von Ihrem Kind *brauchen* dürfen – Sie dürfen nicht von der Anerkennung, dem Respekt oder dem Verständnis Ihres Kindes abhängig sein. Natürlich sollten Sie gewisse Verhaltensregeln aufstellen und auf ihrer Einhaltung bestehen, aber nicht, weil *Sie* das brauchen, sondern Ihr Kind! Lassen Sie Ihre Bedürfnisse von anderen Menschen in Ihrem Leben stillen und ermöglichen Sie Ihrem Kind, Ihnen gegenüber ganz es selbst zu sein. Dann können Sie gemeinsam daran arbeiten, die Ecken und Kanten abzufeilen.

So geben Sie Ihrem Kind das richtige Werkzeug an die Hand

Behalten Sie immer im Hinterkopf, dass die Elternschaft eine zeitlich begrenzte Aufgabe ist. Man hat Ihnen Ihr Kind für eine Weile anvertraut, doch in dem Maß, in dem es verantwortungsbewusster wird, sollten Sie ihm auch die Zügel in die Hand geben. Die Aussage: „Wir werden immer deine Eltern sein", ist zwar in vieler Hinsicht wahr und wichtig, aber Sie haben nicht immer denselben Auftrag und dieselbe Verantwortung! Ihr Endziel ist eine gute, innige Beziehung zwischen erwachsenen Menschen, nicht eine ständige „Ich-bin-aber-oben"-Reiberei.

Der Trick bei dieser Sache ist zu wissen, was Sie Ihrem Kind an Verantwortung zumuten können, sodass es zwar seine Bequemlichkeitszone verlassen muss, aber nicht überfordert wird. Es soll sich strecken, aber nicht überdehnen. Ich weiß noch, wie ich meine Eltern einmal im ersten Jahr auf dem College anrief und sie ängstlich fragte: „Welche Kurse soll ich bloß belegen?"

„Was hattest du noch mal für eine Abschlussnote im Schulzeugnis?", fragte mein Vater zurück.

„Eine gute, warum?"

„Na, wenn du schlau genug bist, um es ins College zu schaffen, solltest du doch auch schlau genug sein, die richtigen Kurse auszuwählen!"

Ich brauchte ein Semester und ein paar schlechte Noten, um herauszufinden, welche Kurse für mich sinnvoll waren. Aber ich lernte viel daraus und begann, das College wirklich zu mögen, weil ich die Verantwortung für meine eigenen Entscheidungen zu übernehmen begonnen hatte. Danke, Papa, für diese Frustration!

Allmacht begrenzen, Autonomie fördern

Kinder müssen wissen, dass sie nicht alles tun können, was sie wollen. Das bedeutet aber nicht, dass sie Ihre gehorsamen Untertanen sein müssen – oder die eines anderen. Sie müssen auch ein Gefühl für Autonomie entwickeln, für Eigenständigkeit und die freie Wahl ihrer Entscheidungen. Verfallen Sie nicht dem Fehler, Ihrem Kind alle Macht zu rauben. Ein Dreijähriger kann sich zum Beispiel im Spielwarengeschäft innerhalb eines finanziellen Rahmens ein bestimmtes Spielzeug aussuchen. Ein Teenager sollte über seine Freunde, seine Kleidung und seine bevorzugte Musik selbst bestimmen können, natürlich auch innerhalb eines festgelegten Rahmens. Sie sind das *Labor*, in dem Kinder den Unterschied zwischen Allmacht und Autonomie kennen lernen. Sie werden die Grenzen beider Extreme mit Ihnen austesten und Sie sind dafür zuständig, ihnen zu einer gesunden Einstellung zu verhelfen.

Beziehen Sie Ihr Kind soweit wie möglich in Entscheidungen ein, die es betreffen. Sprechen Sie mit ihm über die Dinge, die in der Schule, in der Kirche, in finanzieller Hinsicht und auch in Problembereichen entschieden werden müssen – allerdings immer auf eine Art, die das Eltern-Kind-Verhältnis nicht umkehrt. Machen Sie deshalb Ihr Kind nicht zu Ihrem Vertrauten oder Mitträger Ihrer eigenen Probleme. Bitten Sie es jedoch um seine Meinung, hören Sie ihm zu, und wenn seine Ausführungen Sinn machen, dann lassen Sie sie in Ihre Entscheidung einfließen. Das unterwandert keineswegs Ihre Autorität, aber es hilft Ihrem Kind, sich weniger als Kind zu fühlen.

Manchmal kann es eine gute Lernerfahrung sein, wenn man die Kinder ihre eigenen Regeln aufstellen lässt. Kinder sind oft viel strenger zu sich selbst, als Sie es gewesen wären! Trotzdem sollten Sie natürlich immer die letzte Autorität haben.

Schlussfolgerungen

Macht kann Ihr Kind heilen oder verletzen. Ein Kind braucht den Einfluss, der aus einer gesunden Selbstkontrolle entsteht, und es muss den unrealistischen Wunsch loslassen, absolute Macht über sich selbst oder seine Beziehungen ausüben zu können. Eine realistische Einstellung zu seinen Einflussmöglichkeiten ist das Fundament, auf dem Ihr Kind Respekt vor anderen und die Einhaltung von Grenzen lernen kann. Helfen Sie ihm dabei, seine *Schätze* zu entwickeln (2. Timotheus 1,7).

Aber was macht man als Eltern, wenn das Kind seine Macht missbraucht, um die Grenzen anderer zu überschreiten? Im nächsten Kapitel wird es um diese Frage gehen.

7. Ich bin nicht der Nabel der Welt

Die Respekt-Regel

Erinnern Sie sich noch an das erste Mal, als Sie Ihr Kleinkind einem Babysitter anvertraut haben? Wie oft haben Sie diesbezüglich den folgenden Kommentar von Ihrem Kind erhalten: „Also, Mama und Papa, ich sehe ein, dass ihr wirklich Zeit für euch allein braucht. Ich habe sogar schon gehofft, dass ihr mal zusammen ausgeht. Ihr solltet wirklich öfter an euch selbst denken. Viel Spaß, und macht euch keine Sorgen um mich. Ich muss ja lernen, auf mich selbst aufzupassen und die Bedürfnisse anderer Menschen zu respektieren!"

Oder hat Ihnen Ihre Achtjährige schon jemals gesagt: „Mama, das verstehe ich. Obwohl ich jetzt gern ein Eis hätte, merke ich doch, dass du schnell nach Hause willst. Machen wir es so, wie du es möchtest!"

Oder kennen Sie die folgende Teenie-Version: „Natürlich sehe ich ein, warum ich nicht mit auf die Skifreizeit kann. Es würde unser Familienbudget einfach zu sehr belasten. Ich such mir also einen Job und verdiene mir das nötige Geld selbst!"

Klingt das vertraut? Wir wagen es zu bezweifeln! Der gemeinsame Nenner all dieser Situationen ist Respekt gegenüber anderen Menschen, ihren Bedürfnissen, Entscheidungen und Gefühlen. Dieser Respekt entsteht nicht von allein, sondern ist erlernt. Hatten Sie schon einmal eine Beziehung zu einem Erwachsenen, der Ihre Grenzen nicht akzeptiert hat? Das ist eine ermüdende und schwierige Sache! Wenn Ihre Kinder ohne Respekt für andere Menschen aufwachsen, wird ihre Zukunft voller Schmerz und Abweisung stecken.

Jedes Kind kommt mit dem Wunsch zur Welt, seinen Kopf durchzusetzen, und es hat wenig Mitgefühl für andere Menschen. Es möchte nicht nur die Regeln für sich selbst bestimmen, sondern auch das Leben der anderen und deren Besitztümer, Gefühle und Freiheiten unter Kontrolle haben. Schlicht gesagt, kommt ein Kind mit der

Meinung zur Welt, dass andere Menschen nur zu seiner Bedürfnisbefriedigung da sind und kein Eigenleben besitzen. Deshalb liegt nun die Aufgabe bei Ihnen, Ihr Kind von dieser natürlichen Respektlosigkeit bezüglich der Grenzen anderer Menschen zu kurieren.

Grenzen respektieren

Um mit anderen Menschen gut auszukommen, muss ein Kind verschiedene Dinge lernen:

- andere nicht zu verletzen,
- ein Nein zu respektieren, ohne dass eine Strafmaßnahme eingeleitet werden muss,
- Grenzen generell zu respektieren,
- die Einzigartigkeit eines anderen Menschen zu akzeptieren,
- traurig zu sein und nicht wütend, wenn es nicht bekommt, was es will, weil es sonst die Grenzen einer anderen Person verletzen würde.

Das alles kann ein Kind nicht von Natur aus, sondern Sie müssen es ihm beibringen!

Drei gute Lektionen

Wie bereits gesagt, ist der beste Weg, einem Kind Respekt vor anderen beizubringen, die Tatsache, dass Sie selbst gesunde Grenzen haben. Das bedeutet, dass Sie nicht zulassen, dass man Sie respektlos behandelt. Ihre Grenzen sind dann auch diejenigen, die Ihr Kind letztendlich verinnerlichen wird. Wenn Sie Nein dazu sagen, dass Ihr Kind Ihre persönlichen Grenzen niederwalzt, begreift es nach und nach den Sinn dieser Einrichtung. Doch wenn Sie das nicht tun, kann Ihr Kind es nun einmal auch nicht lernen.

Hier ist ein Beispiel, wie der elfjährige Billy eine Grenze überschreitet, die seine Mutter aufgestellt hat:

„Mama, ich gehe rüber zu Joey zum Hockeyspielen! Bis dann!"

„Nein, Billy! Du kannst noch nicht gehen; erst musst du deine Hausaufgaben machen!"

„Ach komm, Mama! Alle gehen da hin. Ich kann doch die Hausaufgaben später machen!"

„Billy, ich kann gut verstehen, dass du jetzt zum Hockeyspielen willst, aber du warst heute Nachmittag im Schwimmbad und wir hatten ausgemacht, dass du deine Hausaufgaben anschließend und noch vor dem Abendessen machst."

„Ja, aber ich kann sie doch auch nach dem Essen machen."

„Eine Abmachung ist eine Abmachung. Ich will jetzt nicht mehr darüber diskutieren!"

„Du bist so dumm und gemein! Du kapierst gar nichts! Doofe Mama!"

Wenn Ihnen diese Szene bekannt vorkommt, verzweifeln Sie nicht! Normale Kinder hassen von Natur aus Grenzen, zumindest anfänglich. Die Frage ist nur: Was tun Sie, wenn Ihr Kind Ihnen gegenüber Hass und Respektlosigkeit ausdrückt? Es ist ganz normal, dass dies zu Anfang passiert, aber es ist nicht normal, wenn es anhält. Das Heilmittel hierfür ist zunächst Verständnis und Korrektur und erst anschließend folgen Konsequenzen.

Verständnis und Korrektur

- „Billy, ich kann verstehen, dass du jetzt enttäuscht bist, aber so lasse ich nicht mit mir reden. Wenn du mich ‚doof' und ‚dumm' nennst, tut mir das weh. Es ist in Ordnung, wenn du traurig oder wütend bist, aber ich lasse mich nicht von dir beschimpfen."

- „Billy, ich verstehe, dass du sauer bist, aber wie fühlst du dich denn, wenn jemand dich als dumm und doof bezeichnet?" (Warten Sie auf eine Antwort, damit das Kind wirklich darüber nachdenken muss.) „Möchtest du gern mit Schimpfnamen bedacht werden?"

- „Billy, ich verstehe, dass du sauer bist, und wenn du vernünftig mit mir redest, höre ich dir gerne zu. Aber auf Beschimpfungen höre ich nicht. Wenn du mir etwas sagen willst, dann tu es anständig."

- „Billy, denk noch mal darüber nach, was du da eben gesagt hast, und dann drück das Ganze noch mal in vernünftigen Worten aus, ja?"

Wenn auf eine solche Korrekturmaßnahme eine Entschuldigung folgt, hat das Kind vermutlich einen Schritt auf dem Weg hin zum Respekt vor anderen Menschen getan. Wenn es sich aber nicht entschuldigt und auch sonst keine Zeichen der Reue zeigt oder wenn ein solches Verhalten bereits zur Regel geworden ist, sollten unbedingt Konsequenzen folgen.

Konsequenzen

- „Billy, ich habe dich gebeten, nicht so mit mir zu reden. Ich höre nicht auf solche Beschimpfungen, weil sie mich verletzen. Geh jetzt in dein Zimmer und denk darüber nach, wie du deine Wünsche auf eine vernünftige Art äußern kannst."
- „Billy, wenn du mich nur beschimpfen kannst, dann geh und such dir jemanden, der sich das anhören will. Ich will es jedenfalls nicht. Geh!"
- „Billy, wenn du schon hier in der Familie so unverschämt bist, dann möchte ich gar nicht wissen, wie du dich in der Nachbarschaft aufführst. Am besten gehst du mal eine Weile nicht zum Spielen raus und denkst ein bisschen darüber nach, wie man mit Leuten redet und wie nicht."

Versuchen Sie immer, die Konsequenz soweit wie möglich mit der Verfehlung in Verbindung zu bringen. In diesem Fall ist das Fehlverhalten von Billy beziehungsmäßig. Er redet auf eine Weise, die keinem anderen Menschen gefällt. Deshalb sollte die Konsequenz auch die zeitweise Trennung von Menschen beinhalten.

Billy bekommt hier keine Chance, auch nur auf irgendeine Art und Weise Kontrolle auszuüben. Seine Mutter teilt ihm stattdessen sachlich mit, wo ihre Grenzen liegen und was die Konsequenzen einer Überschreitung sein werden. Sie schimpft Billy nicht aus oder putzt ihn herunter, sondern weist ihn auf sein tatsächliches Fehlverhalten hin. Er kann sich weiterhin wie ein kleiner Tyrann verhalten, doch er weiß, was ihn das kosten wird. Billy wird nicht verletzt, aber er findet heraus, was die Folgen von seinem schlechtem Umgang mit anderen Menschen sind:

- Er verletzt andere Menschen.
- Es kostet ihn etwas.

In solchen Situationen sollten Sie immer versuchen, so weit wie möglich die Beherrschung zu behalten, denn das ist schließlich einer der Kernpunkte des Themas Grenzen. Erstens lassen Sie sich auf diese Weise nicht missbrauchen. Vielmehr setzen Sie seinem Verhalten Grenzen, wenn Billy Sie beschimpft, indem Sie nicht mehr zuhören (entweder schicken Sie das Kind hinaus oder Sie verlassen den Raum). Außerdem hat er dann auch niemanden mehr, mit dem er so reden kann. Diese Methode kann übrigens ebenfalls bei kleineren Kindern helfen, die Wutausbrüche haben. Sagen Sie dem Kind ganz ruhig, dass es herumschreien kann, wenn es will, dass es dies aber in seinem eigenen Zimmer tun muss, weil Sie den Lärm nicht hören möchten.

Zweitens lernt Ihr Kind auf diese Weise, dass sein Verhalten andere Menschen verletzt. Die meisten Kinder möchten niemandem wehtun; sie mögen zwar keine Grenzen und Regeln, aber sie wollen auch keinen Schmerz verursachen. Machen Sie deutlich, dass das, was das Kind zu Ihnen gesagt hat, gemein war und Sie traurig macht. Das ist die Goldene Regel: moralisches Verhalten, das auf Empathie beruht, also dem Mitgefühl für andere. „Liebe deinen Nächsten wie dich selbst" (Matthäus 22,39). Um andere so zu behandeln, wie wir selbst behandelt werden wollen, müssen wir zuerst einmal ein Gefühl dafür entwickeln, wie unser Verhalten auf andere wirkt. Kinder können sich schon recht früh vorstellen, dass ihnen ein bestimmtes Verhalten anderer nicht gefallen würde. Versuchen Sie also deshalb, möglichst ohne Schuldgefühle zu wecken, Fragen wie diese zu stellen: „Wie würdest du es finden, wenn jemand in der Schule so mit dir reden würde?" Lassen Sie dem Kind Zeit, eine Antwort zu formulieren, dann sagen Sie: „Genau, und wenn du mich so beschimpfst, finde ich das auch ziemlich doof / gefällt mir das nicht."

Drittens: Wenn das Kind keine Anzeichen der Selbstkorrektur zeigt (was am Anfang normal ist), muss es das etwas kosten. Auch hier kann eine beziehungsmäßige Konsequenz das Richtige sein. Wenn das Kind jemand anderen verletzt oder sich respektlos verhält, verliert es die Gemeinschaft mit dieser Person. Schicken Sie das Kind weg und nehmen Sie erst wieder Kontakt mit ihm auf, wenn es sich anders verhält. Sagen Sie ihm, dass es über einen besseren Weg nachdenken soll, mit Ihnen zu reden, und dass Sie ihm dann gern wieder zuhören. „Böse sein" muss gleichbedeutend werden mit „alleine böse sein". „Nett sein" bedeutet hingegen „jemanden zum

Zuhören zu haben". Hören Sie sich Traurigkeit oder Ärger an, aber keine Unverschämtheiten!

Was ist mit anderen Leuten?

Dieselben Prinzipien gelten auch für andere Menschen. Versuchen Sie sich möglichst nicht in Auseinandersetzungen zwischen Ihrem Kind und anderen Kindern oder Erwachsenen einzumischen. Ihr Kind muss lernen, solche Konflikte alleine zu lösen. Damit verhindern Sie auch, dass das Kind Sie als Eltern gegeneinander auszuspielen versucht.

Marys 13-jähriger Sohn Stephen hatte ein Problem: Er wollte, dass immer alles nach seinem Kopf ging. Einmal spielte er mit seinen Freunden im Hof, als Mary hörte, wie ein Streit ausbrach. Normalerweise wäre sie eingeschritten, hätte versucht, Frieden zu stiften und Stephen zu helfen. Doch diesmal beschloss sie, dass er allein mit der Situation fertig werden musste.

Bald kam Stephen allein ins Haus. Er war ziemlich still und schaltete wortlos den Fernseher ein. Als Mary ein Gespräch mit ihm anfangen wollte, musste sie ihm jedes Wort aus der Nase ziehen. Sie nahm an, dass die Sache mit seinen Freunden nicht gut gelaufen war.

„Wo sind denn deine Freunde?", fragte sie.

„Die mussten weg", murmelte Stephen.

„Es ist doch noch früh. Wo mussten sie denn hin?"

„Sie mussten eben!", sagte Stephen und versuchte, das Gespräch abzuwürgen.

„Bist du sicher?"

Stephen sah traurig aus. Mary wusste, dass dies ein schwieriger Moment für sie beide war. Früher, als sie Stephen nur mit Mitgefühl und nicht mit Regeln und Grenzen erzogen hatte, hätte sie ihn jetzt aufzumuntern versucht, damit er sich besser fühlte. Aber da sie nun wusste, dass Empathie und Realitätssinn bessere Lehrmeister waren, versuchte sie beides einzubringen.

„Stephen, ist etwas passiert, weswegen Justin und Robbie gegangen sind?"

Bald rückte Stephen mit der Geschichte heraus, dass er mal wieder seinen Kopf hatte durchsetzen wollen. Doch er stand nicht zu seiner Schuld in dieser Angelegenheit, sondern versuchte seine Mutter dazu zu bringen, mit ihm gemeinsam seinen Freunden die Verantwortung in die Schuhe zu schieben: „Ich kann nichts dafür! Sie wollten einfach nicht das lustige Spiel machen, das ich vorgeschlagen hatte, sondern eins, das schon total alt ist!"

Doch diesmal ließ Mary die Realität Realität sein und äußerte nur ihr Mitgefühl für ihn.

„Stephen, du fühlst dich jetzt bestimmt nicht so toll, weil du allein bist. Aber das passiert nun mal, wenn immer alles nach deiner Nase gehen soll. Deine Freunde möchten auch mal bestimmen, was gespielt wird, sonst macht es ihnen keinen Spaß mehr, mit dir zusammen zu sein. Wenn du mit ihnen teilst und auch mal Kompromisse eingehst, hast du Freunde, mit denen du spielen kannst. Und allein zu sein ist nicht schön, das verstehe ich gut. Vielleicht wäre es ganz gut, wenn du mal darüber nachdenkst, ob es wirklich so wichtig ist, dass du immer bestimmst. Natürlich kannst du versuchen dich jedes Mal durchzusetzen, aber es könnte gut sein, dass du dann bald ziemlich einsam bist!"

Indem Mary zuließ, dass Stephen die Realität schmerzlich erlebte, lernte er eine Lektion in Sachen Respekt vor anderen Menschen. Nachdem er noch ein paar ähnliche Erlebnisse gehabt hatte, begann Stephen sich zu verändern und auch mal zurückzustecken.

Das beste Rezept, um einem Kind Respekt vor Grenzen beizubringen, ist zuzulassen, dass die Realität seiner Welt Wirkung zeigt und es gleichzeitig mit Verständnis zu begleiten. Das ist für die meisten Eltern alles andere als einfach! Meist will man sein Kind belehren oder retten. Doch viel weiser ist es, wenn man die Realität einfach machen lässt und sich voller Mitgefühl hinter sein Kind stellt. Es ist auf lange Sicht weitaus effektiver, wenn Sie beispielsweise Ihre Tochter fragen, wie sie ihr Problem mit ihrem Lehrer zu lösen gedenkt, und gemeinsam Wege dorthin zu finden, statt in die Schule zu stürmen und die Sache für sie zu übernehmen – oder sie zu Hause für ein Problem zu bestrafen, das sie eigentlich in der Schule hat.

Machen Sie sich auch bewusst, dass es Fälle gibt, in denen eine höhere Autorität Recht sprechen muss. Wenn Erwachsene ein Problem miteinander haben, das sich nicht so einfach lösen lässt, gehen sie vor Gericht und dort wird dann eine Einigung erzielt. Manchmal beinhaltet dies auch Strafen. Für Kinder ist der „Richter" in solchen Fällen ein Elternteil oder beide. Wenn alle Versuche des Kindes, den

Konflikt zu lösen, gescheitert sind, müssen die Eltern einschreiten – aber erst dann! Kinder müssen lernen, dass sie anderen Menschen mit Respekt begegnen müssen und dass es sie etwas kostet, wenn sie das nicht tun. Wenn Sie immer die Probleme für Ihr Kind lösen, kann es nicht die Fähigkeiten entwickeln, die es braucht, wenn Sie einmal nicht mehr da sind!

Grenzen generell respektieren

Grenzen werden von Kindern nicht gerade mit großer Freude zur Kenntnis genommen. Es ist nur menschlich, gegen Begrenzungen zu rebellieren, weil sie unseren Wunsch einengen, unser eigener kleiner Gott zu sein. Wenn Sie zu einem Kind Nein sagen, muss es nicht nur auf etwas verzichten, das es haben will, sondern es muss auch feststellen, dass es nicht der König des Universums ist. Diese Entdeckung missfällt ihm meist weit mehr als zum Beispiel das Fernsehverbot. Vergessen Sie nicht, dass es ganz normal für ein Kind ist, gegen Grenzen zu rebellieren!

Ein wirkliches Problem entsteht erst, wenn Sie das Gefühl haben, entweder die Grenze mit Haut und Haaren verteidigen oder das Kind auch noch für seinen Protest bestrafen zu müssen. Keine dieser Optionen ist besonders hilfreich. Denken Sie daran: Die Grenze ist nur dann Realität, wenn Sie sie beibehalten! Kinder respektieren eine Grenze nur, weil sie fest steht und nicht weichen wird. Auch wenn das Kind rebelliert, schimpft und kämpft, ist die Realität noch immer real, und irgendwann wird sein Protest der Traurigkeit und dem Einlenken weichen, gesetzt den Fall Sie lassen nicht locker. Damit das passiert, brauchen Kinder zwei Lehrmeister: die Grenze und Liebe. Wenn beides gegeben ist, können Kinder die Realität von bestehenden Grenzen verinnerlichen, ohne dabei verletzt zu werden.

Wenn Sie dagegen mit dem Kind herumstreiten oder es heruntermachen, dann ist nicht mehr die Realität das Problem, sondern Sie selbst sind es! Ihr Kind hat dann ein doppeltes Problem: Es lehnt die Realität innerlich ab und es entwickelt Hassgefühle Ihnen gegenüber, denn Sie sind ja nun der Feind!

Lassen Sie uns einmal beide Abläufe näher betrachten. Das erste Beispiel beschreibt, wie sich ein Elternteil vom Protest des Kindes irritieren lässt. Beim zweiten Beispiel reagiert die Mutter mit Liebe und Grenzerhaltung.

Beispiel 1

„Nein, Kathy, heute kannst du nicht ins Kino gehen!"
„Aber das ist unfair! Marcia geht auch. Du und deine blöden Regeln!"
„Kathy, du bist unverschämt. Nach allem, was ich dir in letzter Zeit erlaubt habe, könntest du wenigstens aufhören, mit mir zu streiten!"
„Aber es ist nun mal unfair! Alle anderen dürfen gehen und Michael darf auch viel öfter ins Kino als ich!"
„Hör auf, mir einreden zu wollen, ich würde dir nie etwas erlauben! Hast du schon vergessen, dass du gestern bereits im Kino warst?"
„Aber ich will heute auch gehen und dir ist das ganz egal!"
„Es ist mir nicht egal! Wie kannst du nur so etwas sagen? Ich mache doch den ganzen Tag nichts anderes, als dich durch die Gegend zu kutschieren. Jetzt wirst du dich besser ganz schnell zusammenreißen, sonst gehst du die ganze nächste Woche nirgendwohin!"

Beispiel 2

„Nein, Kathy, heute kannst du nicht ins Kino gehen!"
„Aber das ist unfair! Marcia geht auch. Du und deine blöden Regeln!"
„Ich weiß, es ist frustrierend, wenn man nicht bekommt, was man will."
„Aber ich will heute hingehen und dir ist das ganz egal!"
„Nein, mir ist es nicht egal und ich weiß, dass du genervt und wütend bist. Mir macht es auch keinen Spaß, erst die Arbeit zu erledigen und dann Spaß zu haben."
„Ich hasse dich! Nie darf ich irgendwas machen!"
„Ich kann wirklich verstehen, dass es hart für dich ist."
„Na, wenn du das so gut verstehst, dann erlaub's mir doch!"
„Nein."
„Aber heute ist die letzte Vorführung von diesem Film!"

„Das ist wirklich schade."

Irgendwann beginnt sich das Kind zu langweilen, weil es nicht weiterkommt, weder was eine Aufhebung der Regel angeht noch indem es die Mutter zur Weißglut bringt. Dann gibt es auf und akzeptiert die Realität.

Beachten Sie, dass in diesem zweiten Szenarium die Mutter ihre Einhaltung der Regel weder erklärt noch verteidigt noch das Kind für sein Generve ausschimpft. Sie bleibt einfach fest und erklärt sich mit Kathys Gefühlen solidarisch. Es gibt nichts, wogegen Kathy argumentieren könnte, und sie bekommt auch keine harten Worte oder Strafen zu spüren. Nur Liebe und Grenzerhaltung. Empathie ist der Fels, auf dem Eltern stehen müssen, wenn sie eine Grenze aufrechterhalten wollen. Erklärungen sind sie dem Kind nicht schuldig und sie müssen ihre Grenzen auch nicht rechtfertigen. Kathy hat sowieso kein Interesse an Erklärungen; sie würden ihr ohnehin nichts helfen, denn sie ist wütend und frustriert. Doch wenn Sie die Grenze erhalten, wird sie zur Realität. Wenn die Mutter ihren eigenen Ärger, ihre Unsicherheit oder Weichherzigkeit sich selbst nicht in die Quere kommen lässt, wird sie auch nicht an Stelle der Grenze für das Kind zu seinem *Feind* und es kommt nicht zu Machtkämpfen.

Wenn sich Eltern allerdings nicht mit den Gefühlen ihres Kindes solidarisieren, gibt es Probleme. Entweder identifizieren sie sich zu sehr mit dem Kind und geben nach oder sie werden zornig auf das Kind und erklären ihm den *Krieg*. Empathie ist die Antwort auf beide Extreme. Vielleicht möchten Sie sich ja schon mal vorbeugend mit folgenden Empathie-Statements „bewaffnen":

- „Ich kann verstehen, wie frustrierend das für dich sein muss."
- „Das ist bestimmt schwer für dich, wenn die anderen hingehen dürfen und du nicht!"
- „Ich kann es auch nicht leiden, wenn ich etwas erledigen muss, was mir gar keinen Spaß macht!"
- „Es ist wirklich schlimm, wenn man etwas verpasst, an dem einem so viel liegt."
- „Ich weiß, das ist hart."
- „Ich würde auch lieber Tennis spielen, statt die Wäsche zu machen. Wirklich ätzend!"

Bald wird dem Kind klar, dass Sie Ihre Grenzen trotz seines Protestes nicht verschieben werden oder sonst irgendwelche Reaktionen zeigen. Im Moment möchte das Kind aber zwei Dinge:

- Die Realität soll sich ändern.
- Die Mutter oder der Vater soll genauso leiden wie es selbst.

Deshalb ist Ihre Aufgabe klar umrissen: Bleiben Sie fest und zeigen Sie Mitgefühl; werden Sie nicht zornig oder strafend. Der Protest wird bald erlahmen und das Kind fängt an, das einzig angemessene Gefühl im Zusammenhang mit Grenzen zu empfinden: Trauer.

Trauer und Verlust im Angesicht der Realität

Trauer ist das Zeichen, dass der Protest vor der Realität weichen musste und das Kind die Waffen streckt. Wir alle müssen lernen, so mit Grenzen umzugehen, die unüberwindlich sind: Wir müssen akzeptieren, dass wir manches nicht bekommen können, den Verlust hinnehmen und weitergehen. Dann haben wir eine wichtige Lektion gelernt: „Das Leben ist manchmal traurig und ich kriege nicht immer, was ich will. Das ist schlimm, doch nun muss ich weitergehen."

Wenn Sie einmal an Ihnen bekannte Erwachsene denken, die in unabänderlichen Situationen feststecken und sinnlos dagegen ankämpfen, dann begreifen Sie, wie bedauernswert diese Menschen sind. Sie können nicht loslassen, wahrscheinlich weil sie als Kinder nicht gelernt haben, wie man Dinge verliert und um sie trauert.

Bei manchen Kindern kann es helfen, wenn Sie sich mit ihnen hinsetzen und in Ruhe mit ihnen reden, allerdings nur dann, wenn gerade kein Streitpunkt im Raum steht. Fangen Sie ungefähr so an: „Mir ist aufgefallen, dass es dir sehr schwer fällt, ein Nein von mir zu akzeptieren. Möchtest du vielleicht mit mir darüber reden? Findest du, dass ich dich nicht verstehe oder dir nicht genug erlaube? Wenn es da etwas zwischen uns gibt, möchte ich gern darüber sprechen. Habe ich dich verletzt?" Ein solches Gespräch kann man natürlich nicht in der Hitze des Gefechts anfangen; denn dann sollten Sie sich vielmehr darauf konzentrieren, an der Grenze festzuhalten und dem Kind Empathie entgegenzubringen.

Getrenntsein akzeptieren

Einer der wichtigsten Aspekte von Beziehungen ist unsere persönliche Freiheit und das Getrennt-sein-können. Wir müssen auch in der Lage sein, den Menschen, die wir lieben, einen gewissen Abstand zuzugestehen. Diese Lektion beginnt schon im Kleinkindalter, wenn Mama und Papa immer öfter auch mal ohne das Kind weggehen und auch das Kind von Zeit zu Zeit ohne die Eltern sein will. Zuerst wird das Kind weinen und protestieren, wenn es *verlassen* wird. Wenn Eltern diesem Protest nachgeben, lassen sie dem Kind unangemessene Kontrollmöglichkeiten und lehren es viele schlechte Lektionen.

Wenn Kinder aber genügend Liebe und Nähe bekommen, müssen sie irgendwann auch Zeiten der Trennung akzeptieren können. Wenn sie schreien und weinen, sollten Sie ihnen Mitgefühl zeigen und dann trotzdem gehen. Das bedeutet natürlich nicht, dass man ein Kind mit einem wirklichen Bedürfnis einfach alleine lassen sollte, zum Beispiel einen hungrigen Säugling. Echte Bedürfnisse müssen immer gestillt werden!

Wohlversorgte Kinder müssen aber lernen, dass es immer wieder Trennungszeiten gibt und dass dies ein ganz normaler Teil des Lebens ist. Wenn sie Empathie empfangen und mit der Realität konfrontiert werden, lernen sie nach und nach, dass eine solche temporäre Trennung in Ordnung ist.

Auch Kinder brauchen Zeit für sich allein

Um Kinder zu lehren, Ihre Privatsphäre zu respektieren, müssen Sie auch die Privatsphäre Ihrer Kinder respektieren! Lassen Sie Ihnen altersgerechte Freiheiten und erwarten Sie nicht von ihnen, dass sie stets an Ihrer Seite sind. Ob es nun darum geht, ein Kleinkind einen sicheren Bereich des Hauses erforschen zu lassen, ein Schulkind bei einer Freundin übernachten zu lassen oder einem Teenager das erste *Date* zu erlauben – es ist wichtig, dass Kinder Raum haben, um Entscheidungen zu treffen und Erfahrungen zu machen. Je älter sie werden, desto mehr Eigenständigkeit wollen und brauchen sie, und so lange sie verantwortungsvoll damit umgehen, sollten Sie sie Ihnen auch gewähren. Überschreiten Sie nicht die Grenzen der Privatsphäre Ihrer Kinder, wenn Sie nicht unbedingt müssen.

Das eigene Zimmer. Das Zimmer eines Kindes ist ein gutes Beispiel für sein Getrenntsein von Ihnen. Wir empfehlen Ihnen, schon kleinen Kindern beizubringen, dass sie ihr Zimmer in einem akzeptablen Zustand halten. Doch je älter die Kinder werden, desto mehr Freiheit wollen sie in Bezug auf ihren eigenen Raum haben. Gewähren Sie ihnen diese, aber unterstützen Sie nicht ihre Unselbstständigkeit, wenn sie es versieben. Wenn Ihr Kind zum Beispiel seine Sachen im Chaos nicht mehr findet, retten Sie es nicht! Lassen Sie auch keine Schlampereien im Rest der Wohnung zu. In ihrem eigenen Zimmer können Ihre Kinder innerhalb bestimmter Grenzen leben, wie sie wollen. Doch sie können diese Herrschaft über ihren Raum verlieren, wenn sie die oben genannten Grenzen (in denen es um allgemeine Sicherheit und Grundhygiene gehen sollte) überschreiten.

Die eigene Zeit. Auch Zeit ist ein Aspekt der Eigenständigkeit. Kinder sollten in altersgemäßen Grenzen ihre eigene Zeit selbst verwalten dürfen, so lange sie dadurch nicht die Schule oder andere Pflichten vernachlässigen. Kleinere Kinder brauchen dabei noch viel Struktur und Hilfe, aber diese Struktur sollte ihnen bereits Entscheidungsmöglichkeiten lassen. Krabbelkinder lernen zum Beispiel, dass die Spielzeit irgendwann endet und die Schlafenszeit beginnt. Schulkinder lernen, dass sie spielen gehen können, wenn die Hausaufgaben erledigt sind. Teenies verwalten ihre Zeit selbst, und Grenzen helfen ihnen dabei, dies richtig zu tun und eventuell zu korrigieren.

Sobald sie alt genug sind, sollten Sie Ihre Kinder selbst dafür verantwortlich erklären, dass sie pünktlich zur Schule gehen, beim Abendessen erscheinen und Projekte abschließen. Wenn sie jedoch ihre eigene Zeit schlecht verwalten, müssen Sie sie die Konsequenzen spüren lassen.

Wenn Sie Jahre um Jahre damit verbringen, Ihre Kinder anzuspornen, damit sie rechtzeitig fertig sind, werden sie nie zeitliche Grenzen akzeptieren lernen! Zeitlimits werden nur real, wenn Sie sie real werden lassen! Meckern Sie nicht und erinnern Sie Ihre Kinder nicht zu oft an das Zeitlimit. Sie sind kein Wecker! Stellen Sie vielmehr sicher, dass Ihr Kind begriffen hat, wann die Stunde schlägt, was wann passiert, und dann lassen Sie das Kind machen. Wenn es nicht rechtzeitig fertig ist, hat es ein Problem. Es verpasst vielleicht ein paar Ausflüge, Abendessen oder erste Schulstunden, aber es begreift dafür, dass Zeit nicht relativ ist.

Wenn Ihr Kind jedoch schon das Verhaltensmuster entwickelt hat, stets zu spät zum Essen zu erscheinen, bekommt es eben einfach kein Essen mehr, wenn das allgemeine Abendessen vorbei ist. Stellen Sie Ihre Grenzen klar: „Es gibt zwischen 19 und 19:30 Uhr Abendessen. Danach ist die Küche geschlossen." Lassen Sie Ihre Kinder Ihre eigenen Probleme lösen, die daraus resultieren, wenn sie hungrig ins Bett gehen müssen, den Bus verpassen oder zu sonst etwas zu spät kommen, bei dem sie eigentlich teilnehmen wollten. Es wird nicht lange dauern, bis sie es begreifen – aber nur, wenn Sie sich nicht einmischen und sie selbst ihre Erfahrungen machen lassen.

Die Wahl der Freunde. Wenn Ihre Kinder einen Freundeskreis haben, den Sie nicht gutheißen, sprechen Sie lediglich mit ihnen über ihre Freunde (es sei denn, sie befinden sich in akuter Gefahr!). Hier sind ein paar Vorschläge:

- „Wie fühlst du dich in Sammys Nähe?"
- „Wie gefällt es dir, so behandelt zu werden? Mir würde es nicht passen, wenn jemand meine Meinung überhaupt nicht respektiert!"
- „Was magst du denn so an ihm? Eigentlich würde es mir nicht gefallen, mit jemandem befreundet zu sein, der immer seinen Kopf durchsetzen will."
- „Ich hoffe, du kannst ihn positiv beeinflussen!"
- „Ich habe auch Freunde, die Dinge anders sehen als ich. Findest du es auch so schwierig, dich nicht von ihnen beeinflussen zu lassen? Was machst du, wenn sie etwas von dir wollen, das du nicht gut findest?

Manchmal können die Freunde Ihres Kindes es auch in Gefahr bringen; dann müssen Sie sofort handeln. Doch diese Wahl zeigt auch, dass etwas nicht stimmt. Wenn ein Kind sich verletzende oder kriminelle Kids als Freunde sucht, hat es vielleicht ein ganz anderes, tieferliegendes Problem mit seinem Selbstwertgefühl, mit Passivität oder anderem. Wenn Sie so etwas auch nur erahnen, sollten Sie unbedingt professionelle Hilfe suchen!

Das eigene Geld. Kinder sollten einen angemessenen Geldbetrag wöchentlich oder monatlich zu ihrer freien Verfügung haben. Und wenn das Geld weg ist, ist es weg. Punkt. Kinder müssen lernen, was das Erwachsenenleben von ihnen verlangt: Geld ist nur begrenzt zu haben. Der beste Weg, um das zu lernen, besteht darin, die Grenzen des Geldausgebens selbst zu erfahren. Normalerweise passieren dabei aber zwei Dinge: Entweder haben Kinder gar keine Möglichkeit, eigenes Geld zu verwalten, oder die Eltern geben ihnen so viel Taschengeld und stecken ihnen zwischendurch noch so viel zu, dass sie keine wirklichen Grenzen beachten müssen. Oft fällt es Eltern sehr schwer, ihr Kind auf etwas verzichten zu sehen, weil es sein ganzes Geld bereits ausgegeben hat.

Doch wie bei allen Lektionen, die die Realität zum Inhalt haben, sollten Sie auch hier nicht belehren, sondern Empathie zeigen: „Ich weiß, wie doof das ist, wenn man das ganze Geld schon ausgegeben hat und noch so viel Monat übrig ist! Das passiert mir auch oft und dann kann ich mir eine Sache nicht mehr leisten, die ich gerne hätte. Dann könnte ich mich immer über mich selbst totärgern!"

Die Kleidung und das äußere Erscheinungsbild. Kleidung und Frisur sollten Sie Ihrem Kind selbst überlassen, so lange es sich damit nicht in Gefahr bringt. Zum Beispiel kann ein bestimmtes Outfit die Zugehörigkeit zu einer Gang bedeuten oder besonders bei Mädchen zu sexy wirken und dadurch ein unangemessenes Interesse Dritter wecken. In einem solchen Fall müssen Sie einschreiten. Ansonsten sollten Sie Ihren Kindern voll und ganz die Wahl überlassen, welche Kleidung und Frisuren sie tragen möchten. Je früher sie lernen, ihr Outfit selbst zu bestimmen, desto besser. Normalerweise werden die Erfahrungen der realen Welt sie von ganz allein korrigieren. Wenn ihre Kleidung zu verrückt ist, werden ihre Mitschüler sie das spüren lassen. Wenn ihr soziales Umfeld nichts gegen ihre Haartracht einzuwenden hat, lassen Sie sie gewähren. Ihren Eltern hat Ihre Frisur sicher auch von Zeit zu Zeit nicht gefallen!

Konzentrieren Sie sich bei der Erziehung lieber auf wirklich wichtige Dinge wie die Entwicklung von Werten, Begabungen, Liebesfähigkeit, Ehrlichkeit und den Umgang mit anderen Menschen. Lassen Sie Ihre Kinder getrennt von Ihnen Ihren eigenen Geschmack entwickeln. Ein Freund von mir sagte einmal über seinen Sohn: „Als ich endlich begriff, dass er einen Ohrring trug, um anders zu sein als ich, ließ ich ihn gewähren. Ich wollte nicht, dass er zu härteren und vielleicht destruktiven Maßnahmen greift, um sich von mir abzugrenzen!"

Normalerweise sagt ein Kind mit seinem äußeren Erscheinungsbild zwei Dinge aus: „Ich gehöre zu einer bestimmten Gruppe" und „Ich bin anders als meine Eltern und kann meine eigenen Entscheidungen treffen." So lange dies zu den Gepflogenheiten der Schule und anderen Orten passt, wo Ihr Kind hingeht, lassen Sie es tun, was es tun möchte. Das bedeutet ja nicht, dass es Ihnen gefallen muss! Sie haben Ihren eigenen Geschmack; lassen Sie aber auch zu, dass Ihr Kind seinen hat beziehungsweise noch finden muss.

Ihre Trennung vom Kind

Nicht nur Ihre Kinder müssen ihr eigenes Leben getrennt von Ihnen führen, auch Sie müssen von den Kindern getrennt sein können. Wenn Sie kein eigenes Leben haben, bringen Sie Ihren Kindern bei, dass sich das Universum nur um sie dreht. Haben Sie keine Hemmungen, sich mal eine Auszeit zu nehmen, ohne die Kinder auszugehen, ohne sie in Urlaub zu fahren (wenn sie alt genug sind) und sich gelegentlich zurückzuziehen. Auch ein kleines Kind muss schon lernen, dass Mama eben manchmal lesen und nicht jetzt gleich mit ihm spielen will. Eine Freundin von mir sagt in solchen Fällen zu ihrem kleinen Sohn: „Ich lese gerade ein tolles Buch und habe richtig Spaß daran. Du bist für deinen Spaß alleine zuständig. Geh und such dir welchen!"

Eltern, die dem Wunsch ihres Kindes, sie ständig bei sich zu haben, immer nachgeben, lehren das Kind, dass es nicht allein existieren kann und das sich die Welt um es dreht. Später wird dieses Kind nicht fähig sein, den Menschen um es herum ihre eigene Freiheit zuzugestehen, und es wird versuchen, sie zu kontrollieren. Begegnen Sie zunächst den echten Bedürfnissen Ihres Kindes, dann kümmern Sie sich um Ihre eigenen und erwarten Sie von Ihrem Kind, dass es seine Zuständigkeiten selbst wahrnimmt. Fühlen Sie seine Frustration mit, aber behalten Sie Ihre und seine Eigenständigkeit bei.

Wie geht es dir?

Kinder sind wie ein Spiegel, in dem Sie sich selbst erkennen können. Sie reflektieren Ihr Verhalten, Ihre Angewohnheiten, Ihre Lebenseinstellung. Bevor Sie also all die Maßnahmen beginnen, die wir in diesem Kapitel angesprochen haben, um Ihrem Kind Respekt vor Grenzen beizubringen, versichern Sie sich erst, ob Sie selbst die Grenzen Ihres Kindes und anderer Menschen respektieren. Erinnern Sie sich noch einmal an die Ziele der Regel bezüglich Respekt:

- Verletze keine anderen Menschen.
- Respektiere ein Nein von anderen, ohne sie dafür bestrafen zu wollen.
- Akzeptiere grundsätzlich Grenzen.
- Respektiere die Eigenständigkeit anderer Menschen.
- Fühl dich traurig anstatt wütend, wenn du mal nicht bekommst, was du willst.

Hier sind ein paar hilfreiche Fragen, die Sie sich stellen sollten, um zu überprüfen, ob Sie selbst die Respekt-Regel einhalten:

- Wenn Sie etwas getan haben, das Ihr Kind verletzt, was tun Sie, um sich zu entschuldigen? Geben Sie zu, dass Sie nur an sich selbst gedacht haben und dass es Ihnen Leid tut? Bitten Sie das Kind um Verzeihung?
- Wenn Ihr Partner oder Ihre Kinder Nein zu etwas sagen, das Sie gern möchten, bestrafen Sie sie dann mit Ärger, Manipulationsversuchen oder Liebesentzug? Dürfen Ihre Kinder in Angelegenheiten, die sie selbst bestimmen können, auch mal Nein sagen? Geben Sie ihnen die Möglichkeit, innerhalb bestimmter Grenzen selbst Entscheidungen zu treffen? Wenn Sie Ballettunterricht vorschlagen, Ihre Tochter aber lieber Reiten lernen möchte, darf sie Ihnen dann widersprechen? Was, wenn Ihre Kinder nicht mit Ihren Ansichten übereinstimmen? Dürfen sie eine eigene Meinung haben und diese auch äußern, wenn sie durchdacht ist und keine allgemeinen Spielregeln verletzt?
Wie gehen Sie generell mit Grenzen um? Versuchen Sie sich ständig drumherum zu mogeln und sind Ihren Kindern darin unfreiwillig ein schlechtes Beispiel? Akzeptieren Sie angemessene

Grenzen oder lehren Sie Ihre Kinder, dass Regeln für alle gelten, nur nicht für Sie?

- Akzeptieren Sie die Eigenständigkeit anderer Menschen? *Dürfen* Ihre Kinder ihr eigenes Leben führen? Lassen Sie zu, dass Ihre Kinder immer unabhängiger von Ihnen werden? Fördern Sie ihre individuelle Freiheit oder missfällt sie Ihnen?
- Wenn Sie nicht bekommen, was Sie sich wünschen, werden Sie dann eher wütend oder traurig? Kämpfen Sie gegen ein Nein mit Zorn an oder akzeptieren Sie es traurig?

Menschen, die Respekt erwiesen bekommen, haben auch die besten Chancen, selbst Respekt zu lernen. Sie können nicht von Ihren Kindern verlangen, was Sie selbst nicht leisten wollen. Ihr Vorbild in dieser Hinsicht bringt mehr als alle Erziehungstricks und Fähigkeiten, die Sie sich aneignen können!

Das Ergebnis

Die Respekt-Regel lehrt Kinder, dass die Welt nicht ihnen gehört und dass sie sie mit anderen teilen müssen. Sie lernen, gute *Nächste* zu sein und andere Menschen so zu behandeln, wie sie selbst gern behandelt werden möchten. Sie bekommen nicht immer, was sie wollen, und sie überleben es ganz gut, wenn das passiert. Sie akzeptieren Grenzen und die Tatsache, dass sie absolut sind. Sie können ein Nein von anderen annehmen, ohne einen Streit vom Zaun zu brechen. Und sie können akzeptieren, dass andere Menschen getrennt von ihnen ein eigenes Leben haben.

Der Weg dorthin verläuft ungefähr so:

- Das Kind rebelliert gegen eine Grenze.
- Es versucht, die Grenze auszudehnen oder zu überschreiten und denjenigen zu bestrafen, der sie aufgestellt hat.
- Sie halten die Grenze aufrecht, lassen die Realität greifen und drücken Empathie aus.
- Das Kind akzeptiert schließlich die Grenze und entwickelt eine andere Einstellung dazu.

Das passiert nicht in einem Tag. Es ist vielmehr ein Prozess, der verschiedene Phasen durchläuft. Doch wenn Sie konsequent dranbleiben, wird Ihre liebevolle Disziplin eine *reiche Ernte* hervorbringen (Hebräer 12, 11). Und für die Zukunft Ihres Kindes und derer, die es lieben, haben Sie einen unschätzbar wertvollen Dienst getan.

Doch wir alle wissen, dass es gute und schlechte Gründe gibt, warum man anderen Respekt erweist. Manche Menschen sind freundlich zu anderen, weil sie Angst haben, sich schuldig fühlen oder eigene Ziele erreichen wollen. Wir möchten aber, dass unsere Kinder sich aus guten Motiven heraus anständig verhalten. Das nächste Kapitel hat diesen Wunsch zum Inhalt.

8. Das Leben nach „... weil ich es dir sage!"

Die Regel der Motivation

Bei einem Vater-Sohn-Wochenende hörte ich (John Townsend) ein Gespräch zwischen zwei Vätern mit an, das für mich zu einer Lernerfahrung wurde.

„Ich habe echt Probleme mit Randys Einstellung", sagte der erste Vater. „Wenn ich es ihm sage, trägt er zwar den Müll raus und macht seine Aufgaben, aber er stöhnt die ganze Zeit herum und beklagt sich. Er hat einfach nicht die richtige Motivation!"

Eine kurze Stille entstand; dann sagte der zweite Vater: „Tut mir Leid, Ed, aber da musst du dich woanders ausheulen! Mein Sohn findet bis heute noch nicht zur Mülltonne!"

Zwei verschiedene Väter, zwei verschiedene Situationen. Ein Kind hatte eine nicht so ideale Haltung dem Leben gegenüber; das andere war noch nicht einmal bis zu diesem Problem vorgedrungen.

Auf den ersten Blick fragen Sie sich vielleicht, was die Motivation damit zu tun hat, wenn Sie Ihrem Kind Grenzen beibringen wollen. Das ist natürlich besonders verständlich, wenn Sie sich in der Situation des zweiten Vaters befinden. Viele von Ihnen haben mit ausgeflippten, widerspenstigen, völlig in sich zurückgezogenen oder streitsüchtigen Kindern zu tun. Deshalb denken Sie auch wahrlich nicht an die richtigen Motive; Sie würden sich schon darüber freuen, wenn Ihre Kinder zur Abwechslung einmal einfach nur auf Sie hören würden. Angemessene Motive scheinen Ihnen deshalb sehr weit weg zu sein. „Erst mal muss ich dieses Kind überhaupt unter Kontrolle bekommen", stöhnen Sie vielleicht. „Dann reden wir darüber, dass ich ihm mit seiner Motivation helfe."

Doch Motive sind der Antrieb für unser Verhalten. Sie sind das innerliche *Deshalb* hinter den äußerlichen Aktionen. Wie die Bibel lehrt, kommen aus unserem Herzen alle möglichen bösen Gedanken und Taten (Markus 7, 20-23). Wenn nun das Verhalten problematisch ist, bekommt das Verhalten die ganze Aufmerksamkeit. Wenn Sie einen Brand im Wohnzimmer haben, dann sind Sie erst einmal mehr daran interessiert, ihn zu löschen, als herauszufinden, wie er entstanden ist.

Aber Moment! Zwei wirklich wichtige Themen drehen sich um die Frage der Motivation. Erstens: Sobald Sie die Aufmerksamkeit Ihres Kindes errungen haben, wird die Motivation zu einem Kernpunkt. Ein Kind wird zum Beispiel sein Zimmer aufräumen, weil es sonst nicht ins Kino darf. Doch wenn dieses Kind 20 Jahre alt ist, wird es eine andere Art von Motivation brauchen, um die Wohnung in Ordnung zu halten.

Die Motivation entwickelt sich bei Kindern stufenweise. Unreife Motive, wie Angst vor Schmerzen oder Konsequenzen, helfen bei kleinen Kindern. Doch Sie wollen ja, dass Ihr Kind eines Tages aus der richtigen Motivation heraus das Richtige tut, nicht einfach, um Strafen zu vermeiden. Deshalb muss jedes Kind lernen, ein liebevoller Mensch zu werden (siehe 1. Timotheus 1,5).

Nehmen wir an, Sie möchten, dass Ihr Sohn seine Hausaufgaben macht. Er steht dabei mehrmals vom Tisch auf, trödelt herum und sucht nach Wegen, um die Arbeit zu vermeiden. Sie sitzen ihm die ganze Zeit im Nacken und meckern und treiben ihn an, bis er es schließlich geschafft hat.

Diese Schlacht mögen Sie zwar gewonnen haben, aber den Krieg verlieren Sie auf diese Weise. Ihr Sohn beendet seine Hausaufgaben, um Sie nicht mehr am Hals zu haben, nicht um eine gute Note zu bekommen. Was wird wohl passieren, wenn Sie mal nicht da sind, um ihm auf die Füße zu treten?

Eine Menge Eltern stecken in diesem Dilemma fest. Sie meckern, drängen und schieben und die Kinder machen auch, was sie ihnen sagen, aber eben nur, solange sie ihnen auf den Fersen bleiben. Aber fahren Sie bloß nicht übers Wochenende weg und lassen Ihre *falsch motivierten* Teenies alleine zu Hause – sie sind bei weitem nicht vertrauenswürdig. Es gibt Tausende von Geschichten von entsetzten Eltern, deren Kinder im College, weit weg von zu Hause, auf einmal Dinge tun, an die sie zu Hause nicht im Traum gedacht hätten! Freunde von uns waren völlig am Boden zerstört, als sie hören mussten, dass ihre Tochter an dem christlichen College, auf das sie sie geschickt hatten, schwanger geworden war. Das Mädchen verhielt sich einfach wie ein Kleinkind, dem plötzlich viel zu große Freiheiten zugestanden wurden. Als unsere Freunde die ganze Geschichte aufarbeiteten, sahen sie ein, dass sie erwartet hatten, das College würde bei ihrer Tochter dieselbe Überwachungsarbeit leisten, die sie bisher getan hatten ... ein unmöglicher und unrealistischer Wunsch! Der äußerliche Unterdrückungsfaktor für ihre Impulse (ihre Eltern) war nie zu einem Teil ihres Charakters geworden. Verhalten, das von außen diktiert wird, ist angemessen für ein Kleinkind, nicht für einen jungen Erwachsenen. Schon die Bibel lehrt uns, dass wir auf unserer geistlichen Reise einen Tutor brauchen, der sich *Gesetz* nennt, bis unsere Beziehung zu Gott sich so vertieft hat, dass wir aus höheren Motiven heraus handeln (Galater 3,24-25).

Die zweite Frage zum Thema Motivation hat mit Erziehungstaktiken zu tun. Eine erschöpfte, entnervte Mutter oder ein verzweifelter Vater greifen zu den verrücktesten Strategien, um ein Kind zur Räson zu bringen. Sie lassen die Schuldgefühle nur so auf das Kind niederprasseln oder drohen mit Liebesentzug. Und während sie so vielleicht einen kurzfristigen Waffenstillstand im Kalten Krieg erzielen können, zahlen sich diese Taktiken auf lange Sicht niemals aus. Appelle an falsche Motive funktionieren nicht nur nicht, sondern verletzen auch das Kind und die Beziehung zu ihm.

Erinnern Sie sich noch, wie es war, wenn Ihre Mutter oder Ihr Vater sich stillschweigend zurückgezogen hat, wenn Sie ungehorsam waren oder ihnen widersprachen? Viele Menschen, die inzwischen längst Eltern sind, leiden heute noch unter solchen Manipulationen. Sie haben Partner geheiratet, die sie ebenso manipulieren können; sie fühlen sich hilflos gegenüber herumkommandierenden Chefs und Freunden. Eltern, die ihre Kinder lieben, möchten ihnen den inneren Aufruhr ersparen, den es bedeutet, eine andere Person stabil und glücklich machen zu müssen.

Die Motivation ist also wichtig, um Ihrem Kind Grenzen nahe zu bringen. Aber wie können Sie als Eltern Ihrem Kind helfen, die richtige Motivation zu Liebe und guten Taten zu entwickeln?

Das Ziel: Liebe und Realitätssinn

Meine Frau und ich reisten neulich nach Schweden, wo ich auf einer Konferenz einen Vortrag halten sollte. Eine Woche lang waren wir Gäste im Haus des Pastors und seiner Frau, die die Konferenz veranstalteten. In dieser Woche lernten wir nicht nur das Ehepaar, sondern auch die drei Töchter im Alter zwischen acht und sechzehn Jahren recht gut kennen.

Wir waren sehr beeindruckt davon, wie sie ihren Haushalt organisiert hatten. Nach dem Essen zum Beispiel übernahm jedes der Mädchen unaufgefordert seine Aufgabe: Eine räumte den Tisch ab, eine spülte, eine wischte die Arbeitsfläche sauber. Nun waren diese Mädchen keineswegs roboterhaft gehorsam, sondern im Gegenteil sehr fröhlich und mitteilsam und hatten durchaus ihre eigene Meinung. Doch der Haushalt lief wie eine gut geölte Maschine!

Ich fragte eins der Mädchen: „Warum macht ihr eure Aufgaben eigentlich so fröhlich und ohne zu meckern?" Nach einer Pause sagte sie. „Also, erstens helfe ich ganz gern und zweitens will ich ja auch, dass meine Schwestern ihre Sachen machen."

Bevor Sie sich jetzt darüber auslassen, wie schwer es ist, Kinder zur Mitarbeit zu erziehen, schauen Sie sich die Antwort meiner kleinen schwedischen Freundin einmal genauer an. Sie hat eigentlich von ihrer Motivation gesprochen. Erstens trieb sie die Liebe zu ihrer Familie. Sie half gern. Zweitens wurde sie durch die Anforderungen der Realität getrieben: Wenn sie ihre Arbeit machte, würden ihre Schwestern ihre vermutlich auch tun. Dies ist ein perfektes Beispiel für das, was Sie in das Wesen Ihres Kindes hineinlegen möchten: den Wunsch, das Richtige zu tun und das Falsche zu meiden, und zwar aus echtem Mitgefühl für andere Menschen und aus einem gesunden Respekt für Gottes Realität heraus. Ein solches Kind kann zu einem Erwachsenen werden, der seine Entscheidungen aus den richtigen Gründen und aus vollem Herzen trifft: „Jeder soll so viel geben, wie er sich vorgenommen hat. Es soll ihm nicht Leid tun und er soll es nicht nur geben, weil er sich dazu gezwungen fühlt. Gott liebt fröhliche Geber" (2. Korinther 9,7).

Das soll nicht heißen, dass es Ihr oberstes Ziel werden soll, dass Ihr Kind alles *genießen* soll, was es tut, seien es Arbeiten, Pflichten oder Übungen in Selbstbeherrschung. Eine Mutter, die sagt: „Nun iss deine Erbsen und freu dich darüber!", wird eine Enttäuschung erleben. Selbst Jesus war nicht gerade erpicht darauf, seine schwerste Tat zu tun: für unsere Sünden zu sterben. Er bat den Vater darum, dass dieser Kelch an ihm vorübergehen möge (Matthäus 26,39). Und doch nahm er diese Aufgabe an, weil sie unvermeidlich und unendlich wichtig war.

Kinder werden das Gefühl haben, dagegen protestieren zu müssen, oder sie werden mit Ihnen verhandeln wollen. Ihr Ziel ist, dass sie irgendwann in der Lage sind, ihre Aufgaben willig anzunehmen und das aus den richtigen Gründen.

Stadien der Motivationsentwicklung

Wie können Sie Ihren Kindern dabei helfen, eine gute Motivation zu entwickeln? Gott hat einige Stadien vorgegeben, durch die Sie Ihre Kinder begleiten müssen. Dies ist wichtig und notwendig! Wenn Sie die verschiedenen Stadien durchgehen, werden Sie vielleicht bemerken, dass sich Ihr Kind noch auf einem recht niedrigen Level befindet. Das ist nicht unbedingt ein Nachteil; es zeigt nur an, was Sie als Nächstes tun müssen. Man kann kein Stadium überspringen! Sehen Sie sich die folgende Tabelle gut an:

Stadium	Zu vermeidende Fehler
1. Angst vor Konsequenzen	Wütende Bestrafungen
2. unreifes Gewissen	Zu viel oder zu wenig Strenge
3. Werte und Ethik	Schuldgefühle, Beschimpfungen
4. Reife Liebes- und Schuldfähigkeit	zu sehr ausgeprägte Kritik, Liebesentzug

Bevor wir die einzelnen Stadien näher erläutern, sollten Sie sich klarmachen, dass das Erwachsenwerden für ein Kind eine enorme Aufgabe darstellt, schließlich verlangen Sie selbst, das Leben und seine Freunde so einiges von ihm in Sachen Entwicklung und Reife. Sie müssen deshalb ein festes Fundament der Liebe haben (siehe Epheser 3,17). Niemand kann die Last der Verantwortung und den Schmerz von Frustrationen ohne liebevolle Beziehungen ertragen. Auch kann ein Kind Regeln und Grenzen nur dann als etwas Hilfreiches erleben, wenn es sie innerhalb einer liebevollen Beziehung kennen lernt. Sonst wird es sie immer hassen und als etwas betrachten, das es einengt und verdammt (siehe Römer 4,15).

Wenn die Idee mit den klaren Grenzen neu für Sie ist und Sie anfangen möchten, sie Ihrem Kind nahe zu bringen, fangen Sie es bitte nicht so an: „Nun hörst du mir mal zu. Die Dinge werden sich in dieser Familie in Zukunft gewaltig ändern! Ich ziehe jetzt andere Seiten auf!" Versorgen Sie Ihr Kind stattdessen mit emotionaler Nähe, Unterstützung und Liebe. Grenzen zu setzen ist keine Alternative dazu, Ihrem Kind Liebe zu geben, sondern es ist eine Art, es zu lieben! Bleiben Sie in enger Verbindung zu Ihrem Kind und machen Sie immer wieder deutlich, wie sehr Sie es lieben und wie wichtig es für Sie ist. Stehen Sie ihm in Freude und Trauer zur Seite und auch dann, wenn es sauer oder enttäuscht von Ihnen ist. Dieser Kontakt ist es, der Wachstum überhaupt erst möglich macht.

Gleichgültigkeit, Distanz und *Liebe*, die an Bedingungen geknüpft ist, sind die Feinde dieses Fundaments. Eltern, die Probleme damit haben, Nähe zuzulassen, mögen ihre Kinder zwar tief lieben, können diese Gefühle aber oft ihren Kindern nicht richtig zeigen. Sie lieben sie aus der Entfernung. Wenn es Ihnen so geht, dann suchen Sie sich unterstützende Beziehungen zu guten Freunden, bei denen Sie lernen können, sich verletzlich und zugänglich zu machen. Letztlich können wir nur das weitergeben, was wir selbst empfangen haben!

Liebe, die an Bedingungen geknüpft ist, ist nicht konstant. Solche Eltern nehmen nur engen Kontakt zu ihrem Kind auf, wenn es *brav* ist. Schlechtes Verhalten zieht Distanz nach sich. Ein Kind fühlt sich in einer solchen Situation nie wirklich sicher. Es hat große Schwierigkeiten mit dem Vertrauen und lebt in der ständigen Angst, alles zu verlieren, was ihm wichtig ist, wenn es einen Fehler macht. Und aus Angst kann nun einmal keine Lernerfahrung erwachsen.

Also: Lieben Sie zuerst und dann setzen Sie Grenzen!

1. Angst vor Konsequenzen

Wenn Sie beginnen, Regeln und Grenzen in Ihrer Familie einzuführen, wird Ihr Kind zuerst testen, wie ernst es Ihnen damit ist, dann protestieren und sogar Hassgefühle ausdrücken. Wer mag es auch schon, wenn *Schluss mit lustig* ist? Bleiben Sie dennoch fest, seien Sie fair, aber unnachgiebig, und zeigen Sie Mitgefühl bezüglich der Gefühle Ihres Kindes. Dann wird es nach und nach akzeptieren, dass es nicht Gott ist, dass Mama und Papa das Sagen haben und dass unpassendes Benehmen schmerzliche und teure Folgen für es hat. Eine ganz neue Welt! Auf jeden Fall haben Sie jetzt seine Aufmerksamkeit!

Trotzdem – Kinder versuchen, die Realität so lange zu meiden, wie es nur geht. Neulich habe ich bei einem Baseball-Spiel einen vielleicht sechsjährigen Jungen beobachtet, der lautstark über alles redete, was ihm so durch den Kopf schoss, und damit alle Umsitzenden erheblich störte. Seine Eltern wollten seine Gefühle nicht verletzen und baten ihn hin und wieder halbherzig, doch leiser zu reden. Anscheinend hatten sie diese Situation schon öfter durchgespielt und der Junge wusste, dass seine Eltern irgendwann aufgeben würden, wenn er sie nur lange genug ignorierte.

Schließlich ging ein Mann auf das Kind zu und sagte: „Junge, du bist jetzt mal still!" Geschockt von dem festen Auftreten dieses Fremden verhielt sich das Kind danach erheblich ruhiger. Die Aufmerksamkeit des Kindes zu bekommen ist immer der erste Schritt.

Wenn alles soweit gut läuft und Sie die anfänglichen Schwierigkeiten überlebt haben, wird Ihr Kind zumindest einen gesunden Respekt vor drohenden Konsequenzen entwickelt haben. Damit dringt ein neuer Gedanke in sein Bewusstsein: *Ich muss über die Folgen meines Tuns nachdenken. Was wird es mich kosten?,* und ersetzt die alte Leier: *Ich kann tun, was ich will!* Dieser neue Gedanke wird von einem neuen *Ausrüstungsgegenstand* begleitet, einem kleinen Warnlämpchen im Kopf Ihres Kindes, das ihm dabei hilft, sich zu fragen, wie wichtig ihm das eigentlich ist, was es vorhat. Das ist ein großer Segen für Ihr Kind!

Für viele Eltern stellt das erste Aufleuchten dieses Warnlämpchens einen großen Sieg in ihrem neuen Erziehungskonzept dar. Sie denken: *Hey, das funktioniert ja wirklich!* Sie sind in das selbstbezogene, vermeintlich allmächtige Denksystem ihres Kindes eingedrungen und haben ihm die Realität nahe gebracht. Es kostet viele Versuche und Fehlversuche, bis Sie herausgefunden haben, welche Konsequenzen Ihrem Kind wirklich etwas ausmachen, und dann braucht man viel Durchhaltevermögen, um auf Kurs zu bleiben.

Ein Vater erzählte mir: „Du musst nur ein einziges Mal öfter als dein Kind zu deinen Vorsätzen stehen. Wenn es die Regel zehntausend Mal bricht, musst du nur zehntausend und ein Mal hart bleiben und schon hast du gewonnen!" Viele Eltern können sich noch genau an den Tag erinnern, als ein Ausdruck von Unglauben und Verunsicherung über das Gesicht ihres Kindes zog und es erkannte, dass seine Eltern tatsächlich diesen Kampf gewinnen würden!

Amy, eine Zweitklässlerin, hatte einen gewalttätigen Zug an sich. Wenn sie wütend war, warf sie mit Spielsachen nach Leuten. Ihre Mutter stellte daraufhin die Regel auf, dass Amy jedes Spielzeug unwiderruflich abgenommen bekam, das sie nach jemandem warf. Langsam rissen die Verluste sichtbare Lücken in Amys Reserven, doch ihre Mutter war unsicher, ob ihre Tochter das Prinzip überhaupt verstanden hatte. Dann, eines Tages, hob Amy wieder einmal den Arm, um ein Stofftier nach ihrer Mutter zu werden. Schnell sagte diese: „Amy, überleg dir das gut. Weißt du noch, was letztes Mal passiert ist?" Zum ersten Mal in ihrem Leben hielt Amy inne und dachte nach. Dann ließ sie das Stofftier sinken und ihre Mutter sagt, sie hätte sie förmlich denken hören können: *Moment mal, das letzte Mal ist etwas Unangenehmes passiert, nachdem ich das gemacht habe.* Amy hatte begonnen, den unausweichlichen Zusammenhang zwischen ihren Taten und den Folgen zu begreifen – das Gesetz von Saat und Ernte.

Wieder möchten wir betonen, dass diese Phase die Angst vor *Konsequenzen* beinhalten soll, keinesfalls die Angst vor Liebesentzug! Ihr Kind muss sicher sein, dass Sie konstant und immer für es da sind, ganz egal, wie heftig der Streit auch ist. Es sollte sich nur Gedanken um eventuelle Einbußen im Bereich seiner Freiheiten und Privilegien machen müssen. Die Botschaft lautet folgendermaßen: „Ich liebe dich, aber du hast eine Entscheidung getroffen, die für dich unangenehme Folgen haben wird."

Das ist die allererste Stufe der Motivation. Besonders ambitionierte Eltern mögen enttäuscht sein, wenn ihr Kind das Spielzeug nur sinken lässt, weil es sich an die letzte Strafe erinnert, und nicht etwa, weil es die Handlung als falsch erkannt hat. Doch denken Sie daran, dass erst einmal das *Gesetz* unseren Egoismus so weit herunterbremsen muss, dass wir überhaupt in der Lage sind, die Botschaft der Liebe zu hören!

In diesem Stadium sollten Sie unbedingt vermeiden, dass Sie aus momentanem Ärger heraus oder als Strafe bestimmte Grenzen setzen. Ihr Kind muss Selbstkontrolle lernen, um Strafe zu vermeiden. Diese Verbindung kann es nicht herstellen, wenn es zusätzlich darauf achten muss, nicht Ihren Zorn zu erregen, oder wenn es extreme Strafen fürchtet. Die Lernerfahrung soll ja unter anderem sein, dass das Kind erkennt, dass *es selbst* das Problem ist und nicht die wütende Mutter.

Vergleichen Sie einmal die folgenden beiden Situationen miteinander:

1. „Regina, wenn du noch einmal eine Tüte Chips aus dem Regal nimmst, werde ich wirklich sauer!"
2. „Regina, wenn du noch einmal eine Tüte Chips aus dem Regal nimmst, gehen wir sofort nach Hause. Dort wirst du dann genauso lange Geschirr spülen, wie ich jetzt hier Zeit mit dir vertrödelt habe!"

In der ersten Szene ist Reginas Problem eine wütende Mutter. Ihre Optionen sind folgende: Sie kann gehorchen (um sich dann später zu *rächen* oder Angst vor dem Zorn anderer zu entwickeln und später immer wieder Probleme damit zu haben). Sie kann aber auch erst recht in die Regale greifen, weil es lustig ist, Mama zu ärgern, oder sie kann sie ignorieren und davon ausgehen, dass sie noch ein paar Chancen hat, bevor die Mutter vollkommen ausflippt. Und wenn sie ausflippt, ohne dass danach Konsequenzen drohen, wen stört das schon? Viele Eltern mussten schon beobachten, wie auf diese Weise ihr Einfluss auf das Kind immer geringer wurde, weil das Kind irgendwann herausfindet, dass es diese Art von Ärger einfach ausblenden kann.

In der zweiten Szene muss Regina über ihre zukünftige Lebensqualität nachdenken: Ärger und Küchendienst gegen Spaß und Freiheit. Außerdem sieht sie das Problem als Folge ihres Verhaltens an, nicht als das ihrer *seltsamen* Mutter.

Bei dieser Betrachtungsweise drängen sich einem Kind verschiedene Erkenntnisse auf:

• Es beginnt, bei sich selbst nach Fehlern zu suchen, statt anderen die Schuld zu geben.
• Es entwickelt ein Gefühl für Kontrolle und Einfluss (es kann etwas tun, um den Grad der Unannehmlichkeiten zu bestimmen, die es erwarten).
• Es steht nie in der Gefahr, Ihre Liebe zu verlieren.

- Es begreift, dass es Größere und Stärkere gibt als es selbst – Eltern, Lehrer, Chefs, die Polizei oder auch Gott –, die ihm immer Grenzen setzen werden, wenn es das nicht irgendwann selbst tut.

Ohne diese Erkenntnisse würde Ihr Kind immer in der Meinung verharren, dass es tun und lassen kann, was es will. Wenn Ihr Kind Ihnen sagt, dass es seine Aufgaben nur macht, damit es keinen Hausarrest bekommt, dann sollten Sie es loben und sich über den Lernerfolg freuen! Anschließend beginnen Sie damit, ihm auf die zweite *Stufe* zu helfen!

2. Unreifes Gewissen

Drews Eltern machten sich wirklich Sorgen. Sie hatten versucht, ein gesundes Gleichgewicht von Liebe und Regeln aufrechtzuerhalten, doch in letzter Zeit entwickelte ihr Dreijähriger ein Verhalten, das sie einfach nicht nachvollziehen konnten.

Drew rannte wie entfesselt durchs Haus, rammte dabei Möbel, fiel ständig hin und störte grundsätzlich alle Anwesenden ganz erheblich. Seine Eltern arbeiteten lange und schwer mit ihm daran. Sie redeten mit Drew, sie stellten ihn vor die richtigen Konsequenzen und belohnten es angemessen, wenn er sich richtig verhielt. Irgendwann begannen sie erste Fortschritte zu sehen: Drew war nicht mehr ganz so rücksichtslos.

Eines Tages kam Drew vom Spielen ins Haus gerannt und vergaß dabei, sein Tempo herunterzuschrauben. Als er jedoch seinen Vater sah, kam er schlitternd zum Stehen und sagte zu sich selbst: „Halt, Drew. Böser Drew!"

Kinder, die anfangen, einen gesunden Respekt vor Konsequenzen zu entwickeln, sprechen oft sehr scharf und kritisch mit sich selbst, ungefähr so, wie ein sehr strenger Elternteil reden würde, um sie zur Räson zu bringen. Drew befand sich mitten im Prozess des *Verinnerlichens*, der im Leben immer wieder zum Tragen kommt. Er begann offensichtlich, sich seine Erfahrungen zu Eigen zu machen, die in seinem Inneren als emotional aufgeladene Erinnerungen abgespeichert waren. Er *verdaute* sie und langsam formten sie einen Teil seiner Sicht der Welt: Er verinnerlichte sie.

Dieses Verinnerlichen ist ein tief geistlicher Prozess, mit dem Gott seine Liebe, seine Werte und seine Wünsche in uns verankert.

Wenn wir seine Gnade und Wahrheit durch die Beziehung mit ihm erleben, wird Christus in uns geformt (siehe Galater 4, 19). Diese Verinnerlichung ist die Basis für unsere Liebesfähigkeit, unsere Selbstkontrolle und unser moralisches System. Sie formt unser Gewissen und sagt uns, was richtig und was falsch ist. Vielleicht ist Ihnen das auch schon einmal passiert: Wenn Sie in einer Stresssituation stecken, fällt Ihnen vielleicht unvermittelt eine Person ein, die in einer ähnlichen Angelegenheit wichtig für Sie gewesen ist. Sie sehen ihr Gesicht vor sich oder erinnern sich an etwas, was diese Person gesagt hat. Dies ist eine frühe Phase der Verinnerlichung, wenn die einflussreiche Beziehung noch nicht als *ich*, sondern als *jemand, der mir wichtig ist* wahrgenommen wird.

Zum Beispiel hörte sich Drew die Worte seiner Eltern bezüglich seines Herumrennens und der darauf folgenden Konsequenzen an. Er verstand nicht nur die Worte, sondern ahmte auch den Tonfall nach, in dem sie ausgesprochen wurden: Er hatte eine Belehrung durch seine Eltern internalisiert. Allerdings hatten seine Eltern längst nicht so hart mit ihm geredet, wie er es jetzt tat, und wie Kinder das oft tun, hatte Drew eine kindliche Verschärfung *eingebaut*.

Kinder verinnerlichen keine absolute Realität. Unser Gehirn ist nicht wie eine Videokamera, die alles genauso festhält, wie es auch tatsächlich geschieht. Wir färben die Erinnerung mit unserer Meinung, unseren subjektiven Empfindungen, unseren Wünschen und Befürchtungen ein. Darum sind absolute Quellen der Wahrheit, wie zum Beispiel die Bibel, so immens wichtig. Wir brauchen eine Gelegenheit, unsere Wahrnehmung zu korrigieren: „Gib mir genug Verstand für dein Gesetz. Von ganzem Herzen will ich darauf hören" (Psalm 119,34). Eines der Ziele Ihrer Erziehung sollte sein, dass Ihr Kind ein inneres Gefühl für Liebe und Grenzen bekommt und nicht ständig lauernde Eltern braucht, die es an alles erinnern.

Wenn Sie konsequent an den Grenzen in Ihrer Familie arbeiten, wird Ihr Kind mit der Zeit eine *innere Mutter* oder einen *inneren Vater* entwickeln, der Ihre Arbeit übernimmt. Die erste Form dieses frühen Gewissens sind Ihre eigenen Worte, die sich das Kind merkt, aber noch immer als etwas außerhalb von sich selbst wahrnimmt. Darum spricht ein kleineres Kind wie Drew oft zu sich in der dritten Person. Damit arbeitet er all die emotionalen Erlebnisse auf, die er mit seinen Eltern in diesem Zusammenhang hatte.

Manchmal sind Eltern zu streng, autoritär oder sogar brutal. Das kann dazu führen, dass ein Kind ein äußerst krasses und unreifes Gewissen entwickelt. Ein solches Kind steht dann in Gefahr, depressiv zu werden oder ständig Schuldgefühle zu haben; vielleicht reagiert es auch auf die übertriebene Strenge, indem es sich gegenüber anderen böse oder sadistisch verhält. In einem solchen Fall ist das Gewissen verzerrt und die Einrichtung, die Gott geschaffen hat, um uns zu motivieren, treibt uns nun von ihm weg, fort von Liebe, Verantwortlichkeit und von anderen Menschen. Wenn Sie befürchten, Ihr Kind könnte sich in eine solche Richtung entwickeln, suchen Sie Hilfe bei einer weisen Person, die beurteilen kann, ob Sie Ihrem Kind gegenüber zu streng sind.

Während das Gewissen ausgeformt wird, lernt Ihr Kind, aus guten Motiven heraus zu handeln und nicht durch Klapse auf den Popo. Es möchte nicht gegen seine *innere Mutter* handeln, weil sie seiner wirklichen Mutter so sehr gleicht. Das ist eine gute Entwicklung, denn Sie sind ja nicht immer da, um Ihrem Kind bei Entscheidungen zu helfen, zum Beispiel auf dem Spielplatz, in der Schule oder anderswo. Beobachten Sie die Veränderungen genau, die Ihr Kind durchmacht. Wenn Sie eine gute Beziehung zu Ihrem Kind aufgebaut haben und es Ihre Grenzen akzeptiert hat, werden sie mehr und mehr zu seinen eigenen Grenzen werden.

In diesem Stadium sollten Sie unbedingt vermeiden, zu streng zu sein oder im Gegenteil alle Grenzen auszuweiten, wie Drews Eltern das vorhatten. Wir haben gerade schon über die Folgen von übertriebener Strenge gesprochen; doch wenn man Grenzen aus Angst vor Konflikten aufhebt, hat das nicht weniger üble Konsequenzen. Das Kind ist zuerst erleichtert, doch dann wird es verunsichert, was seine Grenzen und die stützenden Strukturen angeht. Es könnte dann sein, dass das Kind über die Stränge schlägt, um an eine äußere Grenze zu stoßen, die ihm neuen Halt gibt. Oder es entwickelt ein Gefühl von Überlegenheit und nimmt an, es stünde über dem Gesetz oder könnte sich durchmogeln. Denken Sie immer daran, dass es Ihre Aufgabe ist, Ihrem Kind einen gesunden Realitätssinn zu vermitteln – nicht Ihre eigene verzerrte Sicht der Wirklichkeit. Bleiben Sie in Kontakt mit anderen Eltern, um Ihr Kind erfolgreich zur dritten Stufe der Motivation zu leiten.

3. Werte und Ethik

Wenn Ihr Kind eine Zeit lang mit den *Stimmen in seinem Kopf* umgegangen ist, wird es anfangen, all seine Erfahrungen in eine mehr konzeptionelle Form zu bringen. Wenn es ungehorsam ist, hört es nun nicht mehr: „Böser Drew!", sondern: „Das ist schlecht und ich sollte es nicht tun." Eine solche Entwicklung zeugt von einer Reifung des Gewissens. Es beginnt, sich die Grenzen der Eltern anzueignen, statt nur zu imitieren, was sie denken. Wir nennen dies die ersten Schritte zu einer eigenen Ethik; jetzt werden die Fundamente für die Lebenseinstellung und die Sicht Ihres Kindes von Beziehungen und Moral gelegt.

Von nun an wird Ihr Kind immer mehr *moralische* Fragen stellen: „Ist das ein böses Wort?", oder „Ist es okay, wenn ich das anschaue?" Es kämpft damit, Ihre Ethik zu verstehen und seine eigene zu entwickeln. Das kann eine gute Gelegenheit sein, Ihrem Kind zu erklären, warum Sie die Dinge so sehen, wie Sie sie sehen, und was Sie für richtig und falsch halten.

Das klingt natürlich wie ein ferner Wunschtraum, wenn Sie noch an der ersten Stufe zu beißen haben. Aber es funktioniert! Doch denken Sie nicht, dass das Thema Grenzen damit abgehakt ist! Ihr Kind ist noch immer ein Kind und es befindet sich mitten in seiner Entwicklung auf ganz verschiedenen Ebenen. Das heißt, dass es einerseits sehr wohl über zutiefst ethische Themen nachdenkt, andererseits aber spät nachts mit einer Alkoholfahne ins Haus schleicht. Jetzt müssen Sie als Eltern *multitasking-fähig* sein – das heißt, Sie müssen Ihrem Kind auf den verschiedenen Ebenen jeweils auf die Art begegnen, die es braucht.

Vermeiden Sie den Fehler, Ihrem Kind Schuldgefühle vermitteln zu wollen. Da es nun ein eigenes Gewissen aufbaut, das ihm täglich neue Rückmeldungen bezüglich seiner Handlungen gibt, hat es eine Menge um die Ohren. Es ist daher besonders sensibel für Aussagen wie: „Ich dachte, du wärst Christ! Wie konntest du nur so etwas tun!", oder „Du bist mir richtig peinlich mit deinen schlechten Noten!" Kinder in diesem Stadium der Gewissensentwicklung versuchen dann leicht, *gut* zu sein, um Schuldgefühle und Scham zu vermeiden. Versuchen Sie Ihr Kind immer mit neutralen Realitätsprinzipien zu korrigieren: „Das widerspricht dem, was wir möchten und glauben."

4. Reife Liebes- und Schuldfähigkeit

Wenn Sie weiterhin eine Quelle des Realitätsbewusstseins für Ihr Kind darstellen, wächst es mit der Zeit über die ethischen Fragen zu Richtig und Falsch hinaus zu höheren Motiven: zur Liebe. Weil es mehr und mehr mit anderen Menschen in Verbindung steht, bindet es diese abstrakten Fragen in praktische Alltagserlebnisse und Zusammenhänge ein. Im Kern seines Wesens ist Ihr Kind wie jeder Mensch als Beziehungswesen geschaffen. Die Sorge um diese Beziehungen wird die Hauptantriebsfeder seines Lebens. Jesus hat nicht umsonst alle Gesetze der Bibel in dem schlichten Prinzip zusammengefasst, dass wir Gott und die Menschen von ganzem Herzen lieben sollen (Matthäus 22,37). Natürlich ist die Frage nach Richtig und Falsch immer noch sehr wichtig, aber das Kind betrachtet sie jetzt vom Standpunkt seiner Beziehungen aus.

Ihr Kind soll Liebe – die größte Motivationsquelle – empathisch betrachten: Behandle andere so, wie du selbst behandelt werden möchtest (Matthäus 7,12). Empathie ist die höchste Form der Liebe; die Fähigkeit, die Sehnsucht unserer Herzen zu verstehen, brachte Gott dazu, uns durch Jesus zu erretten. Nach außen orientierte und auf Beziehungen basierende Empathie bringt uns zu liebevollem Handeln.

Kinder, die ihr eigenes Gewissen entwickeln, müssen von der Frage „Ist dies richtig oder falsch?" weiterkommen zu der Überprüfungsinstanz: „Verletzt dies Gott oder andere Menschen?" Dabei müssen Sie ihnen helfen. Wenn ein Kind ungehorsam ist, sprechen Sie mit ihm über die Auswirkungen, die das auf seine Beziehungen hat. Die Zurechtweisung: „Es ist nicht gut, sich über einen übergewichtigen Klassenkameraden lustig zu machen", muss weiterentwickelt werden zu: „Was meinst du, wie er sich fühlt, wenn die anderen ihn verspotten?" So helfen Sie Ihrem Kind, ein Verwalter seiner eigenen inneren Grenzen zu werden und Mitgefühl für andere zu entwickeln.

Vermeiden Sie hier wie immer ein überkritisches Verhalten oder Liebesentzug. Beides verleitet ein Kind dazu, aus den falschen Motiven heraus zu handeln. Es gehorcht aus Angst, nicht aus Liebe, und es ist niemals frei zu wählen, wen es lieben möchte und warum. Seine einzige Sorge ist es, Liebesentzug oder Schmerz zu vermeiden. Helfen Sie Ihrem Kind dabei, innere Freiheit zu erlangen!

Schlussfolgerung

Unterschätzen Sie keines der drei Motive für gutes Verhalten, die wir besprochen haben. Ihr Kind muss Respekt vor drohenden Konsequenzen haben, es muss sich fragen, ob sein Verhalten richtig oder falsch ist, und es soll sich Gedanken darüber machen, ob es anderen Menschen oder Gott Unrecht tut. Achten Sie in jeder Lebenslage darauf, dass Ihr Kind Erfahrungen macht, die ihm dabei helfen, diese drei Motive zu verinnerlichen.

Alle Eltern haben mit der Tatsache zu kämpfen, dass Grenzen unseren Kindern Schwierigkeiten oder gar Schmerz bereiten. Um dieses Problem geht es im nächsten Kapitel.

9. Ohne Schmerz kein Wachstum

Die Regel der Bewertung

Ich (Dr. Cloud) beriet eines Tages eine Frau, die ihrer 12-jährigen Tochter das Prinzip der Grenzen nahe bringen wollte. Doch jedes Mal, wenn ich eine konkrete Grenze vorschlug, stieß ich an eine Wand. Jede Regel oder Grenze, die ich anbrachte, würde nach Meinung der Mutter aus diesem oder jenem Grund nicht funktionieren: Entweder passte sie nicht in den Zeitplan oder die Familie würde davon gestört werden oder die anderen Geschwister würden unschuldig in Mitleidenschaft gezogen ... und so ging es immer weiter.

„Warum soll sie denn nicht einfach zu Hause bleiben, statt auf die Party zu gehen, wenn sie ihre Aufgaben nicht gemacht hat?", fragte ich.

„Dann müsste ich ja einen Babysitter organisieren, weil wir selbst Pläne für den Abend haben."

„Wie wäre es, wenn Sie Ihre Tochter dafür verantwortlich erklären, einen Babysitter zu finden und auch zu bezahlen? Schließlich hat sie ja das Problem selbst verursacht."

„Ich glaube nicht, dass sie entsprechende Leute kennt, und mit ihrer Wahl wären wir dann wohl kaum einverstanden!"

Am Anfang dachte ich noch, die Mutter wäre einfach besonders umsichtig. Doch als *alle* meine Vorschläge an ihr abprallten, bekam ich den Eindruck, dass sie mir etwas verheimlichen wollte. Also hörte ich auf, Vorschläge zu machen, und sagte stattdessen: „Um ehrlich zu sein, habe ich den Eindruck, dass Sie diese Sache nicht durchstehen. Sie schaffen es einfach nicht, Ihrer Tochter mit der nötigen Konsequenz zu begegnen, deswegen wimmeln Sie alle meine Vorschläge ab." Dann sah ich sie einfach nur an.

Zuerst fing sie an zu behaupten: „Doch, natürlich, ich bin davon überzeugt, dass ich das kann!" Doch ich wusste genau, dass das nur ihrer Verteidigung diente, deshalb wartete ich ab.

Dann begann sie zu schluchzen und konnte lange Zeit nicht

sprechen. Als sie sich wieder einigermaßen unter Kontrolle hatte, brachte sie hervor: „Ich kann es einfach nicht ertragen, ihr wehzutun! Es ist zu schmerzlich, sie leiden zu sehen; ich kann ihr das nicht antun. Sie schafft das doch nicht!"

Wir redeten weiter und ich merkte, dass diese Frau viel mehr um ihre Tochter litt, als diese vermutlich bei den milden Konsequenzen leiden würde, die ich vorgeschlagen hatte. Die Mutter verstand auch den Sinn dieses Schmerzes nicht.

„Warum denken Sie, dass das, was ich vorschlage, Ihre Tochter verletzen wird?", fragte ich.

„Sie haben sie noch nicht erlebt, wenn ich Nein zu ihr sage. Es ist schrecklich! Sie ist dann so verzweifelt und zieht sich völlig von mir zurück. Sie hat in solchen Situationen das Gefühl, dass ich sie nicht mehr liebe und sie verlassen habe!"

„Dieselbe Frage noch mal: Warum denken Sie, dass dies Ihrer Tochter schadet?"

„Das habe ich Ihnen doch gerade gesagt! Ich habe es versucht, und es hat sie tief verletzt!"

„Also, zuerst einmal haben Sie es nie wirklich versucht", gab ich zurück. „Sie haben angefangen, aber die Sache nie zu Ende gebracht. Und das aus dem einfachen Grund, weil Sie nicht mit dem Schmerz Ihrer Tochter umgehen können. Sie denken, nur weil das Mädchen weint, tun Sie ihr etwas Schreckliches an. Aber das stimmt nicht. Sie helfen ihr, auch wenn es sich nicht besonders gut anfühlt!"

Kurz gesagt kannte diese Mutter den Unterschied zwischen *Schmerz* und *Schaden* nicht. Die Konsequenzen, die ich ihr aufgezeigt hatte, würden ihrer Tochter sicher mehr oder weniger wehtun, aber sie würden ihr ganz und gar nicht schaden! Schmerz bedeutet, dass das Kind Traurigkeit verspürt oder verletzten Stolz oder den Verlust von etwas erleidet, das ihm wichtig ist; Schaden hingegen entsteht, wenn man das Kind in seiner Persönlichkeit verletzt, es angreift oder ihm etwas vorenthält, was es wirklich braucht. Eltern müssen den Unterschied zwischen diesen beiden Dingen gut kennen, wenn sie mit ihren Kindern Grenzen einüben wollen.

Wachstumsschmerzen

Die erste Lektion für Eltern und für das ganze Leben lautet: „Wachstum bringt Schmerz mit sich." Die zweite Lektion ist: „Nicht jeder Schmerz bringt Wachstum mit sich." Den Unterschied zwischen diesen beiden Tatsachen zu erkennen ist der Schlüssel zu jeder Form von Entwicklung.

Als ich im Schulbasketballteam war, hatte unser Trainer ein großes Transparent über die Tür im Umkleideraum gehängt, auf dem stand: „Ohne Schweiß kein Preis." Das wurde unser Motto, während wir trainierten, Kondition aufbauten und übten, oft über den Punkt des Erträglichen hinaus.

Ich hatte die Wahrheit in dieser Aussage zwar schon erlebt, doch nie hatte ich sie so deutlich gespürt. Wenn ich mich nicht anstrenge, werde ich nicht besser. Diese Lektion hat mir in meinem Leben gute Dienste geleistet. Wenn Sie eine reife Persönlichkeit sind, dann sind Sie es gewohnt, Dinge zu tun, die *wehtun*, um etwas zu erreichen, was Sie haben möchten.

Jetzt zum Beispiel, wo ich dieses Kapitel schreibe, bin ich gerade sehr müde. Ich komme von einer Reise zurück und habe keine Lust zu schreiben. Es ist Wochenende und ich hasse es, am Wochenende zu arbeiten. Außerdem bin ich mit meinem Pensum im Rückstand. Doch ich will, dass dieses Buch erscheint, und der einzige Weg, das zu erreichen, besteht darin, die Sache durchzuziehen. Ich möchte, dass Sie dieses Buch lesen können; ich sehe das als meinen gottgegebenen Auftrag an; und wenn das Buch sich verkauft, kann ich von dem Erlös auch noch mein Essen finanzieren.

Während ich also schreibe, stöhne und jammere ich. Zum Glück hört mich niemand. Was wäre, wenn ich jetzt meine Mama anrufen und mich bei ihr darüber beschweren würde, wie schwer mir das Schreiben fällt, wie anstrengend das alles ist und wie grausam das Leben mir mitspielt? Und was, wenn meine Mutter selbst keine Grenzen kennen würde und mir aus Mitleid einen Scheck schickte? Was, wenn sie mitleidig zuhören und mir dann raten würde, mich nicht so zu verausgaben? Ich könnte dann guten Gewissens aufhören, mich so unter Druck zu setzen.

Ich kann mich tatsächlich noch an eine Gelegenheit erinnern, wo ich so etwas bei meiner Mutter probiert habe. Ich war damals in der sechsten Klasse und hatte aufgrund einer längeren Krankheit einen ganzen Monat den Unterricht verpasst. Als ich zurück in die Schule kam, schien mich der riesige Berg von aufzuholender Arbeit beinahe zu erschlagen. Ich weiß noch, wie ich zu meiner Mutter ging und sagte: „Ich will heute nicht wieder zur Schule gehen. Es ist einfach zu viel. Ich kann nicht mehr!"

Ich werde nie vergessen, was sie darauf erwiderte: „Manchmal will ich auch nicht zur Arbeit gehen. Aber ich muss und du auch." Dann nahm sie mich in den Arm und sagte mir, ich solle mich fertig machen.

Ich war verletzt, müde und geschafft. Doch meine Mutter wusste, dass es mir keinen Schaden zufügen würde, wenn ich weitermachte. Sie fühlte mit mir den Schmerz und ermutigte mich dazu, die Sache durchzuziehen. Heute bin ich dankbar für ihre klaren Grenzen. Ohne sie wäre mein Leben voller halb beendeter Projekte und unerreichter Ziele. Als ich später noch einmal mit ihr über diese Sache redete, erzählte meine Mutter mir etwas, das ich noch gar nicht gewusst hatte:

Im Alter von vier Jahren habe ich aufgrund einer Knochenkrankheit für den Zeitraum von etwa zwei Jahren die Herrschaft über mein linkes Bein verloren. Manchmal habe ich sogar während dieser Zeit im Rollstuhl sitzen müssen, doch meist bin ich mit Beinschienen und Krücken herumgehumpelt. Ich habe mich damals kaum bewegen und auch nicht mit anderen Kindern spielen können.

Wie Sie sich vorstellen können, war es für meine Eltern schwer, das mit anzusehen. Wenn ich aber heute Filmaufnahmen aus dieser Zeit betrachte, dann sehe ich ein aktives Kind, das durch den Zoo rollte, auf Geburtstagspartys Spaß hatte und grundsätzlich trotz seiner Behinderung viel unternahm.

Ich habe nie gemerkt, was meine Eltern damals haben durchmachen müssen, damit ich diese relative Selbstständigkeit erlangte. Der Orthopäde hatte ihnen gesagt, dass sie mein ganzes Leben ruinieren würden, wenn sie mir alles abnahmen. Sie sollten mich selbst lernen lassen, mit den Krücken und dem Rollstuhl umzugehen und anderen Leuten zu erklären, was mit mir los war.

Für meine Eltern war es extrem schmerzhaft, meine Kämpfe mit anzusehen. Ich tat ihnen sowieso schon entsetzlich Leid, weil ich diese Krankheit hatte. Sie wollten mich am liebsten jedes Mal retten, wenn ich weinte, weil die Schienen drückten. Stattdessen mussten sie mich jedoch disziplinieren, wenn ich versuchte, ohne Schienen herumzulaufen, weil das mein Bein lebenslang deformiert hätte. Meine Mutter erzählte mir später, dass sie jedes Mal, wenn sie mich verhauen hatte, erst mal eine Freundin anrufen und sich ausweinen musste.

Sie erinnerte sich auch noch an einen Tag, an dem ich mich mühsam die Treppen zur Kirche hoch schleppte. Hinter uns sagte jemand gut hörbar: „Ist es zu fassen, wie grausam diese Eltern zu ihrem Kind sind?"

Oft fiel ich hin und tat mir wirklich weh, doch meine Mutter bestand darauf, dass ich ohne Hilfe klarkommen musste. Ich weinte, jammerte und probierte alle Spielchen eines Vierjährigen, um meine Eltern zu manipulieren, damit ich den Schmerz umgehen konnte, den mich meine Selbstständigkeit kostete. Doch sie blieben fest und wir schafften es.

Das Endergebnis war, dass ich eine beinahe normale Kindheit erlebte und mit anderen Kindern spielen konnte. Schließlich kam mein Bein wieder ganz in Ordnung. Heute bin ich sehr dankbar, dass sie mir zumuteten, die Schmerzen auszuhalten, die mir nicht schadeten, obwohl sie sehr wehtaten.

Ein Vater oder eine Mutter, die jeden Aufschrei und jede Beschwerde gleich als ultimativen Grund zur Besorgnis sehen, werden nie ein selbstständiges Kind heranziehen. Wenn Ihr Kind über seine Hausaufgaben, seine Mithilfe im Haushalt oder eine verpasste Gelegenheit jammert, was tun Sie? Ihre Antwort auf diese Frage hat einen enormen Einfluss auf das Leben Ihres Kindes!

Vier Tipps zum Umgang mit Schmerz

Regel 1: Lassen Sie Ihre Handlungsweise nicht von dem Schmerz Ihres Kindes bestimmen

Grenzerziehung beginnt mit Eltern, die selbst gesunde Grenzen besitzen. Sie haben die Kontrolle über sich selbst. Wenn es Ihrem Kind aber gelingt, Ihre Entscheidungen durch seinen Protest gegen Ihre Grenzen zu beeinflussen, haben Sie die Kontrolle abgegeben.

Terri hatte Probleme mit ihrem 13-jährigen Sohn Josh, der seine Hausaufgaben nicht regelmäßig machte. Wir heckten gemeinsam einen Plan aus, nach dem Josh jeden Tag zu einer bestimmten Zeit für eine Stunde an seinem Schreibtisch sitzen musste. Dort durfte er nur seine Hausaufgaben vor sich haben und nichts anderes tun als sie zu erledigen. Terri hatte keine Kontrolle darüber, ob Josh in dieser Zeit wirklich lernte. Was sie aber sehr wohl kontrollieren konnte, war, dass er in dieser Zeit nichts anderes tat, als über seinen Hausaufgaben zu sitzen. So lautete unser Abkommen.

Als ich sie das nächste Mal sah, wirkte sie beschämt. Sie hatte ihren Teil der Abmachung nicht eingehalten und Regel Nummer 1 verletzt: dass ein Kind niemals zur Selbstkontrolle fähig sein wird, wenn seine Eltern im Einhalten der Regeln keine Selbstkontrolle beweisen.

„Was ist passiert?", fragte ich.

„Na ja, wir hatten alles vorbereitet. Und dann wurde er von seinem Freund zu einem Baseballspiel eingeladen. Ich sagte Nein, weil seine Hausaufgaben noch nicht fertig waren, aber da hat er sich so sehr aufgeregt, dass ich ihn nicht davon abbringen konnte. Er wirkte so unglaublich sauer und auch traurig!"

„Was haben Sie denn erwartet?", fragte ich. „Er verabscheut jede Art von Disziplin. Und was haben Sie dann gemacht?"

„Nun, ich sah ja, dass mein Verbot ihn unheimlich traurig machte und das konnte ich ihm nicht antun. Also hab ich ihn gehen lassen."

„Was ist dann am nächsten Tag passiert?", hakte ich nach.

„Da ist er wieder ausgeflippt. Es war eine ähnliche Situation; wieder hätte er etwas verpasst, das ihm sehr wichtig war."

„Also, lassen Sie mich das mal zusammenfassen: Sie entscheiden anhand seiner Reaktion auf Ihre Anordnungen, was richtig und falsch ist? Wenn er sich aufregt, denken Sie, es muss falsch sein. Verstehe ich das richtig?"

„So habe ich das noch nicht betrachtet. Aber vermutlich haben Sie Recht. Ich kann es einfach nicht mit ansehen, wenn er leidet!"

„Dann wird es höchste Zeit, dass Sie sich ein paar wichtigen Wahrheiten stellen! Erstens: Ihre Regeln und Werte werden von den emotionalen Reaktionen eines unreifen Teenagers bestimmt. Ihr Regelsystem richtet sich danach, ob Josh wütend darüber wird oder nicht. Zweitens: Sie berücksichtigen eines der wichtigsten Erziehungsprinzipien nicht, nämlich dass Frustration ein Schlüssel zu Wachstum und Veränderung ist. Ein Kind, das nie frustriert ist, kann auch keine Frustrationstoleranz lernen. Drittens: Sie bringen Josh bei, dass er ein Recht darauf hat, immer glücklich und zufrieden zu sein und dass er lediglich ein bisschen jammern und toben muss, und schon bekommt er, was er will. Sind das wirklich Ihre Erziehungsziele?"

Sie wurde ganz still und begann zu begreifen, was sie da tat. Um sich zu verändern, musste sie sich einer extrem wichtigen Regel in Sachen Erziehung verschreiben: Der Grad des Protestes eines Kindes definiert weder die Realität noch ob etwas richtig oder falsch ist. Nur weil Ihr Kind leidet, heißt das nicht, dass etwas Schlechtes passiert. Im Gegenteil, wahrscheinlich lernt es etwas Nützliches und kommt der Realität ein Stückchen näher. Ein Zusammenstoß mit dem wahren Leben ist meist keine angenehme Erfahrung. Wenn Sie es schaffen, Mitgefühl mit dem Kind zu zeigen und trotzdem an der Grenze festzuhalten, wird Ihr Kind irgendwann über seinen Widerstand hinwegkommen und die Grenze verinnerlichen. Lesen Sie diesbezüglich noch einmal Hebräer 12, Vers 11 aufmerksam durch.

Dies ist ein Naturgesetz. Wenn Sie nachgeben, werden Sie morgen denselben Kampf von vorn erleben. Auch dazu hat die Bibel etwas zu sagen: „Wer im Jähzorn handelt, soll seine Strafe dafür zahlen; denn wenn man sie ihm erlässt, wird es nur noch schlimmer mit ihm" (Sprichwörter 19,19). Wenn Sie Ihre Kinder permanent vor ihrem eigenen Ärger auf Ihre Grenzen retten, können Sie mit mehr Ärger auf andere Grenzen rechnen. Denken Sie daran: Der Protest Ihres Kindes sagt nichts darüber aus, was gut für es ist!

Regel 2: Trennen Sie Ihren Schmerz von dem des Kindes

Wie Terri und ich schließlich entdeckten, versuchte sie die ganze Zeit, ihren eigenen Schmerz zu verdrängen. Wenn Josh traurig war, wurde sie auch traurig, weil sie sich übermäßig mit seinem Schmerz identifizierte. Als Kind war sie von ihren Eltern oft enttäuscht worden und hatte viele Verluste erlebt. Als Folge davon dachte sie, dass Joshs Traurigkeit so schlimm wäre wie ihre eigene. Dabei war das in keinem Fall vergleichbar, denn ein Kind, das als Konsequenz für Faulheit ein Basketballspiel verpasst, erlebt keineswegs vergleichbares Leid, wie sie es als Kind erfahren musste.

Langsam lernte Terri, ihre eigenen Erfahrungen von denen von Josh zu trennen und ihm eine gesunde Entwicklung zu ermöglichen. Das war sehr schwer für sie und sie brauchte dabei Hilfe. Einige ihrer Freunde versprachen, ihr in Stressmomenten zur Seite zu stehen, eine Strategie, die Eltern mit eigenen Grenzproblemen oft sehr hilft. Erinnern Sie sich noch an meine Mutter, die sich immer bei einer Freundin ausweinte, um mir gegenüber fest bleiben zu können? Vielleicht müssen Sie sich ebenfalls solche Unterstützer suchen. Lernen Sie, Ihre Traurigkeit über den Schmerz Ihrer Kinder von deren eigentlichem Schmerz zu trennen.

Regel 3: Helfen Sie Ihrem Kind zu erkennen, dass es im Leben nicht um Schmerzvermeidung geht

Grundsätzlich kann man sagen, dass wir uns dann verändern, wenn es weher tut, so zu bleiben, wie wir sind, als wenn wir etwas an uns ändern. Wir trainieren für das Basketballspiel, weil es schlimmer wäre zu verlieren als Muskelkater zu haben. Wir arbeiten besser, wenn der Verlust unserer Stelle droht, der mehr wehtun würde als ein bisschen mehr Anstrengung. Wir lernen, unsere Aufgaben zu machen, wenn die Eltern dafür sorgen, dass das Nichterledigen unangenehmer ist als das Erledigen.

Im Leben geht es nicht um Schmerzvermeidung. Es geht darum, mit Problemen angemessen umzugehen. Ein Kind, das lernt, Unangenehmes zu umgehen, wird im Leben viel mehr Schmerz erfahren, als nötig wäre. Es tut sehr weh, wenn Beziehungen zerbrechen, weil man nicht gelernt hat, andere Menschen zu respektieren. Es schmerzt, wenn man nie etwas erreicht, weil man keine Disziplin gelernt hat. Es tut weh, finanzielle Probleme zu haben, weil man nie gelernt hat, mit Geld umzugehen.

All diese Probleme rühren daher, dass wir die Tendenz haben, momentane Anstrengungen zu vermeiden, nicht auf Belohnungen warten zu wollen und dem Schmerz der Selbstdisziplin auszuweichen. Wenn wir lernen, das loszulassen, was wir im Moment gerade wollen, und wenn wir lernen, Verluste zu betrauern und uns den realen Anforderungen von schwierigen Situationen zu stellen, dann erleben wir Freude und Erfolg. Doch dazu muss man auch in der Lage sein, sein Kind einen Schmerz aushalten zu lassen.

Vergleichen Sie einmal, was einem Menschen, der immer Schmerz vermieden hat, später im Leben passieren kann, mit jemandem, der Schmerz als seinen Verbündeten sieht (siehe gegenüberliegende Tabelle).

Eltern, die ihre Kinder immer vor Konsequenzen zu beschützen

Situation	Schmerz-Vermeider	Schmerz-Nutzer
Eheprobleme	• fängt eine Affäre an • schiebt die Schuld auf den Partner • rennt zu Mama • zieht sich zurück	• lernt, mehr zu lieben • trauert und vergibt • geht Kompromisse ein
Schwierig-keiten im Beruf	• kündigt • gibt dem Manage-ment die Schuld an allem • wendet sich Alkohol oder Drogen zu • wechselt ständig die Stelle und lässt eine Spur von „Fehlstarts" hinter sich	• nimmt Rat und Kritik an • ändert sein Verhalten • erlernt neue Fähig-keiten • geht auf Vorschläge von „oben" ein • löst das Problem
Schwierig-keiten, ein Ziel zu erreichen	• schiebt Dinge vor sich her • wendet sich Alkohol, Sex, Essen oder Drogen zu, um sich Erleichterung zu verschaffen • gibt leicht auf • verfällt in Depres-sionen	• lernt etwas über sich • erwirbt das nötige Wissen zur Errei-chung des Zieles • stellt sich seinen Schwächen • nimmt Ermutigung von anderen an • wächst geistlich
Emotionaler Stress, Schmerz und Verlust	• verleugnet die Ursachen • versucht sich mit Drogen/Suchtverhal-ten zu betäuben • sucht sich Menschen, die ihm helfen, ohne eine Veränderung zu verlangen	• akzeptiert die Realität • leistet Trauerarbeit • lernt positive Wege des Umgangs mit seinen Gefühlen, • wendet sich an Gott, verändert sich bewusst

versuchen, werden später im Leben immer von anderen kodependenten Menschen ersetzt, oder aber von Drogen, Alkohol, Essstörungen, Kaufräuschen oder anderem Suchtverhalten. Sie haben ihren Kindern beigebracht, dass Frustrationen und Schwierigkeiten nichts sind, mit dem man eben umgehen muss, sondern etwas, das man sofort vertreiben kann und muss, indem man *Mutter* oder *Vater* zu Hilfe ruft.

Lehren Sie Ihre Kinder, dass Schmerz eine gute Seite haben kann. Leben Sie Ihnen vor, wie man mit Problemen umgehen kann. Zeigen Sie Ihnen, dass man etwas betrauern kann und es dann trotzdem weitergeht. Zeigen Sie Ihr Mitgefühl, wenn es darum geht, wie schwer es ist, das Richtige zu tun ... aber bestehen Sie darauf!

Ich habe eine Freundin, die auf Proteste ihres Teenagers immer folgendermaßen antwortet: „Ich weiß, Tim. Das Leben ist hart. Aber ich glaube, dass du es schaffen kannst." Wenn dieser junge Mann erwachsen wird und vor einem Problem steht, wird er nicht denken: „Wie kann ich mich hier rausmogeln?", sondern er wird eine Stimme hören, die ihm sagt: „Ich weiß, Tim. Das Leben ist hart. Aber ich glaube, dass du es schaffen kannst."

Regel 4: Versichern Sie sich der Tatsache, dass der Schmerz Ihres Kindes nicht aus einem wirklich ungestillten Bedürfnis oder einer tiefen Verletzung entspringt

Ein Freund von mir, der Psychologe ist, erzählte mir einmal von einer Woche, in der seine Frau unterwegs war und er auf die drei Töchter aufpassen musste. Am dritten Morgen hatte er die Vierjährige mehrmals ermahnt, sich für den Kindergarten fertig zu machen, doch sie trödelte herum. Langsam wurde er wütend. Er begann sie mit grausamen Strafandrohungen zu überschütten und laut zu werden, als ihm plötzlich die Frage durch den Kopf schoss: „Was würde ich tun, wenn sie eine meiner Patientinnen wäre?"

Er hielt inne und dachte über mögliche tiefere Gründen für ihr Verhalten nach. Normalerweise war sie ein fügsames Kind, deshalb nahm er an, dass es irgendeine Ursache für das Trödeln gab. Plötzlich fiel es ihm ein: „Du vermisst deine Mama, nicht wahr?", fragte er und die Kleine brach in Tränen aus. Er nahm sie in den Arm, tröstete sie und sagte ihr, dass ihm ihre Mama auch fehlte.

Nach einer Weile beruhigte sie sich wieder und sagte zu ihm: „Komm, Papa, wir müssen jetzt gehen." Und innerhalb von zwei Minuten waren sie unterwegs.

Kinder senden oft durch ihr Verhalten eine Botschaft aus, weshalb Eltern sorgfältig überlegen müssen, ob das Kind einfach nur bockig ist oder ob es ein echtes Bedürfnis verspürt oder etwas Trauriges erlebt hat. Im Fall meines Freundes lag dem Verhalten der Vierjährigen ein echter Schmerz zu Grunde und ein bloßes Beharren auf einer Regel hätte sie verletzt und entmutigt. Zum Glück bemerkte der Vater, dass es bei ihrem Fehlverhalten um die Sehnsucht nach ihrer Mutter ging und nicht um Rebellion gegen ihn.

Eine solche Bewertung des Verhaltens ist besonders bei Kleinkindern sehr wichtig. Meist protestieren diese, weil es ihnen wehtut, wenn sie sich hungrig oder alleine fühlen. Erst frühestens im zweiten Lebensjahr, wenn Disziplin und Regeln wichtiger werden, können Kinder die unvermeidbare Frustration aushalten, die schließlich zu Wachstum führt. Eine weise Mutter ist in der Lage zu unterscheiden, ob ihr Kind eine frische Windel, eine Umarmung oder eine Flasche Milch braucht, ob es übermüdet ist oder schreit, weil es nicht schlafen will. Stellen Sie unbedingt zuerst einmal sicher, dass alle tatsächlichen Bedürfnisse Ihres Kleinkindes gestillt sind, bevor Sie es einer Frustration aussetzen. Im Zweifel für den Angeklagten, sollte hier die Devise lauten.

Ältere Kinder benehmen sich oft nicht einfach aus Sturheit oder Schmerzvermeidung daneben, sondern haben meist wirklich ernst zu nehmende Gründe, bei denen sie Hilfe benötigen:

- verletzte Gefühle aufgrund einer Aussage der Eltern oder anderer Menschen,
- Ärger über die eigene Machtlosigkeit in Beziehungen und noch zu wenig Selbstkontrolle,
- eine traumatische Erfahrung, von der Sie bis dahin noch nichts mitbekommen haben,
- medizinische und körperliche Probleme,
- psychische Schwierigkeiten wie ADS, Depressionen oder Lernstörungen,
- eine einschneidende Veränderung in der Familienstruktur, dem Zeitplan oder dem Lebensstil.

Es ist sehr wichtig, dass Sie solche Ursachen für ein Fehlverhalten ausschließen, bevor Sie mit Konsequenzen beginnen. Natürlich muss sich ein Kind auch dann der Realität stellen, wenn es gute Gründe für sein Verhalten hat, wie Sie an meiner Geschichte mit den Krücken sehen können. Doch die emotionalen Aspekte, die einem Verhalten zu Grunde liegen, sind ebenso wichtig wie das Verhalten selbst. Vielleicht müssen Sie mit Ihrem Kind zum Arzt gehen, um seine Gesundheit zu überprüfen, oder Sie suchen sich therapeutische Hilfe, wenn Sie annehmen, dass mehr vonnöten ist als nur ein bisschen Respekt vor Grenzen.

Zwei sehr wichtige Verse im Neuen Testament geben uns hier Anleitung. Die erste Person, die Sie als Schmerzquelle ausschließen sollten, sind Sie selbst.

Lesen Sie Kolosser 3,21: „Ihr Eltern, behandelt eure Kinder nicht so, dass sie mutlos und scheu werden!", und Epheser 6,4: „Ihr Eltern, behandelt eure Kinder nicht so, dass sie widerspenstig werden! Erzieht sie mit Wort und Tat nach den Maßstäben, die der Herr gesetzt hat."

Kinder reagieren nicht gut auf Regeln, die übertrieben streng sind oder von den Eltern mit Bitterkeit und innerem Zorn durchgesetzt werden. Überprüfen Sie also kritisch Ihr eigenes Verhalten:

- Üben Sie zu viel Einfluss auf Ihre Kinder aus, so dass diese keine eigenen Entscheidungen treffen können und wenig Mitbestimmungsrecht haben?
- Disziplinieren Sie Ihre Kinder voller Zorn und mit Schuldgefühlen, statt sie liebevoll die Konsequenzen ihres eigenen Tuns spüren zu lassen?
- Vernachlässigen Sie die Bedürfnisse Ihrer Kinder nach Liebe, Aufmerksamkeit und Zeit?
- Kritisieren Sie die Fehler Ihrer Kinder sehr, ohne sie entsprechend für Erfolge zu loben?
- Sind Sie perfektionistisch und haben Schwierigkeiten damit, auch weniger gelungene, aber ehrliche Versuche zu honorieren und eine grundsätzlich gute Richtung anzuerkennen?

Da wir alle nur Menschen sind, können auch die liebevollsten Eltern ihre Kinder ab und zu verletzen, doch dann müssen wir unseren Fehler einsehen und uns bei ihnen entschuldigen. Es ist in Ordnung, auch mal etwas falsch zu machen. Es ist aber nicht in Ordnung, nicht die Verantwortung dafür zu übernehmen und dem Kind die Schuld an etwas zu geben, das Sie selbst verursacht haben!

„Nehmt es als Grund zur Freude ...“

Die folgende Bibelstelle aus dem Jakobusbrief ist eine meiner Lieblingspassagen: „Meine Brüder! Nehmt es als Grund zur Freude, wenn ihr auf vielerlei Weise auf die Probe gestellt werdet. Denn ihr wisst: Wenn euer Glaube auf die Probe gestellt wird, führt euch das zur Standhaftigkeit; die Standhaftigkeit aber soll euch zur Vollkommenheit führen, damit ihr in jeder Hinsicht fehlerlos und untadelig seid“ (Jakobus 1,2-4).

Gott rettet uns nicht vor unseren Kämpfen und dem Schmerz, den es bedeutet, Disziplin und Durchhaltevermögen zu lernen. Tatsächlich diszipliniert Gott die, die er liebt, so wie ein Vater seine Kinder erzieht (siehe Hebräer 12,5-10). Gott sagt auch, dass es ein Akt der Verachtung und Vernachlässigung ist, sein Kind nicht zu disziplinieren (Sprichwörter 13,24).

Edelsteine müssen geschliffen werden, um zu brillieren. Gold wird erst im Feuer gereinigt. Training macht einen Athleten stark. Lernen und Üben machen aus einem Studenten einen Chirurgen. Genauso bildet auch jede Art von Schwierigkeit den Charakter eines Kindes. Auf den Lohn seiner Mühen zu warten lehrt das Kind Geduld.

Beurteilen Sie den Schmerz Ihres Kindes möglichst realistisch. Wenn es wirklich etwas braucht oder verletzt ist, eilen Sie zu seiner Rettung. Wenn es aber nur gegen die Anforderungen des wahren Lebens protestiert, dann zeigen Sie Mitgefühl für die Unannehmlichkeiten und bleiben Sie fest. Später werden Ihre Kinder es Ihnen danken (allerdings auch erst dann!).

Wenn Kinder lernen, sich Schmerz zum Verbündeten zu machen, statt ihn vermeiden zu wollen, sind sie in der Lage, ihre Probleme zu lösen. Doch langfristig möchten wir erreichen, dass Kinder Problemen *proaktiv* begegnen. Im nächsten Kapitel wollen wir erläutern, was das ist und wie dies aussehen kann.

10. Man muss nicht immer nur reagieren

Die Regel der Proaktivität

Ich (John Townsend) lebe in einer Straße, in der Dutzende von Familien mit Kindern wohnen. Eine meiner liebsten Nachmittagsbeschäftigungen ist es, mir ein paar Kinder zusammenzusuchen und auf der ruhigen Straße mit ihnen Ball zu spielen. Man kann mit Kreide die Spielfelder auf den Asphalt zeichnen und mit Softbällen spielen, damit keine Fenster zu Bruch gehen.

Während eines solchen Spiels verfehlte der sechsjährige Derek einen Ball. Wütend stampfte er auf, schrie: „Ihr seid alle doof und ich hasse euch!", dann rannte er nach Hause, wo er sich auf die Verandastufen hockte und wütend zu uns herüberstarrte.

Besorgt wegen seiner verletzten Gefühle ging ich zu ihm herüber und versuchte ihn zum Weiterspielen zu überreden. Doch er wollte nichts davon wissen und drehte sich einfach weg. Schließlich gab ich es auf und kehrte zum Spiel zurück. Ein paar Minuten später stand Derek auf und machte wieder mit, als sei nichts gewesen.

Ein paar Tage später lieferten wir uns wieder ein heißes Match, und wieder verpasste Derek einen Ball. Dasselbe Spielchen begann von vorne: Er regte sich furchtbar auf und haute ab. Wir spielten weiter und irgendwann stieß Derek wieder zu uns.

Zuerst dachte ich: „Nun ja, er braucht halt einen Moment, um sich abzukühlen." Aber dann fielen mir mehrere Dinge auf: Erstens umging Derek jedes Problem, das sich ihm im Spiel stellte. Auf diese Weise musste er nie Enttäuschungen aushalten, eine Niederlage einstecken oder seine spielerischen Fähigkeiten verbessern. Seine Ausbrüche verhinderten jegliches Lernen.

Zweitens mussten seine Freunde sich immer wieder seiner Unreife anpassen. Bei ihm lag zwar das Problem, doch sie mussten dafür bezahlen! Es war unschwer zu erkennen, dass sie sein Verhalten nicht gut fanden, was unweigerlich irgendwann zu massiven Beziehungsproblemen führen würde.

Als ich Derek das nächste Mal sah, redete ich mit ihm: „Derek, es tut mir Leid, dass du bei unseren Spielen immer so wenig Spaß hast. Es ist nicht so einfach, einen neuen Sport zu lernen. Aber wenn du immer wegrennst, sobald etwas mal nicht klappt, verdirbst du dir und den anderen Kindern den ganzen Spaß. Ich möchte daher für unsere Spiele eine neue Regel aufstellen: Es ist okay, dass du dich ärgerst, wenn dir etwas missglückt, und wir werden dir alle helfen, es zu lernen. Es ist aber nicht okay, wenn du wegrennst. Wenn du das nächste Mal gehst, darfst du anschließend bei diesem Spiel nicht mehr mitmachen. Ich hoffe, dass dir das hilft, bei uns zu bleiben, weil wir dich nämlich alle gern mögen und dich vermissen, wenn du weg bist."

Derek tat so, als hätte er mich nicht gehört, aber ich hatte meinen Plan deutlich genug dargestellt.

Am nächsten Tag gab es wieder ein gemeinsames Spiel. Zu meiner Enttäuschung schmiss Derek bei der ersten Panne wie gewohnt alles hin und rannte weg. Der Rest von uns spielte weiter. Als Derek dann nach ein paar Minuten wieder ankam und sich aufs Spielfeld stellte, unterbrach ich das Spiel und sagte: „Tut mir Leid, Derek. Du kannst erst beim nächsten Mal wieder mitmachen." Derek war fuchsteufelswild und schwor, nie mehr mit uns zu spielen. Wutschnaubend stampfte er nach Hause.

Ich machte mir Gedanken, was seine Eltern wohl davon halten würden, deshalb rief ich sie an und erklärte ihnen alles. Sie unterstützten meine Regel voll und ganz, denn auch sie fanden Dereks Verhalten problematisch, wussten aber nicht, was sie dagegen tun konnten.

Als Derek einige Tage später wieder einen kleinen Wutanfall hatte, hielt ich also an der Regel fest und er durfte nicht mehr mitspielen.

Beim dritten Mal schwenkte Derek schließlich um. Als er abgeworfen wurde, protestierte er zwar, regte sich aber schnell wieder ab und kam bei der nächsten Runde wieder ins Feld. Man konnte ihm die Anstrengung richtig ansehen, als er sich bemühte, seine Gefühle unter Kontrolle zu halten. Die anderen Kinder und ich lobten ihn sehr, weil er diesmal ausgehalten hatte, und er war sichtlich stolz auf sich. Derek hatte begonnen, sein Verhalten und seine Reaktionen in den Griff zu bekommen.

Der kleine Derek illustriert ein Problem, mit dem bis zu einem gewissen Grad jeder Mensch zu kämpfen hat: den Kampf zwischen *Reaktion* und *Proaktion* – den Unterschied zwischen einem wilden Zurückschlagen und einer reifen Antwort auf ein Problem. Kinder müssen den Unterschied zwischen gesunden und unreifen Grenzen auch im Hinblick auf ihre eigene Grenzziehung lernen. Deshalb müssen Sie als Eltern ihnen dabei helfen, angemessene Grenzen zu setzen, ohne dabei zu explodieren oder impulsiv zu reagieren.

Wenn Kinder reagieren

Kinder handeln nicht von Natur aus weise und überlegt. Sie nehmen ein Nein nicht so leicht an und sie neigen dazu, schnell aufzugeben und eine Aufgabe liegen zu lassen, die einige Anstrengung erfordert. Doch meist reagieren sie nur auf Stress, anstatt ihm aktiv zu begegnen. Und oft vergeht zunächst eine gewisse Zeit zwischen dem Auftreten eines Problems und dem darauf folgenden Handeln des Kindes, das dann normalerweise auch nicht der Problemlösung dient. Dereks Wegrennen war eine natürliche Reaktion auf echte Gefühle, aber es half ihm kein bisschen dabei, das Spiel richtig zu lernen oder mit anderen Kindern besser auszukommen. Obwohl ein Kind vielleicht mit einem gewissen Recht gegen etwas Schlechtes protestiert, so ist doch diese Art der Reaktionen unreif.

Vielleicht kennen Sie die folgenden reaktiven Verhaltensmuster auch von Ihrem Kind:

- *Wutausbrüche*: Ihr niedlicher Sonnenschein verwandelt sich von einer Sekunde zur anderen in einen kreischenden Unhold, wenn Sie ihm beispielsweise im Supermarkt den Schokoriegel verweigern. Die anderen Kunden starren Sie an und damit diese nicht denken, dass Sie ein Kinderquäler sind, kaufen Sie doch schnell den Riegel.
- *Widerworte:* Das Kind widerspricht allem, was Sie sagen oder ihm auftragen. Es lehnt die Aufforderung einfach ab, sein Zimmer aufzuräumen, seine Hausaufgaben zu machen oder pünktlich zu Hause zu sein.
- *Gejammer:* Wenn ein Kind bei Ihnen an eine Grenze stößt, jammert es schrecklich herum. Es lässt nicht mehr vernünftig mit sich reden und kann stundenlang heulen und weinen.

- *Impulsivität:* Wenn ihm etwas verwehrt wird, stürmt das Kind davon, sagt verletzende Dinge oder benimmt sich sonstwie daneben. Im Supermarkt rennt es beispielsweise einfach weg und versteckt sich.
- *Kämpfe und Gewalt:* Die wütenden Reaktionen des Kindes nehmen körperliche Dimensionen an. Es lässt sich leicht zu Raufereien provozieren, wirft mit Gegenständen um sich und schreckt nicht davor zurück, jüngere Geschwister zu quälen, wenn es frustriert ist.

Es gibt verschiedene allgemeine Kennzeichen von reaktivem Verhalten bei Kindern: Erstens sind ihre Handlungen immer Reaktionen, keine Aktionen. Ihr Verhalten wird von einem äußeren Einfluss bestimmt, nicht von ihren eigenen Wünschen oder Gedanken. Kinder, die nur reagieren, befinden sich in einer ständigen Protesthaltung gegen irgendetwas: gegen die Autorität eines Elternteils, gegen verzögerte Belohnungen und auch gegen ihr eigenes Versagen. Sie ergreifen nicht die Initiative, um ein Problem zu lösen, ihre Bedürfnisse gestillt zu bekommen oder anderen zu helfen. Stattdessen warten sie immer auf eine motivierende Kraft von außen.

Zweitens: Reaktionen von Kindern sind immer *gegen* etwas oder jemanden gerichtet. Sie protestieren *gegen* etwas, das sie nicht mögen oder wollen, aber nicht *für* etwas, das sie sich wünschen oder gut finden. Reaktive Kinder wehren sich andauernd gegen irgendetwas. Sie kennen sicher die Szene, in der ein Kind im Restaurant zu sämtlichen Menüvorschlägen hartnäckig nein sagt. In solchen Fällen benutzen Kinder ihre Freiheit, Nein zu sagen, um ihre Eltern zu frustrieren. Die Bibel rät uns, uns nicht gegenseitig im Streit „zu beißen und zu fressen" (Galater 5,15). Das „Beißen" ist in diesem Fall eine Widerspenstigkeit, die die Eltern in dem Versuch entmutigen soll, das Kind zu dominieren.

Drittens sind die Reaktionen von Kindern nicht von Werten bestimmt. Dagegen ist ein Durchbruch in Sachen Reife die Fähigkeit, seine Entscheidungen aufgrund der eigenen inneren Werte zu treffen. Unser höchstes Bestreben als Christen ist es beispielsweise, Gott zu gefallen (Matthäus 6,33). Doch natürlicherweise sind die Reaktionen von Kindern weder besonders reif noch gut durchdacht. Sie sind eher mit dem automatischen Reflex zu vergleichen, mit dem Ihr Knie vorschnellt, wenn der Arzt mit dem Hämmerchen den richtigen

Punkt trifft. Schon so manche Mutter musste schockiert zusehen, wie ihr Dreijähriger blitzschnell auf eine stark befahrene Straße rennen kann, nur weil sie ihn ins Haus gerufen hat und er eine Anti-Reaktion zeigte. Kinder handeln meist spontan und unweise. Wenn Sie als Eltern ihnen nicht dabei helfen, Selbstkontrolle zu entwickeln, werden sie so, wie Sprichwörter 14,17 es beschreibt: „Wer sich schnell erhitzt, macht Dummheiten."

Reaktive Grenzen:
Notwendig, aber nicht ausreichend

Instinktiv-reaktive Grenzen sind nicht unbedingt schlecht für Ihr Kind. Sie haben durchaus ihren Platz in seiner Entwicklung. Lassen Sie uns einen Blick darauf werfen, wie dies im Detail aussieht:

Notwendig

Was Ihr Kind wirklich braucht, kann auf den ersten Blick verwirrend sein. Reaktive Grenzen sind notwendig für das Überleben und Wachstum Ihres Kindes. Ein Kind muss gegen etwas protestieren können, was ihm widerstrebt, was es nicht mag oder fürchtet. Ohne diese Fähigkeit kann ein Kind nicht für sich kämpfen, es lässt sich ausnutzen, wird nie richtig selbstständig und ist nicht zuletzt auch eher gefährdet, missbraucht zu werden.

Gegen etwas Schlechtes zu protestieren ist auch deshalb fundamental wichtig, weil ein Kind irgendwann in der Lage sein muss, zwischen Gut und Böse zu unterscheiden, das Gute zu tun und das Böse zu lassen (Jesaja 7,15). Kinder können die Liebe und Zuneigung, die sie bekommen, nicht aufnehmen und einsetzen, wenn sie nicht gleichzeitig auch das abwehren können, was schlecht für sie ist. Die Fähigkeit zum Protest hilft dem Kind dabei, seine eigenen Grenzen festzulegen, das Gute zu behalten und das Böse auszuschließen.

Ganz besonders wichtig ist, dass Kinder lernen, sich zu wehren, wenn sie in Gefahr sind. Ein Kind, das von Älteren auf dem Spielplatz bedroht wird, muss wissen, dass es richtig und gut ist, um Hilfe zu rufen oder wegzurennen. Wenn ein Erwachsener ein Kind sexuell oder anders belästigt, muss es wissen, dass das falsch ist und dass es

Nein sagen und weglaufen soll. Ein Kind muss auch protestieren, wenn seine Bedürfnisse nicht erfüllt werden. Ein Dreijähriger schreit nach seiner Mutter, wenn er Hunger hat, müde ist oder Trost braucht, und das ist vollkommen richtig so.

Natürlich sind deswegen nicht gleich alle Dinge schlecht, gegen die Kinder Protest einlegen. Das Leben bringt viele Probleme und Hindernisse mit sich, die nicht schlecht oder gefährlich sind. Zum Beispiel wird es Ihrem Kind nicht gefallen, wenn Sie es ablehnen, ihm ein Nintendo-Spiel zu kaufen oder wenn es Hausarrest bekommt. Doch dies sind normale Grenzen, die das Kind akzeptieren muss. Vielleicht muss es darüber reden, dagegen ankämpfen, Kompromisse eingehen, sich fügen, Geduld üben oder trauern. All diese Formen, mit Problemen umzugehen, sind wichtig, wenn es ein reifer Erwachsener werden soll.

Protest identifiziert das Problem, aber er löst es nicht. Dies ist der Unterschied zwischen reaktivem und proaktivem Verhalten. Während eine reaktive Grenze ein Problem signalisiert, heilt eine proaktive Grenze etwas, das nicht in Ordnung ist. Reaktive Grenzen sind oft emotional motiviert und impulsiv, nicht durchdacht oder unreflektiert. Proaktive Grenzen basieren dagegen auf Werten, sind überlegt und haben die Lösung des Problems im Blick.

Es mag widersprüchlich erscheinen, wenn wir in einem Erziehungsbuch darüber sprechen, dass Sie die Fähigkeit Ihres Kindes zum Widerspruch unterstützen sollen. Doch Kinder, die diese Fähigkeit nicht besitzen – die allzu gefügigen Typen –, haben später im Leben oft schwer zu kämpfen. Sie lassen sich von dominierenden Chefs, Partnern und Freunden herumkommandieren und in ihrer Unfähigkeit, Nein zu sagen, oft auch ausnutzen. Andere setzen noch im Erwachsenenalter auf ihre reaktiven Muster und zeigen als Mittdreißiger die Frustrationstoleranz eines Zweijährigen. Gott hat uns so geschaffen, dass wir verschiedene Entwicklungsphasen durchlaufen. Diese einzelnen Schritte kann man nicht überspringen (siehe 1. Johannes 2,12-14), und wenn wir sie mehr oder weniger glücklich durchqueren, führen sie zu innerer Freiheit und Reife.

Als mein jüngerer Sohn Benny 10 Monate alt war, fütterte ich ihn mit püriertem Brokkoli. Ich war gerade von der Arbeit nach Hause gekommen und hatte noch meinen Anzug an. Leider ahnte ich nicht, dass Benny nicht viel von Brokkoli hielt, doch auf seine Weise informierte er mich schnell von dieser Abneigung.

Das tat er nicht proaktiv, indem er sagte: „Du, Papa, ich mag keinen Brokkoli. Können wir verhandeln? Ist es möglich, dass ich meine Nährstoffe und Vitamine in anderer Form zu mir nehme?" Nein, er tat, was die meisten Babys mit Brokkoli tun: Er spuckte ihn aus. Auf meinen Anzug. Diese reaktive Grenze – und viele andere – war ein Schritt auf dem Weg zu Bennys Selbstfindung.

Kinder reagieren aus verschiedenen Gründen: Sie reagieren, weil sie sich machtlos fühlen. Sie reagieren, weil sie jung und unreif sind und manchmal auf eine Belohnung warten müssen. Sie reagieren, weil sie einen Konflikt noch nicht von vorne bis hinten durchdenken können. Sie reagieren, weil sie sich und andere noch nicht analysieren können und einfach nur schnell etwas tun wollen, ganz egal, was die Konsequenzen sind.

Reaktive Grenzen sind jedoch ein wichtiger Entwicklungsschritt auf dem Weg zu reifen Grenzen und durchdachtem Handeln. Diese Entwicklung verläuft ungefähr so:

- Das Kind kommt völlig hilflos zur Welt. Seine Ängste beziehen sich auf Verletzungen, Liebesentzug oder den Tod. Es hat wenig Möglichkeiten, sich selbst zu versorgen oder zu schützen.
- Das Kind reagiert aus seinen Ängsten heraus zu fügsam. Weil es die Folgen seines Widerstandes fürchtet, lässt es Dinge zu, die es eigentlich gar nicht will, wie zum Beispiel mangelnde Bedürfnisbefriedigung, Frustrationen, Abwesenheit der Eltern, sogar bis hin zu Missbrauch.
- Wenn das Kind genug Liebe erfährt, um diese Dinge nicht fürchten zu müssen, kann es in dieser Geborgenheit die Gefühle erleben, die es hat, wenn etwas geschieht, was es nicht will.
- Es beginnt reaktive Grenzen zu setzen, indem es mit Tränen, Wutausbrüchen oder sonstigem Verhalten gegen unangenehme Dinge protestiert.
- Diese Grenzen gestatten es ihm, zu definieren, wer es selbst ist und welches die Probleme sind, die gelöst werden müssen. Es bekommt die Freiheit, Nein oder Ja zu sagen.
- Mit der Hilfe und Struktur von Seiten der Eltern entwickelt das Kind nach und nach proaktive Grenzen, die auf einem immer höheren Motivationslevel beruhen (siehe Kapitel 6). Das Ziel ist göttlicher Altruismus im Gegensatz zum Egoismus: Wir sollen Gott und unsere Mitmenschen lieben (Matthäus 22,37-40). Ein

solches Kind braucht keine Wutausbrüche mehr, weil es sich nicht mehr hilflos oder fremdgesteuert fühlt. Es ist selbstständig und verantwortlich.

Nicht ausreichend

Wie wir schon festgestellt haben, sind reaktive Grenzen nicht genug, um ein gelingendes Leben als Erwachsener führen zu können. Sie schützen zwar für den Moment und helfen einem Kind, sich von schlechten Dingen abzugrenzen, aber Reaktivität ist immer nur ein Zustand, keine Identität.

Kinder, die nie über reaktive Grenzen hinauskommen, entwickeln eine Opfermentalität. Als Erwachsene fühlen sie sich immer kontrolliert und fremdbestimmt – von Ehepartnern, Chefs, der Regierung oder Gott. Sie haben nicht das Gefühl, große Entscheidungsmöglichkeiten zu haben, und bleiben immer hilflos. Die meisten Schwierigkeiten scheinen ihnen von außen zu kommen, nicht aus ihnen selbst heraus. Deshalb können sie ihr Leben nie zum Besseren wenden, denn Probleme, die von außen auf uns einströmen, sind nicht wirklich lösbar. Dabei entstehen die meisten Probleme entweder aus unseren eigenen verdrehten Einstellungen oder aus unserer Reaktion auf die verdrehten Einstellungen anderer Menschen. Beides können wir sehr wohl beeinflussen. Wenn wir das begreifen, können wir entscheiden und werden frei.

Der andere Grund, weshalb reaktive Grenzen nicht ausreichen, ist die Tatsache, dass Kinder sich anders definieren müssen als nur über das, was sie nicht mögen. Reaktive Grenzen helfen Kindern nur festzustellen, *gegen* was sie sind. Kinder, die in der reaktiven Phase verharren, haben größte Schwierigkeiten, Freunde zu finden, mit Vorgesetzten klarzukommen, Ziele festzulegen und ihre Talente, Interessen und Leidenschaften zu definieren. Sie sind so auf das „Dagegen sein" fixiert, dass sie das „Dafür sein" nicht entwickeln konnten. Derek zum Beispiel hatte Schwierigkeiten mit seinen Freundschaften, weil er dafür bekannt war, *gegen* Teamwork, Regeln und Zusammenarbeit zu sein.

Wenn Ihr Kind sehr fügsam und still ist, ist das ein Problem. Wie Benny sollte es dann vielleicht einmal kräftig mit Brokkoli um sich spucken! Und es ist weit besser, wenn das in der Kindheit passiert als später in seiner Ehe. Ermutigen Sie Ihr Kind dazu, selbst zu denken, eine eigene Meinung zu entwickeln, etwas nicht gut zu finden und auszudiskutieren. Reaktivität hilft Ihrem Kind, seine eigenen Grenzen zu suchen und zu finden. Doch wenn es sie gefunden hat und weiß, was es nicht will, sollte es nicht die Narrenfreiheit bekommen, seine Gefühle einfach auszuleben, indem es Rache übt, Schwierigkeiten ausweicht oder sich um seine Verantwortung drückt!

Proaktive Grenzen

Die letzten Jahre habe ich ehrenamtlich als Fußballtrainer für Kinder gearbeitet. Am ersten Trainingstag trafen wir uns und begannen, an Technik und Strategien zu arbeiten. Innerhalb von Minuten konnte ich dabei feststellen, welche Kinder gelernt hatten, proaktive Grenzen zu setzen und welche nur reagierten. Es ist jedes Mal dasselbe: Reaktive Kinder mögen keine Anweisungen, verwickeln sich ständig in Reibereien mit den anderen, lassen sich leicht ablenken und werden einer Übung schnell überdrüssig, wenn sie sie nicht gleich gut hinbekommen. Als Trainer konnte ich nur hoffen, dass sie sich im Lauf der Saison verändern würden. Die Kinder mit proaktiven Grenzen dagegen passen gut auf, lernen aus ihren Fehlern und melden sich, wenn sie etwas nicht gut finden oder Hilfe brauchen. Ein reaktiver Junge würde zum Beispiel, wenn er müde wird, losmeckern, dass der Trainer fies sei, weil er sie zu hart rannähme. Ein Junge mit proaktiven Grenzen dagegen würde den Trainer um eine Pause oder etwas zu trinken bitten.

Proaktive Grenzen entspringen aus der Reifung von reaktiven Grenzen. Im Folgenden wollen wir Ihnen beschreiben, wie proaktive Grenzen aussehen und wie Sie Ihrem Kind helfen können, solche zu entwickeln.

Proaktive Grenzen identifizieren ein Problem nicht nur, sondern befassen sich mit der Lösung.

Ihr Kind muss lernen, dass es mit Protest zunächst einmal nur ein Problem identifiziert, aber noch längst nicht gelöst hat. Ein Wutausbruch löst also gar nichts. Ein Kind muss lernen, diese Gefühle als Motivation zum Handeln zu nutzen, nicht einfach auszuleben. Es sollte seine Reaktionsmöglichkeiten durchdenken und die beste auswählen können.

Um Ihrem Kind dabei zu helfen, benutzen Sie die reaktiven Grenzen, die das Kind selbst erlebt. Zeigen Sie Mitgefühl mit seinem Ärger und seiner Frustration, aber machen Sie deutlich, dass es das Problem alleine lösen muss. Sagen Sie etwas wie: „Ich weiß, dass es dir nicht passt, den Fernseher abzuschalten und mit den Hausaufgaben anzufangen. Arbeit macht halt nicht so viel Spaß wie Spielen. Aber wenn du mit mir wegen des Fernsehens einen Streit anfängst, führt das dazu, dass du eine ganze Woche nicht mehr fernsehen darfst. Ich glaube kaum, dass du das willst. Also, was meinst du, gibt es eine Möglichkeit, wie du ausdrücken kannst, dass du das alles blöd findest und trotzdem tust, was ich dir sage?" Nach ein paar dieser *Zusammenstöße* sollte Ihr Kind langsam zu der Überzeugung kommen, dass Sie es ernst meinen. Dabei darf es jedoch stets angemessen ausdrücken, was es empfindet. Oft finden sich Kinder schnell in eine einfache Routine ein und sagen dann: „Ach Mama, ich hasse Hausaufgaben!", aber sie stehen trotzdem vom Sofa auf und suchen ihre Sachen zusammen.

Denken Sie daran, dass es nicht Ihre Aufgabe ist, Ihr Kind dazu zu bringen, dass es *gern* den Fernseher ausschaltet und seine Hausaufgaben macht; Sie sollen es lediglich dazu anhalten, die Verantwortung für seine Entscheidungen zu übernehmen. Es muss dabei seine eigene Meinung und seine Gefühle haben dürfen, um eine eigene Identität zu entwickeln. Es gibt zwar Eltern und Lehrer, die verlangen, dass ein Kind ihren Anweisungen *gern* nachkommt, doch damit zwingt man das Kind, sich an Verhalten und Einstellungen anzupassen, und damit wird man es entweder entmutigen oder in Zorn bringen (siehe Epheser 6,4 und Kolosser 3,21).

Proaktive Grenzen bestimmen, wofür und wogegen das Kind ist.

Während reaktive Grenzen einem Kind dabei helfen festzustellen, was nicht zu ihm passt und was es mag, ist Reife doch viel mehr als das. Kinder müssen wissen, wer sie sind und wer sie nicht sind, was sie mögen und was sie hassen. Wenn sie Liebesfähigkeit entwickeln und diese in engen Freundschaften, Hobbys und Talenten ausdrücken, dann werden sie von dem angetrieben, was gut und richtig ist. Auch Gott definiert sich selbst über das, was er hasst (Sprichwörter 6,16-19), und das, was er liebt (Micha 6,8).

Helfen Sie Ihrem Kind dabei, die *Für*-Aspekte der proaktiven Grenzen zu entwickeln. Eine Situation, in der es schon häufig Diskussionen bezüglich der Grenzen gegeben hat, ist meist ein gutes Übungsfeld. Wenn das Kind sich sicher genug fühlt, um zu protestieren und seine Abneigungen auszudrücken, ist es meist auch offener für das, was Sie ihm beibringen wollen. Sagen Sie Ihrem Kind: „Ich verstehe, dass du wütend bist, weil du heute Abend nicht mit deinen Freunden ausgehen kannst. Aber es ist wichtig, dass du deine Hausaufgaben machst. Wir verbieten dir das nicht einfach, weil wir gemein zu dir sind."

Der siebenjährige Sohn von Bekannten führte gerade einen gigantischen Machtkampf mit seiner Mutter. Er kämpfte gegen jede Bitte und jedes Verbot von ihr an. Seine reaktiven Grenzen waren glasklar und fest. Schließlich ging seine Mutter zu ihm in sein Zimmer, um dort mit ihm zu reden. Als sie die Tür öffnete, kippte ein Glas um, das Taylor oben auf den Türrahmen gestellt hatte, und begoss sie von Kopf bis Fuß mit Milch.

Wohl so ziemlich jede Mutter wäre daraufhin explodiert. Doch Taylors Mutter sagte, während ihr die Milch vom Kinn tropfte: „Mein Sohn, das ist wirklich ernst. Ich werde jetzt überlegen, was mit dir geschehen wird. Sobald mir etwas Passendes eingefallen ist, lasse ich es dich wissen." Die nächsten Stunden waren ziemlich schlimm für Taylor. Seine Mutter rief seinen Vater an und zusammen erarbeiteten sie einen Plan. Dieser beinhaltete eine Reihe von Kürzungen in Taylors Privilegien – zum Beispiel ein Fernsehverbot und ein eingeschränkter Hausarrest – sowie einige harte Konsequenzen. So musste Taylor zum Beispiel den Teppich in seinem Zimmer komplett reinigen und die Kleidung seiner Mutter waschen. (Bei der Gelegenheit lernte er gleich, die Waschmaschine zu bedienen!)

Ein anderes Ereignis in diesem Zusammenhang half Taylor dabei, von den reaktiven Grenzen hin zur proaktiven Ebene zu gelangen. Um sich nicht so schlecht zu fühlen, versuchte er ein wenig später, die ganze Sache seinem Vater gegenüber als Witz darzustellen: „Papa, war das nicht irgendwie total lustig?"

Sein Vater ging nicht darauf ein: „Nein, Taylor, das war überhaupt nicht lustig, sondern sehr gemein. Du bist in deinem Ärger zu weit gegangen. Das hat deine Mama sehr getroffen."

„Aber ich hab das mal im Fernsehen gesehen und fand es total witzig!"

„Taylor", sagte sein Vater fest, „ich habe wirklich keine Lust, über diese Sache so zu reden, als wäre sie lustig gewesen, denn das war sie einfach nicht."

Ein paar Stunden später hörte Taylors Mutter zufällig mit an, wie er zu seiner kleinen Schwester sagte: „Nein, Kelly, das ist nicht zum Lachen! Das mit der Milch war gar nicht lustig, sondern es hat Mama wehgetan!" Taylors Motivation hatte sich verändert; sie basierte nun auf seiner Liebe zu seiner Mutter und war freiwillig. Anhand von einigen empfindlichen Konsequenzen und der Klarstellung von Seiten seines Vaters hatte Taylor seine reaktiven Grenzen noch einmal überdacht und einen Schritt in Richtung Proaktivität gemacht. Er entwickelte eine gewisse Rücksicht auf die Gefühle anderer Menschen.

Eine solche Veränderung geschieht oft, wenn sie mit einer Reaktion Ihres Kindes Mitgefühl zeigen, aber sie nicht durchgehen lassen. Irgendwann wird Ihr Kind Ihre liebevolle Art der Grenzziehung annehmen und seine eigene anpassen. Manchmal folgt auf einen Zwischenfall wie den mit Taylor und der Milch eine besonders harmonische Phase und das Kind erledigt seine Aufgaben und tut anderen Leuten Gefallen, ohne besonderen Widerstand zu leisten. Wenn Sie sich innerlich zurückgezogen oder sehr mit Ihrem Kind geschimpft haben, kann das ein Versuch sein, Ihre Gunst zurückzugewinnen. Doch wenn Sie die Verbindung zu Ihrem Kind nicht abgebrochen haben, dann geschieht diese positive Veränderung, weil das Kind an eine Grenze gestoßen ist, sich weniger unkontrolliert und impulsgesteuert und daher sicherer fühlt. Dann kann ein echter Reifungsschritt geschehen.

Proaktive Grenzen sorgen dafür, dass kein anderer Ihr Kind kontrollieren kann.

Kinder, die nur reaktiv handeln und ständig in Protesthaltung sind, sind noch immer abhängig von anderen Menschen. Ihre Gefühle und Reaktionen hängen von dem ab, was andere tun oder nicht tun. Kinder mit proaktiven Grenzen dagegen stehen nicht unter der Kontrolle anderer. Sie besitzen etwas, das man ein *inneres Kontrollzentrum* nennt. Das bedeutet, dass ihre Sicht des Lebens, ihre Entscheidungen und Reaktionen von ihren eigenen inneren Werten und Auffassungen bestimmt werden.

Sie können Ihrem Kind dabei helfen, diesen wichtigen Aspekt der Reife zu verinnerlichen. Wenn es in einer reaktiven Protestphase steckt, denken Sie daran, seine Gefühle zu akzeptieren, aber an Ihrer Grenze festzuhalten. Dann sollten Sie zum Beispiel sagen: „Weißt du, je mehr du gegen mich kämpfst, desto weniger Zeit hast du für die Sachen, die du gerne machst. Schon bald ist Schlafenszeit. Ich bin bereit, diesen Streit zu beenden, wenn du es auch bist. Dann kannst du spielen gehen. Was meist du?" Wenn das Kind noch nicht dazu bereit ist nachzugeben, denkt es, dass Sie es nicht ernst meinen. Geben Sie nicht nach und streiten Sie auch nicht weiter. Irgendwann begreift das Kind, dass Sie im Besitz seiner kostbaren Zeit sind, solange es weiter negativ auf Sie reagiert. Wenn es dann noch direkt ins Bett gehen muss, hilft ihm das dabei, das biblische Prinzip vom Zeitmanagement zu begreifen: Mach das Beste aus jeder sich bietenden Gelegenheit (Epheser 5,16).

Oft haben gerade empfindsame Kinder mit dieser Wachstumsphase zu kämpfen. Ein sensibles Kind fühlt sich schnell verletzt, wenn es von anderen unfreundlich behandelt wird, sei es nun tatsächlich oder nur eingebildet. Es sucht Trost bei seiner Mutter, diese hilft ihm dann auch und anschließend geht es los und wird wieder verletzt. Wenn es bereits zur Schule geht, passiert es häufig, dass andere Kinder seine Angst förmlich *riechen* und sich regelrecht auf es stürzen, und so bekommt es den Ruf, ein leichtes Opfer zu sein.

Ein sensibles Kind ist oft zu sehr von den Reaktionen anderer Menschen abhängig. Für ein solches Kind ist die Welt in Ordnung, wenn alle nett zu ihm sind. Es hat den unreifen Wunsch, mit jedem gut Freund zu sein und keine Trennung oder Konflikte zu erleben. Wenn Ihr Kind diese Tendenz hat, müssen Sie ihm helfen, proaktive Grenzen zu entwickeln, damit es über eine bessere innere Kontrolle verfügt und sein Geschick selbst bestimmen kann.

Meine Freundin Jan hat eine Tochter, die regelrecht übersensibel ist. Die neunjährige Brittany kam immer wieder weinend nach Hause, weil jemand gemein zu ihr gewesen war. Jan ging dann der Sache nach, und manchmal war sie wirklich gemein behandelt worden; manchmal war der Vorfall aber auch völlig unbedeutend gewesen. Nachdem Jan gemerkt hatte, dass aller Trost, alle Ermutigung und alles Besprechen der jeweiligen Situation keine Besserung brachten, fragte sie mich um Rat. Wir fanden gemeinsam heraus, dass Jan unbeabsichtigt Brittanys Problem noch verstärkte!

Jan hörte immer wieder aufmerksam zu, wenn Brittany ihr ihr Leid klagte, jeden kleinsten Gedanken, jedes Gefühl, jedes Wort wiederholte, das sie durchlebt hatte. Jan hörte zu und wenn es Stunden dauerte. Obwohl es sie ermüdete, dachte sie, dass Brittany eben viel Zuwendung brauchte. Doch Brittanys beide Geschwister waren nicht halb so anspruchlich.

Jans Einmischung machte Brittany jedoch immer abhängiger von dem Verständnis ihrer Mutter. Brittany fühlte sich unsicher und unselbstständig, aber Jan war ja auch immer für sie da. Wenn ihre Mitschüler sie also ärgerten, hatte Brittany keinen inneren Halt. Sofort fühlte sie sich ungeliebt und hilflos und von ihren Freunden kontrolliert. Unbewusst kontrollierte sie dann im Anschluss Jan, die keine gesunden Grenzen gegenüber ihrer Tochter einhielt. Brittany hatte keine Kontrolle über ihre Zuständigkeiten (nämlich ihre Beziehungen), und sie kontrollierte stattdessen etwas, das ihr nicht zustand (Jans Zeit und Aufmerksamkeit). Und so blieb sie immer im reaktiven Stadium stecken.

Als Jan all das verstanden hatte, setzte sie sich mit ihrer Tochter hin und erklärte ihr: „Brittany, ich liebe dich von ganzem Herzen und ich mag es, wenn wir miteinander reden. Aber ich schaffe es einfach nicht mehr, jeden allerkleinsten Gedanken von dir aufzunehmen. Und ich möchte auch, dass du lernst, selbst auf dich und deine Gefühle Acht zu geben. Ich weiß, dass du selbstständig denken kannst und dass du es schaffen wirst, mit deinen Gefühlen umzugehen. Von jetzt an werde ich mir jeden Abend eine halbe Stunde Zeit nehmen, um mit dir über deinen Tag zu reden. Wenn kein echtes Problem ansteht, wird das alles sein. Du musst dir also vorher überlegen, was die allerwichtigsten Sachen sind, die du mit mir besprechen willst."

Natürlich hatte Jan auch zwischendurch immer mal Zeit für Brittany, aber diese halbe Stunde am Abend war die einzige strukturierte, festgesetzte Besprechungszeit. Brittany passte das gar nicht und sie versuchte, diese Grenze zu testen. Aber Jan blieb fest und sah zu ihrer Zufriedenheit, wie Brittany in ihren Beziehungen langsam sicherer wurde und seltener weinte. Sie wurde proaktiver und selbstständiger. Einige Male vergaß das Mädchen sogar ihre abendliche halbe Stunde mit ihrer Mama, weil sie gerade mit etwas anderem beschäftigt war. Brittany war weniger abhängig von anderen Menschen geworden und ihre Mutter damit auch. Denken Sie daran, dass jeder für sein eigenes Tun verantwortlich ist (Galater 6,5).

Bei proaktiven Grenzen geht es nicht um Rache oder Fairness, sondern um Verantwortlichkeit.

Reaktive Grenzen funktionieren nach dem Motto: „Auge um Auge, Zahn um Zahn." Wenn ein Kind das andere schubst, muss es zurückgeschubst werden. Diese *Heimzahlungsmoral* wird von seinem Gerechtigkeitsempfinden und seinen Rachegelüsten bestimmt. Proaktive Grenzen drehen sich jedoch um höhere Motive wie Verantwortlichkeit, Gerechtigkeit und Liebe. Das Neue Testament lehrt, dass wir Böses nicht mit Bösem vergelten sollen (Römer 12,17). Ihr Kind sollte deshalb darauf ausgerichtet sein, Böses bei sich und anderen Menschen zu verringern und nicht Rache zu üben. Die Aufgabe, für das Böse zu bezahlen, hat Jesus bereits am Kreuz übernommen und wir müssen keine Rachegelüste mehr hegen (siehe 1. Petrus 2,25).

Wir müssen unsere Kinder dabei unterstützen, für sich selbst zu sorgen. Ein Kurs in Selbstverteidigung kann einem schüchternen Kind beispielsweise enorm dabei helfen, mehr Selbstsicherheit zu gewinnen und unabhängiger zu werden. Allerdings sollten wir nicht die Idee fördern, dass ein Kind einen Streit anfangen sollte, wenn es sich ärgert. In diesem Fall vermischen sich reaktive und proaktive Grenzen.

Viele Erwachsene, die in keinem Beruf und keiner Ehe ohne enorme Machtkämpfe existieren können, sind als Kinder nie über ihre reaktive Phase hinausgekommen. Sie können keine Verletzung und keinen Affront vergessen und einfach mit ihrem Leben weitermachen. Proaktive Grenzen funktionieren anders. Ein proaktives Kind lässt nicht zu, dass man es ausnutzt oder verletzt, aber es legt sich auch nicht mit jedem Streithahn an. Eine gute Definition der Unterschiede ist folgende: Mit reaktiven Grenzen bekämpft man einen Freund, der einen ständig ärgert. Mit proaktiven Grenzen entscheidet man, dass man so einen *Freund* nicht braucht.

Fairness ist ein verwandtes Thema, das Eltern zunächst für sich selbst klären sollten. Wenn Ihr Kind zum Beispiel auf ein Problem mit dem Ausruf reagiert: „Das ist nicht fair!", fühlen Sie sich entweder schlecht, weil Sie nicht wirklich gerecht sind, oder Sie verbünden sich mit dem Kind gegen einen Freund oder Lehrer. Doch dies lässt das Kind in der reaktiven Phase verharren. Es fühlt sich als Opfer und bekommt den Eindruck, dass es von der Welt Fairness zu erwarten hat. Doch das Leben ist manchmal nicht fair. Sie sollten Ihrem Kind also in so einem Fall lieber sagen: „Du hast Recht, es passieren viele unfaire Sachen. Es ist zum Beispiel auch nicht fair, dass ich dir manchmal Sachen durchgehen lasse, für die du eigentlich eine Strafe verdient hättest. Mir ist es sehr wichtig, dass es dir gut geht, aber es ist nun mal nicht immer alles fair." So kann das Kind sich darauf konzentrieren, dass seine wirklichen Bedürfnisse gestillt werden, statt die Welt dafür zu hassen, dass sie nicht immer fair zu ihm ist.

Was proaktive Grenzen vermögen

Proaktive Grenzen lernt man langsam und als *Destillat* der reaktiven Grenzen. Und es ist wirklich wichtig, dass Sie Ihrem Kind einige Fähigkeiten vermitteln, die ihm helfen, aus der reaktiven Phase heraus Selbstkontrolle und innere Werte zu entwickeln. Einige von diesen Fähigkeiten finden Sie unten aufgelistet. Bringen Sie sie Ihrem Kind nahe, soweit Sie sie selbst beherrschen. Wenn Sie selbst diese Fähigkeiten noch nicht besitzen, lassen Sie dies Ihr Kind wissen und lernen Sie sie gemeinsam!

Das Timing ist hier ganz wichtig. Versuchen Sie nicht, mitten in einem Streit damit anzufangen, sondern warten Sie, bis Ihr Kind für eine Lektion offen ist. Ein guter Zeitpunkt dafür ist vor allem dann, wenn das Kind bereits mehrere gescheiterte Versuche hinter sich hat, eine Ihrer Grenzen zu durchbrechen.

- *Innehalten statt reagieren.* Wenn Ihr Kind sofort mit Protest reagiert, spielen Sie die Situation mehrmals mit ihm durch und reden Sie darüber, bis das Kind begreift, dass es nicht zurückschlagen muss. Ein Kind, das zornig die Tür zuknallt, muss einsehen, dass es sie auch leise schließen kann, obwohl es wütend ist.
- *Selbstbeobachtung.* Helfen Sie Ihrem Kind, sein eigenes Verhalten zu betrachten und zu analysieren. Sprechen Sie das Problem

durch und helfen Sie dem Kind, außer seiner Frustration auch andere Wahrheiten zu sehen.

- *Perspektiven.* Ihr Kind braucht Ihren Input bezüglich seines Zorns. Es hält seine Gefühle für die ultimative Wahrheit. Helfen Sie ihm, seine Gefühle richtig einzuordnen: Sie kommen und gehen, und sie spiegeln nicht unbedingt die Wahrheit wider. Und auch die Gefühle von anderen Menschen sind wichtig.
- *Lösungsansätze.* Vermitteln Sie Ihrem Kind andere Möglichkeiten, um sein Problem zu lösen und seine Bedürfnisse zu befriedigen: „Wenn Bobby nicht mit dir spielen will, frag doch Billy."
- *Realität.* Helfen Sie Ihrem Kind dabei, Kompromisse einzugehen und auch Resultate in Erwägung zu ziehen, die nicht ideal sind. Es muss lernen, dass es nicht immer genau das haben kann, was es will, aber dass manchmal die Hälfte auch gut genug ist. Vielleicht bekommt es nicht die Hauptrolle in der Theateraufführung, aber sein Part ist auch wichtig.
- *Initiative.* Ihr Kind muss verstehen, dass es immer wieder auf dieselbe Art mit denselben Problemen zu kämpfen haben wird, wenn es nicht lernt, proaktiv zu handeln. Sehen Sie sich zusammen eine Talkshow an. Warum klagen die Leute wohl lebenslang über dieselben Probleme? Ermutigen Sie Ihr Kind, ein Problemlöser zu werden statt ein ewiger Jammerer.
- *Andere Menschen.* Wenn Sie all das versucht haben und einfach nicht mehr weiterwissen, bitten Sie jemanden um Hilfe, dem Sie vertrauen. Versuchen Sie nicht, alles als Einzelkämpfer durchzuziehen!

Schlussbemerkung

Eltern haben eine schwierige Aufgabe, die ihre Aufmerksamkeit auf vielen verschiedenen Ebenen erfordert. Sie müssen sich Sorgen machen, wenn ihr Kind nie einen Wutausbruch hat, aber auch wenn es andauernd Wutausbrüche hat, wenn es also in der reaktiven Phase stecken bleibt. Doch von einer liebevollen, festen Basis aus können Sie Ihrem Kind helfen, proaktiv zu denken und die Kontrolle über sein Leben zu übernehmen. „Wie glücklich ist, wer sich nicht verführen lässt von denen, die Gottes Gebote missachten, wer sich nicht nach dem Vorbild gewissenloser Menschen richtet und nicht zusammensitzt mit Leuten, denen nichts heilig ist" (Psalm 1,1).

Wenn es irgendetwas gibt, das jeden Ansatz zu Ehrlichkeit und Selbstkontrolle bei Ihrem Kind zerstört, dann ist es Klatschen und Lästern. Um diesen Themenbereich soll es im nächsten Kapitel gehen.

11. Ich bin glücklicher, wenn ich dankbar bin

Die Regel des Neides

„Aber Susi hat auch eine!"
„Mir ist langweilig!"
„Dieses Spielzeug ist öde, ich will das da!"
„Das ist nicht fair! Joey darf auch!"
Wenn Ihnen solche Aussagen bekannt vorkommen, haben Sie bereits mit Neid zu tun gehabt. Wenn Sie ein Kind haben, haben Sie es definitiv schon mit Neid zu tun gehabt! Neid ist eine der grundlegendsten menschlichen Emotionen und zu einem gewissen Grad empfinden alle Menschen Neid. Doch wie Sie sicher schon bemerkt haben, sind nicht alle Menschen gleichermaßen neidisch und diese Gefühle bestimmen keineswegs das Leben eines normalen Zeitgenossen. Sehen Sie sich mal die unglücklich wirkenden Leute um sich herum näher an und überprüfen Sie, ob Neid bei ihnen eine große Rolle spielt. Neidische Menschen

- sind nicht in der Lage, sich zufrieden zurückzulehnen und das zu genießen, was sie haben,
- werden ihres Partners irgendwann überdrüssig und brauchen jemand *Aufregenderen*,
- müssen sich immer mit jemandem messen,
- bewerten Positionen, Macht, Status und Geld über,
- sind ständig unzufrieden mit ihrem Beruf oder ihrem Fortkommen,
- haben eine kritische Einstellung gegenüber Menschen mit Macht, Status, Talent oder ähnlichem,
- beneiden offen Menschen, die in einer höheren gesellschaftlichen Klasse sind,
- meinen Anspruch auf Sonderbehandlung zu haben und möchten, dass man sie als etwas Besonderes ansieht,
- denken, sie seien über Kritik erhaben.

Der traurigste Aspekt des Neides ist die Leere, die neidische Menschen ständig in sich verspüren. Nichts ist je gut genug, nichts erfüllt sie. Egal, was sie bekommen oder erreichen, irgendetwas fehlt immer und in ihrem Leben gibt es keine Zufriedenheit. Auf Kinder übertragen ist Neid ein ständiges *Haben-wollen*. Dieses Problem ist natürlich bis zu einem gewissen Grad normal, aber es sollte mit der Zeit geringer werden, wenn sich ein Kind entwickelt und Grenzen zu akzeptieren lernt. Dieses Kapitel soll Ihnen einige Tipps an die Hand geben, wie Sie ganz normales kindliches Neidverhalten in Annahme, Dankbarkeit und Zufriedenheit verwandeln können.

Erwartung statt Dankbarkeit

Eine Charaktereigenschaft festzulegen, die das meiste Leid über uns Menschen bringt, wäre nicht leicht. Allerdings würde es kein Problem darstellen, mit einer ganzen Liste von Top-Kandidaten aufzuwarten! Sicherlich ist eine der drei destruktivsten Einstellungen eine ständige Erwartungshaltung. Das ist das Gefühl, dass einem die Welt etwas schuldig ist, einfach weil man existiert.

Menschen mit diesem Charakterproblem denken, ihnen stünden gewisse Privilegien, Sonderbehandlungen, Dinge, Respekt, Liebe oder sonstige Vorteile von Natur aus zu. Und wenn sie nicht bekommen, was sie wollen, dann sind sie sicher, dass derjenige, der ihnen dies verweigert, einfach *falsch* liegt. Sie protestieren, als seien sie Opfer eines Verbrechens geworden und tragen die Einstellung: „Du solltest aber ..." wie ein Plakat vor sich her. Ständig verlangen sie etwas von anderen Menschen, Organisationen oder Gott.

Erwachsene Menschen mit dieser Einstellung sehen in ihrem Beruf Beförderungen, Gehaltserhöhungen oder besondere Privilegien als ihr ureigenes Grundrecht an und sie kritisieren ständig ihre Ehepartner, dass diese nicht genug für sie tun. Nach einer Weile werden Arbeitgeber und Ehepartner dieser ewigen Beschwerden überdrüssig ... und schließlich sogar der ganzen Person!

Kinder meinen zunächst, ihnen stünde die absolute Kontrolle über alles zu. Sie wollen, was sie wollen, und zwar dann, wenn sie es wollen, und sie protestieren, wenn sie es nicht sofort bekommen. Zu Beginn ihres Lebens brauchen Babys ständige Aufmerksamkeit und sofortige Zuwendung. Doch wenn sie älter werden, besteht die Gefahr, dass sie dies für selbstverständlich halten und sich nicht der Realität in der Familie, der Schule oder auf dem Spielplatz anzupassen bereit sind.

In der nächsten Stufe gehen Kinder davon aus, dass es ihr Recht ist, keine Schmerzen aushalten zu müssen, nicht arbeiten zu müssen und sich keinen Regeln unterwerfen zu müssen.

Gern macht sich auch die Auffassung breit, einem Kind stünde etwas zu, das einem anderen gehört. Und schon beginnt der vertraute Refrain: „Aber Susi hat auch eine ... ich will auch ... warum kann ich nicht ...?" – „Wenn jemand anderer es hat, sollte ich es auch haben", ist das Gefühl, das Kinder mit sich herumtragen und durchzusetzen versuchen. Es ist nicht ungewöhnlich, dass ein Kind ganz zufrieden mit einer Puppe spielt, bis es ein anderes Spielzeug in den Händen eines anderen Kindes sieht. Plötzlich ist dieses Spielzeug begehrenswert. Kinder sind neidisch auf das, was andere haben, und das, was sie selbst haben, ist in ihren Augen plötzlich völlig wertlos. Sie protestieren lautstark, wenn sie den anderen Gegenstand nicht bekommen, weil sie das Gefühl haben, er stünde ihnen zu.

Das Gegenteil von Neid und Erwartung ist Dankbarkeit. Dankbarkeit entsteht, wenn wir Dinge bekommen, nicht weil sie uns zustehen, sondern weil uns jemand damit beschenkt hat. Dankbarkeit ist in der Liebe begründet und wir schätzen das, was wir bekommen haben. Noch wichtiger: Wir schätzen uns glücklich, weil wir haben, was wir haben. Dies kontrastiert sehr scharf mit einer Erwartungshaltung und dem neidischen Gefühl: „Ich bin betrogen worden, weil ich nur das habe, was ich habe!" Ein dankbarer Mensch ist glücklich und erfüllt; ein neidischer Mensch ist traurig und hungrig. Es gibt nicht viele unangenehmere Angelegenheiten, als in der Nähe eines neidischen, anspruchsvollen Menschen zu sein; wenige Dinge sind angenehmer als die Gesellschaft eines dankbaren Menschen!

Diese beiden Zustände – Dankbarkeit oder Neid – haben wenig mit den tatsächlichen Bedürfnissen einer Person zu tun, sondern eher mit ihrem Charakter. Wenn Sie einem neidischen, anspruchsvollen Menschen etwas geben, profitieren weder Sie noch er davon. Der Betreffende hat lediglich das Gefühl, dass Sie ihm eine ausstehende Schuld bezahlt haben. Doch wenn Sie einem dankbaren Menschen etwas geben, schätzt dieser sich glücklich und freut sich – und auch

Sie können sich freuen. Eltern müssen ihren Kindern unbedingt dabei helfen, ihre Neid- und Anspruchsgefühle zu überwinden und zu einer dankbaren Einstellung zu finden!

Das Problem der „doppelten Mamas und Papas"

Wenn Kinder zur Welt kommen, sind sie zunächst verwirrt über das Wesen ihrer Beziehungen. Sie haben ihrem Gefühl nach zwei Mamas und zwei Papas. Es gibt eine gute Mama und einen netten Papa und eine böse Mama und einen strengen Papa. Die gute Mama ist die, die ihre Bedürfnisse erfüllt. Wenn sie Hunger haben oder etwas brauchen, melden sie sich lautstark und die gute Mama kommt und hilft ihnen. Doch wenn etwas nicht passiert, das sie wollen, und Mama ihrem Wunsch nicht nachkommt, wird sie als *böse* Mama gesehen. Sie können sich vielleicht noch daran erinnern, wie Ihr Kind das sogar ganz genauso ausgesprochen hat. Viele Kinder sagen etwas wie: „Du bist eine böse Mama!", wenn ihnen ein Wunsch verweigert wird.

Und auch manche Erwachsene haben dieses Problem leider immer noch nicht gelöst. Wenn Sie tun, was sie wollen, sind sie liebevoll und betrachten Sie als guten Menschen. Doch wenn Sie zu etwas Nein sagen, sinken Sie sofort in eine *böse* Position herab. Welch eine große Sünde!

Was geht nun aber in einem Kind vor? Wenn es bekommt, was es will, hat es das Gefühl zu erhalten, was ihm ohnehin zusteht. Wenn es aber frustriert wird, sieht es sich als *Opfer* der *bösen Mama*. Es erlebt also nicht nur zwei Mamas, sondern auch zwei verschiedene Wahrnehmungen von sich selbst: das ansprüchliche Ich und das *gequälte* Ich. Gerade bei jüngeren Kindern kann man oft feststellen, dass sie entweder sehr fröhlich oder sehr traurig sind; ihre Gefühle sind eindeutig polarisiert.

Doch während Kinder sowohl erleben, dass ihre Bedürfnisse befriedigt werden als auch an ihre Grenzen stoßen, verschmelzen diese beiden Wahrnehmungen langsam miteinander. Kinder lernen einige sehr wichtige Dinge:

- Für meine Bedürfnisse wird gesorgt.
- Nicht alle meine Wünsche werden erfüllt.

- Dieselbe Person gibt und verweigert mir Dinge – die Person, die ich liebe, ist auch die, die ich hasse.
- Manchmal habe ich Glück und manchmal muss ich mit Enttäuschungen fertig werden.

Diese Kombination von Frust und Annehmlichkeiten führt mit der Zeit dazu, dass ein Kind die Welt als *nicht perfekt* wahrnimmt, dass es einsieht, dass es nicht immer alles haben kann und dass es begreift, dass seine wirklichen Bedürfnisse gestillt werden. Langsam kann es so seinen Wunsch nach *gütigen anderen* aufgeben, die ihm jeden Wunsch erfüllen, und die Person lieben lernen, die es sowohl frustriert als auch beschenkt – seine Mutter und/oder seinen Vater. Das Kind sieht, dass Menschen nicht perfekt, aber durchaus ganz in Ordnung sind. Wenn ein Kind nicht immer alles bekommt, was es sich wünscht, kann es auch langsam lernen, für das dankbar zu sein, was es hat und erhält, und es merkt, dass ihm nicht automatisch alles zusteht.

Kinder müssen von Ihnen also zwei wichtige Lektionen lernen: Frustration und Annehmlichkeiten. Kinder, die nie etwas geschenkt bekommen, fühlen sich immer bedürftig und können nicht dankbar sein, weil sie tatsächlich zu kurz kommen. Dies ist die Gefahr, wenn man als Eltern zu sehr darauf achtet, sein Kind nicht zu verwöhnen. Kinder müssen ihre Bedürfnisse erfüllt bekommen, um Vertrauen und Dankbarkeit zu entwickeln. Und zu diesen Bedürfnissen zählt auch der eine oder andere nicht unbedingt nötige Wunsch. Die Bibel stellt fest, dass wir Gott lieben, weil er uns zuerst geliebt hat (1. Johannes 4,19). Wir Menschen müssen erst empfangen, um geben zu können.

Kinder dagegen, die nie Frustrationen erleben, begreifen nie, dass sie nicht der Nabel der Welt sind, dass ihnen niemand etwas schuldig ist und dass andere Menschen nicht ausschließlich dazu da sind, ihre Bedürfnisse zu befriedigen. Die Balance von Frustration und Annehmlichkeiten ist es, die schließlich den Extremen von Bedürftigkeit und Anspruchsdenken die Schärfe nimmt. Ein Kind, bei dem dieses Gleichgewicht stimmt, sieht sich nicht als Mittelpunkt der Welt und andere nicht als seine dienstbaren Geister, und es fühlt sich auch nicht als Opfer, wenn es etwas nicht bekommt. Es kann eine ausbalancierte Sicht von anderen und sich selbst entwickeln.

Geben, Begrenzen und Behalten

Um Ihrem Kind einen gesunden Realitätssinn zu vermitteln, müssen Sie also seine Bedürfnisse erfüllen und ebenfalls manche Wünsche, andere aber auch enttäuschen. Die drei Möglichkeiten, die Sie haben, sind Geben, Begrenzen und Behalten.

Geben

Geben ist die Erfüllung von Wünschen und Bedürfnissen. Die wichtigsten *Gaben* sind Liebe, Nähe und Fürsorge. Wenn ein Baby hungrig oder einsam ist, braucht es diese drei Dinge. Und während es Nahrung, Fürsorge, Wärme und Sicherheit in sich aufnimmt, formen sich in ihm die Fundamente der Dankbarkeit. Oft ist der Neid, den Erwachsene fühlen, eine unerfüllte Sehnsucht nach Fürsorge auf einer ganz tiefen Ebene.

Wenn sie älter werden, brauchen Kinder Unterstützung und Förderung. Ihre Ängste müssen beruhigt werden, ihre Gefühle verstanden und sie müssen zum nächsten Schritt ermuntert werden. Die Welt um sie herum wird immer größer und sie müssen wissen, dass sie nicht alleine unterwegs sind.

Noch später haben Kinder das Bedürfnis nach Freiheit, Raum, Selbstständigkeit und Entscheidungsmöglichkeiten, das unbedingt gestillt werden muss. Nur so können sie sich zu unabhängigen Menschen entwickeln. Kinder möchten mitentscheiden und sie sollten das auch dürfen. Sie wollen Freiheiten und sollten auch welche bekommen. Zu wissen, was man will, und um das dann auch zu bitten, sind wichtige Entwicklungsschritte, die man im Leben erlernen muss. Kinder müssen deshalb wissen, dass es gut und richtig ist, wenn sie das Bedürfnis nach mehr Freiheit und Kontrolle haben und dass Sie ihnen dabei helfen möchten. Je mehr sie sich der neuen Privilegien als würdig erweisen, desto mehr bekommen sie auch davon (siehe Matthäus 25,21-23: „Du hast dich in kleinen Dingen als zuverlässig erwiesen, darum werde ich dir auch Größeres anvertrauen.").

Außerdem wollen Kinder jeden Alters Förderung erleben – sie brauchen das Geld und die Gelegenheit, ihre Talente und Fähigkeiten zu entdecken und auszubauen, sei es nun in verschiedenen Sportarten, im Musikunterricht oder in anderen Hobbys und Leidenschaften. Dieses Bedürfnis sollte ebenfalls unbedingt befriedigt werden. Wenn sie älter werden, können Kinder ruhig einen Teil der Kosten und des Aufwandes für diese Aktivitäten mittragen, doch gerade auf dem Gebiet der Talentförderung sollte man sie nicht enttäuschen.

In all den genannten Gebieten sollten Kinder Unterstützung und Befriedigung ihrer Bedürfnisse erleben. Doch je älter sie werden, desto mehr Verantwortung haben sie auch für die *Gaben*, die sie in Form von Geld, Gelegenheiten und Talenten anvertraut bekommen. Und sie müssen ganz klar wissen, dass man in der Welt Dinge bekommen, Talente fördern und sich Träume erfüllen kann. Gleichzeitig müssen sie aber auch lernen, selbst verantwortlich und weise zu handeln. Salomo gab jungen Menschen folgenden Rat: „Tu, was dir Spaß macht, wozu deine Augen dich locken! Aber vergiss nicht, dass Gott für alles von dir Rechenschaft fordern wird" (Prediger 11,9).

Begrenzen

Begrenzen bedeutet sicherzustellen, dass Kinder nicht zu viele oder unangemessene Dinge bekommen. Ihr Wunsch, alles unter Kontrolle zu haben, darf nicht unterstützt werden. Begrenzen bedeuten auch, zu disziplinieren und mit Entscheidungen und Konsequenzen umgehen zu lernen. Das hat etwas damit zu tun, wie deutlich Sie mit dem Wörtchen *Nein* umgehen.

Im Säuglingsalter hat das Begrenzen noch keinen so großen Stellenwert. Babys sind ohnehin körperlich sehr begrenzt, denn sie brauchen viel und können noch nicht mal darum bitten. Begrenzungen kommen hier deshalb erst ins Spiel, wenn einem Säugling nichts fehlt und er einfach jetzt schlafen muss. Eine erfahrene Mutter kennt den Unterschied zwischen grundlosem Jammern und dem Schreien aus einem echten Bedürfnis heraus. Wenn es nur quengelig ist, muss das Kind trotzdem schlafen. Wenn ein wirkliches Bedürfnis zu Grunde liegt, muss dieses gestillt werden. Ungestillte Bedürfnisse rufen immer andere Probleme hervor; deswegen gilt bei Kleinkindern immer das Prinzip: „Im Zweifel für den Weinenden."

Bei einem Krabbelkind sind Begrenzungen an der Tagesordnung. Jeden Tag wird das Kind mobiler und jeden Tag will es mehr Kontrolle besitzen. Jetzt bekommt das Wörtchen *Nein* eine Bedeutung. Das Kind greift nach etwas und hört: „Nein!" Es möchte, dass Sie bei ihm bleiben, aber Sie gehen trotzdem abends aus. Es will ein Stück Schokolade, bekommt aber keins. Das Kind lernt, dass ihm nicht automatisch alles zusteht, was es haben möchte. Manchmal hat es vielleicht ein tatsächliches Bedürfnis, doch das heißt noch nicht, dass dieses Bedürfnis automatisch gestillt wird, nur weil es eben da ist. Manchmal muss das Kind vielleicht etwas dafür tun, zum Beispiel darum bitten und dazu richtige Wörter benutzen, anstatt nur zu jammern und zu weinen.

Später, im Kindergarten- und frühen Schulalter, wollen Kinder ständig alle möglichen Sachen haben, die andere Kinder besitzen. Immer muss es das Neuste und Beste sein, obwohl das, was sie haben, eigentlich vollkommen genügt. (Dasselbe Verhalten zeigt sich später dann auch im Kreditkartenmissbrauch!) Wenn Sie hier Nein sagen und fest bleiben, lernt Ihr Kind, dass die Welt ihm nicht immer alles gibt, was es haben will.

Manchmal ist der Wunsch eines Kindes an sich auch gut, aber trotzdem erfüllen Sie ihn nicht – es muss ihn sich verdienen! Eltern, die einem Kind lieber gleich etwas kaufen, statt ihm beizubringen, dass man sich Dinge auch erarbeiten muss, treiben es geradezu in eine Anspruchshaltung hinein.

Die Tatsache, dass seine Geschwister oder ein Freund etwas haben, berechtigt das Kind noch lange nicht dazu, dies ebenfalls zu besitzen. Eltern hören oft Proteste wie: „Aber das ist nicht fair!" Dazu können wir nur sagen: „Na und?" So ist das nun mal im Leben; andere haben Dinge, die man selbst nicht hat und auch nie bekommen wird, das ist keine Tragödie. Besser, Ihr Kind lernt das zu früh als zu spät!

In den Teenagerjahren werden die Grenzen geringer, aber sie sind deshalb nicht weniger wichtig! Teenager brauchen immer mehr Freiheiten und Wahlmöglichkeiten und auch Gelegenheiten, sich verantwortlich zu zeigen, aber sie brauchen gleichzeitig klare Grenzen, die konsequent eingehalten werden müssen. Die Teeniejahre sind Ihre letzte Gelegenheit, Ihrem Kind klarzumachen, dass es nicht am Schalthebel des Universums sitzt. Wenn es diese Tatsache nicht von Ihnen lernt, wird es sie auf unangenehmere Weise lernen müssen, zum Beispiel durch Gefängnisstrafen oder Kündigungen. Zeitabsprachen, finanzielle Limits und klar umrissene

Wahlmöglichkeiten sind hier die Mittel, die Ihnen zur Verfügung stehen.

Im Teenie-Alter geht es außerdem viel um die persönliche Einstellung. Teenager übernehmen immer mehr selbst die Rolle des Beschützers und Verwalters (siehe Kapitel 1) und wenn sie diese Freiheit zu schmecken beginnen, ist das nicht unbedingt schön. Viele werden dann leicht größenwahnsinnig, herablassend oder gar bösartig. Hier ist es besonders wichtig, dass Sie dem Verhalten Ihres Teens Ihnen gegenüber sehr klare Grenzen setzen, denn nur so lernt Ihr Kind, dass man Menschen nicht einfach behandeln kann, wie es einem gerade passt.

Während ihrer gesamten Entwicklungszeit ist es wichtig, Kinder zu begrenzen, damit sie lernen, Anspruchsdenken und Neid zu überwinden. Hier noch einige Gedanken zu Ihrer Aufgabe als *Begrenzer*:

- Begrenzung geschieht schon im Säuglingsalter, wenn ein Kind auch mal allein gelassen wird, nachdem sichergestellt ist, dass alle seine tatsächlichen Bedürfnisse gestillt sind.
- Begrenzung setzt formal dann ein, wenn ein Krabbelkind durch verschiedene Erfahrungen lernt, dass es nicht der Chef ist.
- Begrenzungen lehren Kinder, dass ihnen nicht alles zusteht, was sie haben wollen, auch wenn der Wunsch an sich gut ist. Sie müssen für das arbeiten, was sie sich wünschen; etwas haben wollen ist allein nicht genug.
- Begrenzungen lehren Kinder, dass das Leben nicht fair ist, wenn sie *fair* mit *gleich* gleichsetzen. Es wird immer Menschen geben, die mehr haben als sie, und andere, die weniger haben.
- Begrenzungen lehren Kinder, dass ihre Gefühle nicht die ultimative Realität sind.
- Begrenzungen sind wichtig, damit Eltern durch Empathie ihren Kindern zeigen können, dass man Frustrationen aushalten kann und trotzdem eine Grenze einhält.
- Begrenzungen und Disziplinierungen machen Kindern klar, dass sie fehlerhaft sind und nicht die unschuldigen Opfer einer *bösen Welt*.
- Begrenzungen bringen Sicherheit, weil Kinder auf diese Weise merken, dass sie mit unerfüllten Wünschen leben und manche ihrer Bedürfnisse auch selbst stillen können.

- Begrenzungen bieten eine Struktur, die Kinder auch auf andere Menschen übertragen können. Kinder, die gesunde Grenzen kennen, können auch solche setzen.
- Begrenzungen helfen Kindern dabei, etwas zu betrauern, was sie nicht unter Kontrolle haben, und dies dann loslassen zu können.

Enthalten Sie Ihrem Kind diese wichtigen Lernerfahrungen nicht vor! Es trägt sonst lebenslang die Bürde mit sich herum, sich selbst für eine Art Gott zu halten. Und in dieser Rolle kann es sie nur versagen!

Behalten

In dieser Funktion lehren Sie Ihr Kind, sich durch die Gefühle bezüglich einer Grenze hindurchzuarbeiten und diese Grenze schließlich als Charaktereigenschaft zu verinnerlichen. Grenzen allein sind unmenschlich! Wie schon die Bibel sagt, ist das Gesetz uns gegenüber feindlich gesonnen, wenn es ohne Gnade existiert (Epheser 2,14-15). Grenzen und Gesetze wirken feindlich, kalt und schmerzlich.

Als Helfer Ihres Kindes fügen Sie den Grenzen also Liebe, Verständnis und Struktur hinzu, damit Ihr Kind diese verinnerlichen kann. Wenn ein Kind an eine Grenze stößt, reagiert es mit Ärger. Wenn die Grenze dann aufgrund seines Protestes aufgehoben wird, bekommt es den Eindruck, stärker als diese Grenze zu sein. In diesem Fall wäre es besser gewesen, es hätte überhaupt keinen Begrenzungsversuch gegeben! Denn ein Kind, das eine Grenze ausdehnen kann, hat seine Rolle als *Kleiner Gott* ausprobiert ... und gewonnen! Daher gilt: Stellen Sie lieber keine Grenze auf als eine, die Sie letztlich doch nicht durchsetzen werden!

Wenn die Grenze aber fest bleibt, muss das Kind für diese Grenze gewonnen werden. Sein Stolz ist verletzt worden – eine schmerzhafte Wunde! Dieser Zorn muss in Traurigkeit, Trauer und schließlich in einen Entschluss münden. Dies erreichen Sie mit Zuwendung, Empathie und innerer Nähe. Sie behalten die Grenze bei und signalisieren Ihrem Kind gleichzeitig:

- „Ich weiß, mein Schatz, das ist schwer."
- „Du hast Recht, das ist nicht fair."

- „Ich kann es auch nicht leiden, wenn ich etwas nicht bekomme, was ich haben will!"
- „Ich verstehe das, aber du darfst trotzdem nicht."
- „Das Leben kann schon manchmal hart sein, was?"

Solche Aussagen vermitteln dem Kind, dass jemand auf seiner Seite ist, obwohl die Grenze scheinbar gegen es ist. Im Laufe der Zeit lernt es dann, die hilfreiche Seite der Grenze zu erkennen und beginnt sie zu verinnerlichen.

Viele Eltern haben die größten Schwierigkeiten damit, ihr Kind leiden und wütend zu sehen. Empathie allein scheint ihnen zu wenig. Vermeiden Sie aber auf jeden Fall Aussagen wie die folgenden, auch wenn Sie sich dadurch momentan besser fühlen:

- „Das tut mir jetzt mehr weh als dir!" (Damit hat das Kind nicht nur Eltern, die ihm etwas verbieten, sondern die es auch noch kein bisschen verstehen!)
- „Ich will doch nur dein Bestes. Später wirst du mir mal dankbar dafür sein!" (Ein Kind schert sich wenig um *später*, ihm ist das *Jetzt* wichtiger!)
- „So schlimm ist das doch nicht. Denk mal an all die schönen Sachen, die du in letzter Zeit machen durftest!"
- „Es dauert ja gar nicht lange!"
- „Hör auf zu heulen, sonst gebe ich dir gleich einen richtigen Grund dafür!"

Das Kind braucht in einem solchen Moment Verständnis dafür, dass das Leben ihm einen harten Schlag verpasst hat. Denken Sie daran, dass es mehr verliert als nur die Sache, die es haben oder machen wollte. Sein ganzes Weltbild gerät ins Wanken; es muss einsehen, dass es nicht am Schalthebel der Macht sitzt. Rechnen Sie damit, dass ihm das ganz und gar nicht gefällt!

Mut, sich hassen zu lassen

Eltern, die es nicht ertragen können, dass ihr Kind sie zeitweise hasst, werden es nicht schaffen, dem Kind die Realität zu vermitteln, die es braucht, um sein Anspruchsdenken aufzugeben. Liebe und

Grenzen sind die wichtigsten Werkzeuge einer Mutter oder eines Vaters. Dazu gehört auch, dass man es aushalten kann, wenn ein Kind einem Hassgefühle entgegenbringt und einen als *böse* ansieht. Gott, das ultimative Elternvorbild, hat kein Problem damit, das Richtige zu tun, ganz egal, was seine Kinder davon und letztlich von ihm halten. Er liebt uns, aber er hat seine Standards und die behält er bei, auch wenn uns das nicht gefällt. Wenn er das nicht tun würde, würde das Universum schnell in Schwierigkeiten stecken. Eine der großen Lektionen im Buch Hiob ist die Tatsache, dass Hiob von Gott denken konnte, was er wollte – Gott bestrafte ihn dafür nicht, wich aber auch keinen Millimeter von seinen Prinzipien ab. Dasselbe sollte für uns als Eltern gelten. Wir müssen in der Lage sein, Protest auszuhalten, miteinander in Verbindung zu bleiben, nicht zurückzuschlagen und unsere Position zu halten.

Wenn das „Danke schön" nicht kommen will

Ein Kind sollte möglichst früh lernen, danke zu sagen. „Wie sagt man da?", ist ein bekanntes Lied vieler Eltern, wenn das Kind etwas bekommt. Kinder, die geliebt und erzogen werden, entwickeln normalerweise eine natürliche Dankbarkeit, weil

- ihr Anspruchsdenken durch Begrenzungen eingedämmt wurde,
- Konsequenzen für ihre Rebellion und Grenzverletzungen sie gelehrt hat, dass sie keine unschuldigen Opfer sind,
- sie gelernt haben, „Es tut mir Leid" und „Entschuldigung" zu sagen,
- sie den Begriff „Demut" kennen,
- die Eltern ihnen in Sachen Dankbarkeit ein gutes Vorbild sind.

Dankbarkeit auszudrücken ist ein wichtiger Aspekt der Entwicklung. Wenn sie nicht von selbst entsteht, müssen Sie sie Ihrem Kind nahe bringen. Ein Kind, das nie danke sagt, muss darauf angesprochen werden und Grenzen gesetzt bekommen. Es sieht alles als selbstverständlich an und Ihre Aufgabe besteht nun darin, ihm zu zeigen, dass dem nicht so ist. Reden Sie ihm jedoch keine Schuldgefühle ein, sondern sprechen Sie im ruhigen, aber bestimmten Ton über Ihre Gefühle und die Grenzen, die Sie einführen wollen:

- „Wenn du mich herumkommandieren willst, bekommst du ... nicht."
- „Wenn du dich bedankst, bekommst du noch eins."
- „Ich werde das für dich tun, wenn ich das Gefühl habe, dass du es zu schätzen weißt."
- „Ich sehe nicht ein, etwas für dich zu tun, wenn du es nicht zu schätzen weißt. Wenn es dir sowieso nicht viel bedeutet, brauche ich mich ja auch nicht anzustrengen."
- „Du scheinst zu denken, dass ich dir diesen Gefallen tun *muss*. Aber das stimmt nicht und wenn es dir nicht wichtig genug ist, bitte und danke zu sagen, dann lassen wir's eben!"

Sie bestärken Ihre eigenen Grenzen, indem Sie nicht zulassen, dass Ihr Kind Sie als seinen Knecht ansieht. Wenn Sie sich ständig ausgenutzt vorkommen, arbeiten Sie zuerst an diesem Gefühl, sodass Sie das Problem Ihres Kindes angehen können, ohne ihm unangemessene Schuldgefühle einzureden.

Der Unterschied zwischen Neid und einem Wunsch

Eine der guten Seiten des Elternseins sind Gelegenheiten, bei denen Sie Ihrem Kind helfen, sich einen Wunsch zu erfüllen. Der 19-jährige Sohn eines Bekannten hat sich neulich ein Auto gekauft, für das er drei Jahre lang gearbeitet und gespart hatte. In allen Ferien, an den Wochenenden und nach der Schule hatte er alle möglichen Jobs ausgeführt und jeden Pfennig zur Seite gelegt. Endlich kam dann der Tag, an dem er genug Geld zusammenhatte. Das Auto, das er kaufte, war ein älterer Sportwagen, der alle seine Wünsche erfüllte. Es passte zu ihm und als er es endlich sein Eigen nennen konnte, war das ein Tag voller Freude und Dankbarkeit.

Ein anderer Teenager, den ich kenne, hat einfach so ein Auto von seinen Eltern bekommen. Das Mädchen hatte sich den Wagen nicht verdient und er hatte auch nichts mit ihrer Persönlichkeit zu tun. Ihre Eltern hatten das Auto gekauft, um ihr eigenes Ego zu befriedigen und damit ihre Tochter im Vergleich mit anderen Jugendlichen gut dastand. Es dauerte nicht lange, bis das Auto in den Augen des Mädchens jeglichen Wert verloren hatte und sie ein besseres, größeres und schnelleres wollte.

Das eine Auto wurde aus einem Wunsch heraus erworben, der aus den Tiefen einer echten Persönlichkeit entsprang. Das andere wurde aus Neid und Prestigedenken angeschafft. Eltern tun gut daran, genau zu unterscheiden, welche Wünsche ihrer Kinder wirklich Herzensanliegen sind und welche nur aus Neid entstehen. Lassen Sie die neidischen Wünsche unerfüllt sterben und helfen Sie Ihrem Kind, die echten zu erfüllen. Neidische Wünsche sind kurzlebig, fördern das Vergleichsdenken und befriedigen das Kind nicht. Wirkliche Wünsche ertragen auch längere Wartezeiten und bringen nachhaltige Freude. Wie schon in den Sprichwörtern Salomos zu lesen ist: „Wenn ein Wunsch in Erfüllung geht, freut man sich" (Sprichwörter 13,19). Wenn es einen dagegen nur nach etwas gelüstet, bringt die Erfüllung nur noch mehr Gier hervor.

Der richtige Ansporn

Wenn ein Kind mit offenen Augen durch die Welt geht und Dinge sieht, die es haben möchte, kann das eine gute Sache sein. Seine Wünsche treiben es zur Arbeit an: „Der Hunger treibt den Arbeiter an; er muss arbeiten, weil er satt werden will" (Sprichwörter 16,26). Auch wenn ein Kind seine eigenen Fähigkeiten, Besitztümer und Talente ansieht und feststellt, dass ihm etwas fehlt, kann das gut sein. Die *Lücke* kann es dazu anspornen, aktiv zu werden und sie zu füllen. So lernt es den Unterschied zwischen Neid und Wünschen kennen. Ein Wunsch motiviert zur Aktion. Neid hingegen verbrennt einen nur innerlich.

Wenn Sie selbst gute Grenzen haben, dann werden Sie Empathie mit dem Wunsch Ihres Kindes zeigen und ihm helfen, einen Plan zur Erreichung seines Zieles zu entwickeln. Wenn Sie seinem Neid nicht nachgeben, haben Sie es eine entscheidende Lektion gelehrt: Sein Wunsch ist seine Sache. Wenn es nicht mit dem zufrieden ist, was es hat, muss es beten und arbeiten, um seine Situation zu verbessern. Ihr Kind muss wissen, dass Gott es honoriert, wenn es etwas investiert und seine Begabungen entwickelt (siehe das Gleichnis von den Talenten in Matthäus 25,14-30).

Ein Mensch, der nicht von Neid bestimmt wird, denkt ungefähr so: „Dies oder das würde ich gerne haben; meine momentane Situation reicht mir nicht. Das ist mein Problem. Was kann ich tun, um von Punkt A zu Punkt B zu kommen? Am besten bete ich, höre auf Gott und finde heraus, was ich brauche, um dieses Ziel zu erreichen."

Die Schlüsselerkenntnis für Ihr Kind liegt darin, dass seine Wünsche seine Sache sind. Es kann Sie zwar fragen, ob Sie ihm helfen, es kann Gott darum bitten und auch so einiges dafür tun, um sich schließlich den Wunsch zu erfüllen, doch sein Wunsch und die dazugehörige Lösung sind sein Problem und Sie sollten das nicht für Ihr Kind lösen. Wenn Sie dies schaffen, erziehen Sie ein Kind, das seine wirklichen Sehnsüchte erkennt, das Gottes Rat und Beistand sucht, um diese Sehnsüchte zu stillen und das merkt, dass ihm die Gemeinschaft mit anderen Menschen unterwegs weiterhilft.

Das Paradoxon

Neid ist ein großes Paradoxon in unserem Leben. Neidische Menschen denken, dass ihnen alles zusteht, doch am Ende haben sie nichts. Sie sind nicht in der Lage, die Dinge zu schätzen und dankbar für das zu sein, was sie haben. Das, was sie nicht besitzen, besitzt sie!

Neid ist von seiner Wurzel her Stolz; das Gefühl, dass man eine Art Gott ist und die Welt einem alleine gehört. Doch wie schon Jakobus uns sagt, ist der Stolze am Ende der Verlierer: „Gott widersetzt sich den Überheblichen, aber denen, die gering von sich denken, wendet er seine Liebe zu" (Jakobus 4,6). Demütig sind Menschen, deren Anspruchsdenken gebrochen wurde. Sie haben eingesehen, dass ihnen nichts zusteht, und sind dankbar für alles, was sie haben und bekommen. Und solchen Menschen wird meist von Gott und anderen noch mehr gegeben. Dies ist das Paradoxon: Die Neidischen wollen immer mehr und bekommen weniger. Die Dankbaren freuen sich über das, was sie haben, und bekommen noch mehr dazu.

Helfen Sie Ihrem Kind dabei, eine demütige, dankbare Person zu werden. Aber denken Sie daran, dass es schwer daran zu kauen hat, wenn es seinen Stolz herunterschlucken soll. Es braucht viel Hilfe, um diesen Brocken zu verdauen. Doch nur so kann es lernen, seine Probleme selbst in die Hand zu nehmen – und darum geht es im nächsten Kapitel.

12. Energieschub für meinen Motor

Die Regel der Aktivität

Nachdem ich (John Townsend) meinen College-Abschluss in der Tasche hatte, arbeitete ich einige Jahre in einem Kinderheim. Dort lebten jeweils sechs bis acht Kinder im frühen Schulalter zusammen mit ihren Hauseltern in einem kleinen Häuschen. Wir Hauseltern halfen uns oft untereinander und übernahmen auch mal die Schicht des anderen, um die Sache etwas weniger stressig zu gestalten. Und weil wir alle auf demselben Gelände wohnten, lernten wir uns ziemlich gut kennen.

Als *Neuer* beobachtete ich so einige Unterschiede zwischen uns. Da gab es den Typ „Ich bin dein bester Freund", der vor allem anderen wollte, dass die Kinder ihn mochten. Er redete viel mit ihnen und nahm sie immer mal wieder auf lustige Ausflüge mit. Und weil er das gute Verhältnis mit den Kids nicht zerstören wollte, fiel es ihm schwer, auch mal durchzugreifen. So war es kein Wunder, dass die Kids nett, freundlich und faul waren, weshalb es in seinem Haus meist völlig chaotisch aussah. Wenn überhaupt, wurden die Hausarbeiten wie Spülen, Kochen und Putzen vom Hausvater übernommen, während die Kinder vor dem Fernseher saßen.

Der „Kontrolletti"-Typ trat auf wie ein Drillspieß beim Militär. Er bellte seine Anordnungen nur so heraus, es hagelte Konsequenzen, noch bevor es Probleme gab, und die Kinder wurden ziemlich herumgehetzt. Deshalb war sein Haus auch stets blitzblank. Die Kids beschwerten sich zwar dauernd über ihn, aber sie taten, was ihnen gesagt wurde. Von Zeit zu Zeit rebellierte zwar auch mal einer der Teenager und lief weg, doch der Rest war sehr aktiv und immer beschäftigt.

Die besten Hauseltern aber bewegten sich irgendwo in der Mitte zwischen diesen beiden Extremen. Sie legten sowohl Wert auf Beziehungen als auch auf Strukturen. Die Daumenregel lautete ungefähr so: „Wenn Respekt über der Freundschaft steht, ist Aktivität die

Folge. Wenn Freundschaft über dem Respekt steht, ist Passivität die Folge." Freundschaft brachte also gute Gefühle, aber auch Faulheit hervor. Wenn diese Kids dann doch mal zur Arbeit gezwungen wurden, war von Freundschaft gegenüber ihren Hauseltern sofort nichts mehr zu spüren! Die Hauseltern, die den Respekt an erste Stelle setzten, konnten die Kinder zu viel mehr Aktivität bewegen. Wenn sie dann mal ein bisschen lockerer wurden und einfach Spaß mit den Kindern hatten, wurden sie schon beinahe von ihnen verehrt.

Die Bibel lehrt in Bezug auf unser Wachstum und das unserer Kinder so ziemlich dasselbe. Zuerst sind wir selbstbezogen und passiv im Hinblick auf unsere Verantwortung. Wir brauchen das Gesetz (Grenzen und Konsequenzen), um aufmerksam zu werden (1. Timotheus 1,9). Wenn wir aber einmal begriffen haben, dass wir nicht Gott sind und dass unsere Passivität uns Probleme einbringt, fangen wir an, an unserem Leben zu arbeiten, und Gott schenkt uns seine Gnade und hilft uns.

Das Geschenk der Aktivität

Eines der größten Geschenke, die Sie Ihrem Kind machen können, ist, dass Sie ihm helfen, ein gesundes Aktivitätsniveau zu entwickeln. Aktiv zu sein bedeutet, die Initiative zu ergreifen, den ersten Schritt zu machen. Ein Kind muss verstehen, dass die Lösung seiner Probleme und die Antwort auf seine Wünsche immer zuerst mit ihm selbst beginnt, nicht mit jemand anderem.

Das Leben verlangt nun einmal Aktivität von uns, wenn wir bestehen und Erfolg haben wollen. Der erste Schrei eines Kindes nach der Geburt ist etwas, das ihm niemand abnehmen kann. Wenn Sie den Schrei hören, tun Sie Ihren Teil und reagieren auf die Bedürfnisse, die darin zum Ausdruck kommen. Sein ganzes Leben lang hat ein Mensch die Verantwortung dafür, seine Dilemmas zu lösen, obwohl er besonders als Kind in starkem Maße von seinen Eltern abhängig ist.

Verwechseln Sie aber Abhängigkeit nicht mit Passivität! Wir sind dazu gemacht, *aktiv* von Gott und anderen Menschen abhängig zu sein. Auch sollte man Aktivität nicht mit Autonomie in einen Topf werfen. Aktive Menschen versuchen nicht, alles alleine zu schaffen. Aktivität bedeutet vielmehr, dass man alles tut, was man tun kann, und nach dem sucht, was man noch nicht hat oder kann, um als Person vollständig zu werden. Die Bibel beschreibt das als eine Zusammenarbeit von uns und Gott. Wir haben unsere Aufgaben und er hat seine: „Arbeitet an euch selbst ... Gott gibt euch nicht nur den guten Willen, sondern er selbst arbeitet an euch ..." (Philipper 2,12-13). Ihr Kind muss seine Bedürfnisse aktiv kundtun, gegen Schlechtes protestieren, seinen Teil zu Freundschaften und Beziehungen beitragen, seine Aufgaben erledigen und langsam immer mehr Verantwortung für sein Leben übernehmen.

Aktive Kinder haben gute Chancen, auf Grenzen positiv zu reagieren. Wie ungezähmte Pferde benutzen sie ihren Willen, um gegen Ihre Grenzen und Konsequenzen *anzubocken*, bis sie langsam lernen, auf Sie zu achten. In dieser Phase werden Sie sicher auch ein paar „emotionale blaue Flecken" erleiden. Doch letztlich beugen sie sich der Realität und beginnen, ihre Gefühle zu meistern, sie in annehmbaren Grenzen zu halten und sie konstruktiv zu nutzen.

Das Geschenk der Aktivität hat viele Vorteile für Ihr Kind. Aktivität hilft ihm,

- aus Fehlern zu lernen und anhand von Konsequenzen zu begreifen, wie es sich verhalten soll,
- zu verstehen, dass seine Probleme und Wünsche zuerst seine eigene Sache sind,
- ein Gefühl von Einfluss und Kontrolle über sein eigenes Leben zu entwickeln,
- auf sich selbst aufzupassen,
- Situationen und Beziehungen zu meiden, die gefährlich sind,
- gute Beziehungen aufzubauen, in denen es Trost und Hilfe findet,
- seine Gefühle in einer Art und Weise zu strukturieren, die ihm hilft, mit Gott und anderen Menschen enge Beziehungen zu pflegen.

Die Bibel bestätigt die Regel der Aktivität immer wieder: So sollen wir täglich unser Kreuz auf uns nehmen (Lukas 9,23); wir sollen fleißig sein (Sprichwörter 12,24); wir sollen sein Reich und seine Gerechtigkeit anstreben (Matthäus 6,33); wir sollen bei Gott anklopfen wie die Witwe in Lukas 18,1-5; wir sollen um das bitten, was wir brauchen (Jakobus 4,2). Gott selbst ist ein aktiver, problemlösender, initiativer Charakter, und wir sind nach seinem Bild gemacht.

Die Vorteile, die ein aktives Kind hat, sind manchmal für Eltern schwer zu begreifen. Wenn wir Vorträge zum Thema Kinder und Grenzen halten, sind es oft Mütter, die uns Fragen wie die folgende stellen: „Ich habe dem Verhalten meiner Tochter eine bestimmte Grenze gesetzt, aber sie respektiert sie einfach nicht. Was soll ich machen?" Die Antwort ist: „Genau das muss passieren. Sie sind die Mutter. Ihre Aufgabe ist es, Grenzen zu setzen und ihre Einhaltung mit liebevoller Konsequenz durchzusetzen. Ihre Tochter ist das Kind; sie hat auch eine Aufgabe: Sie besteht darin, die Grenze auszutesten, sich an ihr zu stoßen und dabei etwas über die Realität zu lernen, über Beziehungen und Verantwortung. So läuft das göttlich verordnete Trainingssystem ab!"

Das Problem der Passivität

Passivität, also Faulheit oder Antriebslosigkeit, ist das Gegenteil von Aktivität und Initiative. Passivität ist bei Kindern das Haupthindernis auf dem Weg zur Grenzenentwicklung. Passive Kinder befinden sich in einer Art „Standby-Modus" und warten immer auf etwas oder jemanden. Wenn Kinder passiv sind, können sie nicht lernen, ihre eigenen Verwalter zu werden. Sie geben die Kontrolle immer an jemand anderen ab, der an ihrer Stelle handelt.

So sind passive Kinder nicht in der Lage, den üblichen Prozess aus „Ausprobieren, Versagen und Lernen" durchzuspielen, der so wichtig ist. Sie testen sich nie wirklich aus; sie versagen auch nicht, aber Wachstum ist auf diese Weise nicht möglich. Oft sind es wirklich nette Kinder, aber man kann nur schwer feststellen, wie sie wirklich sind. Sie haben außerdem häufig Schwierigkeiten, gute Freunde zu finden und zu wissen, was sie wirklich interessiert. Sie lassen sich leicht von stärkeren Freunden beeinflussen und kontrollieren. Sie sind Mitläufer, aber sie nehmen ihr Leben nie selbst in die Hand.

Ich werde immer ganz traurig, wenn ich an all die Kinder denke, die am Leben vorbeigehen, weil sie passiv sind. Sie werden erst erwachsen, dann alt, dann sterben sie, und ihr ganzes Leben lang sind sie nie wirklich angerührt worden oder haben einen anderen Menschen tief berührt. Ihre Passivität verdammt sie zu einem Halbleben im Zwielicht. Was für eine traurige Verschwendung!

Passivität ist keine Tugend, sondern eine Form des Versagens! Das

Böse wächst in der Abwesenheit von Gutem und eine passive Person öffnet dem Bösen unwissend Tür und Tor, indem sie ihm nichts entgegensetzt. Der Teufel wartet nur auf solche Gelegenheiten (siehe Epheser 4,27). Und Gott hat keine Freude an passiven Menschen (Hebräer 10,38). Im Gleichnis von den anvertrauten Talenten war der Herr zornig auf den Knecht, der vor lauter Passivität und Angst nichts mit seinen Talenten angefangen hat (Matthäus 25,24-28). Doch machen Sie nicht den Fehler und verwechseln Passivität mit Geduld. Geduld ist eine sehr positive Eigenschaft, bei der wir unsere Impulse unterdrücken, Gott die Zügel aus der Hand nehmen zu wollen (siehe Jakobus 5,8).

Die Botschaft der Bibel zum Thema „Passivität" lautet: „Eine falsche Entscheidung ist besser als gar keine Entscheidung." Darum lernen aktive Kinder leichter und schneller als passive. Man kann ein Boot, das sich in die falsche Richtung bewegt, leicht in die richtige umlenken. Eins, das fest im Hafen vertäut ist, bewegt sich dagegen einfach gar nicht.

Was können Sie tun, damit Ihr passives Kind sich ändert?

Eltern von passiven Kindern haben ein doppeltes Problem: Diese Kinder haben dieselben Grenzenprobleme wie andere, aber es ist viel schwieriger, sie in den notwenigen Lernprozess hineinzubekommen. Hier sind einige Beispiele, wie sich Passivität bei Kindern äußern kann:

- *Aufschieben*: Das Kind reagiert erst im letztmöglichen Moment. Es beendet Schulaufgaben sehr spät und lässt Sie warten, wenn Sie es zu einer Veranstaltung bringen wollen. Wenn Sie es bitten, die Musik leiser zu stellen oder den Tisch zu decken, schraubt ein sonst schnelles Kind seine Geschwindigkeit auf ein Schneckentempo herunter. Es braucht enorm viel Zeit, um etwas zu erledigen, das es nicht mag. Als positiv empfundene Aufgaben bewältigt es dagegen blitzschnell.
- *Ignorieren:* Das Kind blendet Ihre Anweisungen einfach aus, entweder indem es so tut, als hätte es nichts gehört, oder indem es einfach ungehorsam ist. Es spielt oder träumt weiter vor sich hin.

- *Mangelnde Initiative:* Das Kind meidet neue Erfahrungen wie unbekannte Sportarten, potenzielle Freunde oder anderes. Es bleibt gern in alten Mustern und Tätigkeiten hängen.
- *Fantasiewelten:* Das Kind tendiert dazu, mehr in sich zurückgezogen zu leben als in der wirklichen Welt. Es wirkt fröhlich und lebendig, wenn es sich in seinen eigenen Gehirnwendungen verliert. Beim ersten Anzeichen von Problemen oder Unangenehmem zieht es sich sofort dorthin zurück.
- *Passiver Widerstand:* Das Kind verweigert die Mitarbeit, indem es Sie mit leerem Blick anstarrt und dann nichts tut. Es ist offensichtlich wütend oder rebellisch, drückt das aber nicht verbal aus.
- *Isolation:* Ihr Kind meidet den Kontakt mit anderen und bleibt lieber allein in seinem Zimmer. Statt zu streiten oder gegen Sie anzukämpfen, reagiert es auf ein durch Sie präsentiertes Problem, indem es einfach weggeht.

Passive Kinder sind nicht schlecht oder böse. Sie haben einfach nur einen bestimmten Zugang zum Leben, der sie davon abhält, Selbstständigkeit zu erlangen. Nicht alle Probleme mit Passivität sind gleich und Kinder haben aus den verschiedensten Gründen mit dieser Sache zu kämpfen. Im Folgenden zählen wir einige der Wurzeln auf, die diesem Problem zu Grunde liegen. Dazu möchten wir Ihnen einige Tipps geben, wie Sie Ihrem passiven Kind helfen können, sein Verhalten zu ändern.

Angst

Vielleicht ist Ihr Kind gehemmt, weil es tief liegende Ängste hat, die es lähmen und davon abhalten, die Initiative zu ergreifen. Angst kann dazu führen, dass ein Kind dem ganzen Leben gegenüber eine abwartende Verteidigungshaltung einnimmt. Probleme hat es dann zum Beispiel mit:

- *Nähe:* Manche Kinder fürchten sich davor, anderen Menschen zu nahe zu kommen und sich verletzlich zu machen. Sie fühlen sich unwohl mit anderen Menschen und vermeiden jede Situation, in der sie sich ausgeliefert fühlen. Lassen Sie sich nicht auf die Idee ein, dass dies eben *seine Art* ist. Natürlich sind manche Kinder von Natur aus schüchterner als andere, aber auch sie müssen lernen, Freundschaften zu schließen und Beziehungen zu führen. Machen Sie deshalb Kirchenbesuche, Sportveranstaltungen, Schulfeste und andere soziale Aktivitäten zu einem normalen Teil des Alltags. Mischen Sie sich nicht in die Freundschaften Ihres Kindes ein, aber seien Sie jederzeit gesprächsbereit, wenn das Kind über seine Erlebnisse reden möchte.

- *Konflikte:* Manche Kinder sind aktiv, solange alles in Ordnung ist, aber wenn Ärger oder ein Konflikt auftreten, werden sie starr und passiv. Vielleicht haben sie Angst vor körperlicher Bedrohung oder dem Zorn eines anderen. Versprechen Sie einem solchen Kind nicht, dass ihm nie so etwas passieren wird. Aber Sie können ihm versichern, dass Sie immer für es da sind und aufpassen werden, dass es nicht verletzt wird.

Normalisieren Sie Konflikte und Auseinandersetzungen. Ein Freund von mir zum Beispiel hat seine Tochter zum Karate-Unterricht geschickt, damit sie sieht, dass nicht jeder *Kampf* etwas Schreckliches ist. Am Anfang war ihm das reichlich peinlich, weil sie sich ständig an sein Bein klammerte und heulte und wieder nach Hause wollte. Er blieb fest und sagte: „Du gehst jetzt drei Monate hin. Du hast keine Wahl; ich bringe dich hin, ob du weinst oder nicht. Nach drei Monaten kannst du dir dann aussuchen, ob du weitermachen oder aufhören willst." Nach den drei Monaten hatte sie sich ihren ersten Gürtel verdient und blieb dabei. Bringen Sie Ihrem Kind bei, dass Konflikte ganz normal sind und dass man sie überleben kann.

- *Versagen:* Viele Kinder haben ein Perfektionismusproblem. Sie möchten keinen Fehler machen, deshalb ergreifen sie auch nie die Initiative, was natürlich die Gefahr verringert, etwas falsch zu machen. Doch dabei verlieren sie die Möglichkeit, aus ihren Fehlern zu lernen. Auch hier müssen Sie *normalisieren* und Ihre Kinder lehren, dass sie nicht um Ihre Liebe zu Ihnen fürchten müssen, wenn sie einmal einen Fehler machen. Gestehen Sie deshalb vor Ihren Kindern hin und wieder Ihre eigenen Fehler ein und lachen Sie auch mal über sich selbst, wenn Sie etwas Dummes getan haben.

Eine mit uns befreundete Familie ist darin besonders gut. Wenn wir bei ihnen zum Essen eingeladen sind, bekommen wir keine grandiosen Erfolgsstorys aufgetischt, sondern jeder erzählt von seinen Pannen. Die Kinder wachsen mit dem Gefühl auf, dass Versagen nichts Schreckliches ist und dass man daraus lernen kann.

Die Unfähigkeit, Ziele zu strukturieren

Wünsche und Ziele können Kindern helfen, ihre Passivität zu überwinden. „Ein erfüllter Wunsch gibt dem Herzen neues Leben" (Sprichwörter 13,12). Wenn Kinder vor einem Problem stehen, verfallen sie oft in eine Art Starre. Das ist keine Faulheit, sondern diese Kinder schaffen es nicht allein, ein Problem zu durchdenken und zu entscheiden, welche Schritte als Nächstes dran sind. Ihre Frustrationstoleranz ist meist recht gering. Vielleicht überfordert sie eine Aufgabe auf den ersten Blick so sehr, dass sie gleich aufgeben, anstatt sie in kleinen Schritten anzugehen. Freundschaften geben sie auch beim ersten Streit auf und bleiben lieber allein zu Hause.

Hindern Sie Ihr Kind nicht daran, das Strukturieren zu erlernen, indem Sie ihm ermöglichen, sich aus bestimmten Aufgaben rauszumogeln! Ihr Zuhause sollte kein Ort sein, an dem sich das Kind vor dem Leben verstecken kann! Verlangen Sie von ihm, dass es auch zu Hause Fähigkeiten erlernt. Bieten Sie dabei immer Ihre Hilfe an. Aufgaben mit einer gewissen Komplexität, wie Kochen, Einkaufen oder Gartenarbeit, bei denen es mit Ihrer diskreten Assistenz gute Erfolge sieht, helfen dem Kind, Vertrauen in seine Fähigkeiten zu entwickeln. Es lernt, immer einen Schritt nach dem anderen zu tun und so an Zielen zu arbeiten, die es wirklich interessieren.

Unrealistische Erwartungen

Ein Kind hat vielleicht das Gefühl, bei Ihnen eigentlich nicht um Dinge bitten zu müssen; seiner Meinung nach sollten Sie seine Wünsche sogar schon kennen, bevor es sie äußert. Das kann sogar so weit gehen, dass es sich aufregt, wenn Sie nicht die richtigen Fragen stellen, etwas zu besorgen vergessen oder nicht wissen, warum es eigentlich unglücklich ist. Dies ist ein typisches Merkmal von kleineren Kindern und von solchen, die vom Gefühl her ihr Selbst noch nicht von dem ihrer Eltern trennen können. Kleinkinder brauchen eine Mama oder einen Papa, um ihre Bedürfnisse zu stillen, und zwar auch ohne dass sie sie in Worte fassen können – sonst ist ihr Leben in Gefahr! Doch wenn Kinder heranwachsen, müssen sie lernen, ihre Wünsche deutlich auszudrücken.

Lassen Sie Ihr Kind wissen, dass Sie sich wirklich für seine Wünsche und Bedürfnisse interessieren und sie soweit wie möglich auch erfüllen möchten. Aber sagen Sie ihm auch: „Obwohl ich dich sehr liebe, kann ich deine Gedanken nicht lesen. Wenn du nicht deinen Mund benutzt, um mir zu sagen, was du willst, kannst du auch nicht mit einer Reaktion von mir rechnen. Das wäre doch traurig. Aber wenn du dich bemühst und mir sagst, was du möchtest, dann tue ich, was ich kann, um dir zu helfen!"

Vermischte Aggressionen

Manche Kinder sind nicht ständig passiv, sondern sie wechseln zwischen aggressivem Verhalten in einem Bereich und totaler Ignoranz in einem anderen. Zum Beispiel kann ein Junge recht gut *funktionieren*, gute Noten bekommen und sich zu Hause verantwortungsvoll verhalten. Trotzdem kann er beziehungsmäßig total passiv sein und sich von anderen isolieren. Oder ein Einser-Schüler kann es fertig bringen, zu Hause keinen Finger zu rühren.

Solche Kinder haben die nötigen aktiven Anteile, aber in manchen Bereichen fällt es ihnen schwer, sie auch anzuwenden. Sie brauchen Ihre Hilfe, um auch in den Bereichen aktiv zu werden, in denen sie Schwierigkeiten haben. Lassen Sie sich nicht von der Aussage einlullen: „So bin ich nun mal!" Im Sinne Gottes heranzureifen bedeutet, dass wir uns in allen Bereichen unseres Lebens weiterentwickeln, nicht nur in denen, in denen es uns leicht fällt.

Die Regel sollte hier lauten: „Du bekommst keine Belohnung, so lange du dich nicht in deinen Problemfeldern zumindest bemühst!" Um sich eine Sonderration Schokolade, eine Übernachtung bei Freunden oder eine Extra-Fernsehsendung zu *verdienen*, sollten Sie Ihren in sich zurückgezogenen Zehnjährigen dazu anhalten, einmal pro Woche ein paar Freunde nach Hause einzuladen oder zum Beispiel zur Rollschuhbahn zu fahren. Das Leben lehrt uns nun mal, dass wir zuerst das Gemüse essen müssen, bevor wir das Dessert bekommen!

Faulheit

Manchmal sind Kinder passiv, weil sie eine allzu lässige Lebenseinstellung haben. Das können freundliche, einfühlsame Kinder sein, die einfach im Vorfeld verhältnismäßig wenig *Angst* vor Konsequenzen haben – denen also diese gewisse Antriebsfeder fehlt, die uns dazu bringt, zur Arbeit zu gehen, unsere Beziehungen zu pflegen und unser Auto in Ordnung zu halten. Für solche Kinder stellt die Zukunft keine Herausforderung dar. Sie wissen, dass sich schon jemand um alle eventuell auftretenden Probleme kümmern wird. Ihnen fehlt schlichtweg jeglicher Respekt vor möglichen Konsequenzen.

Generell gesagt steht hinter jedem faulen Kind eine Mutter oder ein Vater, der ihm diese Faulheit möglich macht. Sie bezahlen für die Faulheit Ihres Kindes. Vielleicht ist Ihnen nicht bewusst, dass Sie zu wenig Eigenleistung von Ihrem Kind erwarten. Ihrem Kind alles zu geben, bereitet es nicht gerade gut auf das Leben in der wirklichen Welt vor! Ist bei Ihnen zum Beispiel der Haushalt eine Teamaufgabe oder bringt sich Ihr Kind nur ab und zu mal ein, wenn es dafür eine extra Bezahlung bekommt? Ist die Höhe des Taschengeldes auch an die Mithilfe im Haushalt und die schulische Leistung gebunden? Warten Sie nicht darauf, dass Ihr Kind freiwillig zu helfen beginnt. Sie sind es, die die Regeln aufstellen und sie mit allen Konsequenzen durchziehen!

Eine Bekannte von mir, die aus einer sehr wohlhabenden Familie stammt, erzählte mir neulich, was für ein Kampf es für sie ist, ihre drei Kinder zur Hausarbeit anzuhalten. Sie sagte: „Ich selbst habe einfach nie über solche Dinge nachdenken müssen. Ich hab mich umgezogen und meine Kleider einfach da liegen gelassen, wo sie hingefallen sind. Und wenn ich dann wieder in mein Zimmer kam, hatte das Hausmädchen bereits alles aufgeräumt. Jetzt, wo ich selbst Kinder habe, lassen diese auch einfach alles stehen und liegen. Ich wünschte, ich müsste das nicht noch so spät im Leben lernen!"

Es ist schwierig, gleichzeitig ein faules Kind und trotzdem ein aktiver, fleißiger Schüler zu sein. Sprechen Sie mit anderen Eltern und fragen Sie sie, ob Sie deren Meinung nach zu viel tun und Ihre Kinder zu wenig. Sie werden überrascht sein, was Ihr Kind alles kann, wenn Sie es dazu anhalten!

Denken Sie immer daran, dass sich Ihr Kind später so passiv verhalten wird, wie Sie es ihm jetzt beibringen. Besonders auf faule Kinder trifft der folgende Satz zu: Es passiert nichts, bis es mehr wehtut, wenn man so bleibt wie man ist, als wenn man sich verändert! Die Bibel findet dazu deutliche Worte: „Den Faulpelz bringen seine Wünsche um, weil seine Hände sie nicht erfüllen wollen" (Sprichwörter 21,25). Setzen Sie der Faulheit Ihres Kindes heute Grenzen und ersparen Sie ihm dieses Schicksal!

Anspruchsdenken

Ein Hauptgrund für Passivität bei Kindern ist eine ansprüchliche Grundhaltung, die eine Sonderbehandlung als selbstverständlich voraussetzt. Solche Kinder meinen, schon allein durch ihre bloße Existenz hätten sie alles im Leben verdient. Sie erwarten von anderen Menschen, dass diese ihre Wünsche erfüllen, und sie sind selten dankbar, denn aus ihrer Sicht stand ihnen ja alles ohnehin zu.

Natürlich hat jedes Kind die Tendenz zu dieser Haltung (siehe dazu auch Kapitel 11). Seit dem Sündenfall lehnen die Menschen die Tatsache ab, dass wir nicht Gott sind. Wenn Sie dieser Tendenz bei Ihrem Kind nachgeben, ziehen Sie einen Menschen heran, der nicht für das wahre Leben gerüstet ist. Entweder wird Ihr Kind total desillusioniert und unfähig werden, in der wirklichen Welt zu bestehen, oder es findet eine/n Dumme/n, der oder die sein Ego streichelt und es vor der Realität beschützt.

Cynthia, die Mutter des 16-jährigen Sean, bemerkte einige Signale für eine solche passive Haltung bei ihrem Sohn. Er sah gut aus, hatte einen IQ von 140 und war sehr beliebt. Doch wegen mangelnder Aufmerksamkeit und schlechter Leistungen blieb er sitzen und drohte sogar von der Schule zu fliegen. Cynthia nahm an, dass ihn die Schule nicht genug förderte und dass er einfach faul war.

Sehr zu ihrer Überraschung kam Seans Anspruchsdenken eines Tages ganz unvermittelt zu voller Blüte: Er hatte mal wieder den Bus verpasst und brauchte ein Taxi zu seiner neuen Schule. Weil sie ihn nun mit dem Auto bringen musste, musste Cynthia in ihrem Büro anrufen, dass sie später kommen würde. Unterwegs brachte sie ihre Sorgen über seine chronische Passivität zum Ausdruck und versuchte ihm deutlich zu machen, wie sehr dies ihn, sie und die ganze Familie belastete. Sie sagte ihm auch, dass es ihr gar nicht passte, ihn jetzt zur Schule fahren zu müssen.

Da drehte Sean sich plötzlich zu ihr um und sagte: „Hey, du *musst* mich zur Schule bringen! Ich bin das Kind. Es ist deine Aufgabe als Mutter. Das steht mir einfach zu!"

Daraufhin hielt Cynthia den Wagen an und öffnete die Beifahrertür. „Genau, du bist das Kind", sagte sie. „Doch das bedeutet nicht, dass dir einfach alles zusteht. Wir unterhalten uns noch darüber, wenn du aus der Schule zurück bist. Und jetzt raus mit dir!"

Überrascht fand sich Sean auf dem Bürgersteig wieder und musste die letzten zwei Kilometer zu Fuß gehen. Zuerst war er stinksauer, doch als er am Nachmittag wieder zu Hause war, war er bereit zum Reden.

Cynthia tat es Leid, dass sie ihrem wütenden Impuls nachgegeben hatte. Doch obwohl ihr Verhalten vielleicht etwas zu hart gewesen war, half es Sean zu erkennen, dass seine Anspruchshaltung entlarvt worden war und nicht besonders gut funktionierte. Das war der erste Schritt in die richtige Richtung.

Gottes Lösungsansatz für Anspruchsdenken ist Demut: „In Demut achte einer den anderen höher als sich selbst" (Philipper 2,3). Ihr Kind muss wissen, dass es zwar legitime Bedürfnisse hat, dass ihm aber nicht automatisch alles zusteht. Tatsächlich wäre es unser aller Ende, wenn wir das bekämen, was wir verdienen, denn wir sind alle fehlerhaft (siehe Römer 3,23). Ihr Kind braucht bestimmte Dinge, so wie alle Kinder. Doch es trägt eine Mitverantwortung für diese Bedürfnisse. Wenn seine Passivität mit einer ansprüchlichen Lebenshaltung zusammenhängt, müssen Sie diese Grundhaltung enttäuschen, während Sie aber gleichzeitig seine tatsächlichen Bedürfnisse befriedigen. Arrogante, anspruchliche Menschen werden selten geliebt; und auch Ihr Kind wird wie jeder andere für seine guten Eigenschaften geschätzt, nicht für die schlechten.

Außerdem sollten Sie es nicht mit Lob übertreiben, wenn Ihr Kind eine von ihm verlangte Aufgabe erledigt. Manche Dinge sind eben selbstverständlich und verdienen keine besonderen Belobigungen (siehe Lukas 17,10). Wenn Ihr Kind aber einen Fehler zugibt, ehrliche Reue zeigt, Chancen ergreift und sich liebevoll verhält, dann können Sie es gar nicht genug dafür loben! Kitzeln Sie den sich langsam entwickelnden guten Charakter in ihm hervor, der sich in einem aktiven, liebevollen und verantwortlichen Verhalten zeigt.

Klinische Gründe

Manchmal kann Passivität auch ein Anzeichen für tiefer liegende psychische Probleme sein. Manche Arten von Depressionen können zum Beispiel dazu führen, dass ein Kind sich immer weiter in sich selbst zurückzieht. Drogen- und Alkoholprobleme können ebenfalls zu einem passiven Verhalten führen. Wenn Sie so einen Verdacht haben, scheuen Sie sich nicht, einen Therapeuten zu suchen, der sich mit Kindern auskennt, und dessen Meinung einzuholen.

Prinzipien, die Kinder in Aktion bringen

Ob Ihr Kind nun von Natur aus eher aktiv oder passiv ist, auf jeden Fall müssen Sie ihm dabei helfen, ein Suchender zu werden und zu wachsen. Sie spielen die Hauptrolle bei der Durchführung und dem Erlernen der *Regel von der Aktivität*. Diesen Part kann Ihr Kind nicht selbst übernehmen und obwohl es Ihre Bemühungen sicher nicht zu schätzen weiß, werden sie sich positiv in seiner Charakterentwicklung niederschlagen. Hier ein paar Tipps:

Werden Sie ein Aktivist, nicht nur eine Mutter oder ein Vater!

Ein Kind muss jemanden als Vorbild haben, der ein selbstständiges, aktives Leben führt. Eine Mutter oder ein Vater, deren Leben sich ausschließlich um die Kinder dreht, vermittelt ihnen unbewusst den Eindruck, dass es im Leben darum geht, entweder Eltern zu sein oder zeitlebens von Eltern betreut zu werden. Lassen Sie Ihr Kind wissen, dass Sie auch andere Interessen und Beziehungen wichtig finden. Verreisen Sie auch mal ohne die Kinder. Zeigen Sie Ihrem Kind, dass Sie aktiv für Ihre eigenen Bedürfnisse sorgen und Ihre Probleme anpacken.

Unterlassen Sie alles, was die passive Haltung Ihres Kindes unterstützt!

Vermischen Sie nicht Liebe mit dem Versuch, Ihr Kind vor sich selbst retten zu wollen! Fragen Sie sich selbst und Leute, die Sie gut kennen, ob Sie die *Wachstumsmuskeln* Ihres Kindes genügend beanspruchen. Vermeiden Sie es, Ihrem Kind in einem oder mehreren Bereichen Grenzen zu setzen und diese auch aufrechtzuerhalten? Scheuen Sie sich davor, Probleme offen anzusprechen, weil Sie Konflikte vermeiden wollen? Ist Ihr Zuhause ein Versteck vor der Verantwortung oder ein Ort, an dem man wachsen und weiterkommen kann?

Ein 40-jähriger Bekannter von mir, der ein erfolgreicher Geschäftsmann sowie ein Ehemann und Familienvater ist, wird zu einem passiven Kind, sobald er seine Mutter zu Hause besucht. Er sitzt auf dem Sofa und sieht fern, während seine Mutter ihm Snacks und Getränke serviert. Als seine Frau dieses Verhalten zum ersten Mal beobachtete, begriff sie, warum es so schwer war, ihn zu Hause zur Mitarbeit zu motivieren. Seine *neue Mama* (seine Frau) verhielt sich nicht so *gut* wie die erste. Denken Sie an 2. Thessalonicher 3,10: „Wer nicht arbeitet, soll auch nicht essen." Liebe und Gnade gibt es umsonst. So ziemlich alles andere muss man sich verdienen!

Verlangen Sie bei Problemen Initiative und Lösungsansätze!

Die natürliche Tendenz Ihres Kindes ist es, Sie die ganze Arbeit machen zu lassen. Es ist Ihr Fehler, wenn Sie das tun. Fangen Sie an, Aussagen zu machen wie: „Tut mir Leid, aber das ist deine Sache. Ich hoffe, du findest eine Lösung für das Problem. Wenn du Fragen hast, bin ich für dich da." Viele, viele Probleme können bei Kindern im Alter von etwa 4 bis 18 Jahren auf diese Art beantwortet werden:

- „Mama, wo sind meine Schuhe?"
- „Ich habe den Schulbus verpasst!"
- „Ich habe kein Geld mehr. Kann ich einen Vorschuss haben, damit ich ins Kino gehen kann?"
- „Ich bin so sauer auf dich, weil du mir Hausarrest aufgebrummt hast!"
- „Tut mir Leid, dass ich so spät komme. Was gibt's zum Abendessen?"
- „Morgen muss ich meinen Aufsatz abgeben und ich kann doch gar nicht so schnell tippen!"

Wie Sie sehen, können Sie jede Menge Zeit und Energie für sich zurückgewinnen, wenn Sie auf solche Anfragen wie beschrieben reagieren: „Das ist dein Problem!" Ihre Überaktivität hat vielleicht zur Passivität Ihres Kindes beigetragen! Wenn Sie ihm helfen, Verantwortung zu übernehmen und sein eigenes Päckchen zu tragen, stärkt das seinen Charakter und verhilft ihm zur Reife; und es hilft Ihnen dabei, nicht mehr zu tun, als Gott für Sie als Eltern vorgesehen hat!

Lehren Sie Ihr Kind, beziehungsorientiert zu denken!

Eine der schlechten Früchte der Passivität ist, dass Ihr Kind nicht nur seine Probleme nicht löst, sondern sich auch nie die guten Quellen erschließt, die Gott für sein Leben vorbereitet hat. Passive Kinder meiden oft generell Beziehungen, weil Beziehungen Arbeit bedeuten und sie entweder darauf warten, dass jemand anderer alles tut, oder sie nicht um Hilfe bitten möchten. Doch Beziehungen sind die Quelle vieler Vorteile:

- Sie bieten Trost und Halt in schmerzlichen Situationen.
- Sie sorgen dafür, dass man sich geliebt und angenommen fühlt, statt schlecht und allein.
- Sie sind das *Benzin*, das unseren Lebensmotor antreibt.
- Sie bieten Informationen und Hilfe, wenn man ein Problem hat.
- Sie versorgen einen mit der nötigen Struktur, damit man wachsen kann.

Erklären Sie Ihrem Kind, dass man sich um gute Beziehungen aktiv bemühen muss. Lassen Sie sich nicht mit einsilbigen Antworten á la „Was ist los?" – „Nichts!" abspeisen, aber treiben Sie Ihr Kind auch nicht mit bohrenden Fragen in die Ecke. Sagen Sie in so einem Fall: „Anscheinend hast du ein Problem. Ich helfe dir gern, wenn du mich darum bittest." Ich kenne einen Vater, der merkte, dass er dieses Spielchen mit seiner Tochter spielte. Es brachte nichts, sie auszufragen, wenn sie offensichtlich ein Problem hatte. Also setzte er sich hin und las seine Zeitung. Daraufhin ging sie immer wieder an ihm vorbei und seufzte ein wenig – nur ganz leise, aber doch laut genug, dass er sie hörte. Er las weiter. Sie schlich buchstäblich um ihn herum wie die Katze um den heißen Brei – geschlagene zwölf Mal! Schließlich merkte sie, dass in dieser Beziehung wohl nichts passieren würde, wenn sie nicht aktiv wurde. Also sagte sie: „Papa, ich hab Probleme in der Schule ..." Und sofort war ihr seine ganze Aufmerksamkeit sicher!

Lassen Sie den Effekt der Passivität schmerzvoller sein als den der Aktivität!

Eltern achten oft zu wenig auf passive Kinder, weil sie anscheinend weniger Probleme machen als die überaktiven. Passen Sie auf, dass Sie es Ihrem passiven Kind nicht zu bequem machen! Es ist gefährdeter, als Sie denken! Lassen Sie es wissen, dass Sie lieber Fehler in Kauf nehmen, die aus Aktivität entstehen, als totale Passivität. Sagen Sie: „Wenn du es probierst und es geht schief, helfe ich dir gern mit allem, was mir möglich ist. Wenn du es nicht probierst, liebe ich dich natürlich genauso, aber ich kann dir nicht helfen."

Loben und belohnen Sie Ihr Kind, wann immer es Ansätze zu eigener Aktivität macht, wie zum Beispiel von sich aus den Tisch zu decken. Wenn es dabei etwas verschüttet, darf das kein Problem sein. Wenn es aber auch nach Aufforderung diese Aufgabe nicht erledigt, wird sein Nachtisch gestrichen.

Lassen Sie Ihrem Kind Zeit!

Kinder, die mit Passivität zu kämpfen haben, brauchen mehr Geduld als aktive Kinder. Sie haben schon zu lange Angst gehabt und Risiken, Versagen und Schmerz vermieden. Ihre aktiven Anteile sind ihnen suspekt und werden von ihnen nicht als Vorteil angesehen.

Erwarten Sie nicht, dass Ihr Kind sich über Nacht in ein zupackendes Energiebündel verwandelt. Belohnen Sie jeden Ansatz, auch wenn es sich danach wieder zurückzieht. Normalerweise treten die aktiven Anteile des Kindes mit der Zeit stärker in den Vordergrund, wenn dieser Prozess in die richtige Richtung läuft. Wie bei einer Maschine, die sich warm läuft, wird das Aktivitätsniveau Ihres Kindes steigen. Doch die ersten Schritte werden vermutlich noch zögerlich sein. Denken Sie daran, wie viel Geduld Gott mit uns allen hat, und seien Sie gnädig: „Ermutigt die Ängstlichen. Helft den Schwachen und habt Geduld mit allen" (1. Thessalonicher 5,14).

Schlussfolgerungen

Ihr Kind braucht Sie als liebevollen, Grenzen setzenden, anspornenden *Coach*, der die besten Seiten aus ihm hervorlockt. Es wird Ihnen zunächst Widerstand leisten und wütend auf Sie sein. Aber so, wie eine Vogelmutter den Zeitpunkt kennt, an dem die Jungen aus dem Nest gestoßen werden müssen, weil sie flügge sind, sollten auch Sie Ihre Erfahrung, Ihre Urteilskraft und die Hilfe von Gott und anderen Menschen nutzen, um Ihrem Kind zum richtigen Zeitpunkt immer mehr die Initiative für sein eigenes Leben zu überlassen.

Im nächsten Kapitel geht es darum, wie Sie Ihrem Kind beibringen können, ehrlich und offen seine Grenzen zu wahren, statt dem allgemeinen Drang zu lästern nachzugeben oder seine Eltern gegeneinander auszuspielen.

13. Ehrlichkeit ist die beste Strategie

Die Regel der Offenheit

Ich (Henry Cloud) erinnere mich noch sehr lebhaft an einen bestimmten Tag, als ich acht Jahre alt war. Damals machte ich einen großen Fehler, aber in diesem Moment wusste ich das nicht. Ich dachte, ich könnte meiner Schwester eins auswischen, die damals 16 Jahre alt war. Da es nur wenige Gelegenheiten gab, es ihr heimzuzahlen, wollte ich mir diese nicht entgehen lassen.

Sharon und ihre Freundin waren im Wohnzimmer und lieferten sich eine Kissenschlacht, als eine von ihnen versehentlich die Wohnzimmerlampe abschoss. Sie ging kaputt, obwohl die Glühbirne noch funktionierte. Schnell fanden die Mädchen eine Möglichkeit, die Lampe so zu arrangieren, dass man den Schaden nicht sah. Sie nahmen an, damit aus dem Schneider zu sein. Doch meine Schwester konnte nicht ahnen, dass sie einen kleinen Bruder mit einem fiesen Plan hatte!

Als mein Vater nach Hause kam, konnte ich es kaum erwarten, die Mädchen zu verpetzen. Ich erzählte ihm alles und er bat mich, ihm die kaputte Lampe zu zeigen. Ich ging mit ihm ins Wohnzimmer, wo aber noch Sharon und ihre Freundin saßen! Ich war in der Falle. Hier war mein Vater und wollte Beweise sehen, dort die beiden Mädchen, die mich dabei beobachteten, wie ich mich endgültig als Petze erwies. Ich kann mich nicht mehr erinnern, was mein Vater den Mädchen als Strafe aufbrummte, aber ich weiß noch genau, was sie mit mir machten, und das war bestimmt nicht schön!

Es dauerte noch Jahre, bis ich das Prinzip begriff, das mit diesem Ereignis in Zusammenhang stand. Eines Tages wurde es mir klar: *Wenn du hinter dem Rücken einer Person agierst, musst du in der Beziehung mit ihr mit Problemen rechnen!*

Eines der wichtigsten Prinzipien in Beziehungen ist eine offene Kommunikation und ein ehrliches Ansprechen von allem, was vor sich geht. Ich hatte meiner Schwester nicht mitgeteilt, was ich von ihrem Verhalten dachte, ich hatte ihr keine Chance gegeben, die Sache selbst zu beichten, und es hatte mich auch gar nicht interessiert, ob sie das vielleicht vorhatte. Mein Handeln hatte lediglich zwei Motivationen: Ich wollte, dass meine Schwester bezahlte, und ich hatte Angst, sie direkt zu konfrontieren. Irgendwie war ich so dumm zu glauben, dass ich sie verpetzen konnte, ohne dass sie es mitbekam, und dass ich folglich auch nicht ihren Ärger abbekommen würde.

Seitdem habe ich als Psychologe sehr viel über die Destruktivität von indirekter Kommunikation gelernt. Sie läuft ungefähr so ab: Ich habe ein Problem mit Person A und erzähle Person B davon. Jetzt habe ich schon drei Probleme: Das erste, von dem ich B erzählt habe, das zweite, dass nämlich Person B jetzt etwas über Person A weiß, von dem wiederum A nichts weiß, und das daraus resultierende Problem, dass A herausfindet, was ich B erzählt habe, und sich von mir verraten fühlt.

Verwandt mit dieser Dynamik ist folgendes Szenarium: Person A erzählt mir etwas über Person B, und ich wiederum erzähle dies Person B. B ist daraufhin wütend auf A und A weiß nicht, warum. Später ist dann A wütend auf mich, weil ich B von der Sache erzählt habe, oder A behauptet, dass er mir überhaupt nie etwas gesagt hätte.

Die Bibel hat einiges über diese Art der indirekten Kommunikation zu sagen und ebenso über die heilende Kraft direkter Kommunikation. Hier finden Sie einige Aussagen, die Gottes Sicht von Unehrlichkeit in Beziehungen verdeutlichen:

- *Wer insgeheim hasst, ist ein Heuchler, doch wer offen verleumdet, muss den Verstand verloren haben* (Sprichwörter 10,18).
- *Wenn du etwas gegen einen anderen hast, dann trage deinen Groll nicht mit dir herum. Rede offen mit ihm darüber, sonst machst du dich schuldig* (3. Mose 19,17).
- *Wenn ich dir ankündige, dass ein bestimmter Mensch wegen seiner schlimmen Taten sterben muss, dann bist du dafür verantwortlich, dass er es erfährt und die Gelegenheit bekommt, sich zu bessern und sein Leben zu retten. Warnst du ihn nicht, so wird er zwar sterben, wie er es verdient; aber dich ziehe ich dafür zur Rechenschaft wie für einen Mord* (Ezechiel 3,18).

- *Hört also auf zu lügen und betrügt einander nicht; denn wir alle sind Glieder am Leib Christi ... Sonst bekommt der Teufel Macht über euch* (Epheser 4,25;27).

Indirekte Kommunikation lässt uns dumm dastehen, macht uns zu einem Teil des Problems, gibt uns eine Teilverantwortung und treibt uns in die Arme des Bösen, während wir unsere wahren Gefühle zu verbergen versuchen.

Gott ist nicht nur gegen Intrigen und indirekte Kommunikation, er hat auch einiges über die Bedeutung von Ehrlichkeit und direkter Kommunikation zu sagen:

- *Wenn du zum Altar gehst, um Gott deine Gaben zu bringen, fällt dir dort vielleicht ein, dass dein Bruder etwas gegen dich hat. Dann laß deine Gabe vor dem Altar liegen, geh zuerst zu deinem Bruder und söhne dich mit ihm aus. Danach kannst du Gott dein Opfer darbringen* (Matthäus 5,23-24).
- *Wenn dein Bruder dir unrecht getan hat, dann geh zu ihm hin und stell ihn unter vier Augen zur Rede. Wenn er mit sich reden läßt, hast du ihn als Bruder zurückgewonnen* (Matthäus 18,15).
- *Liebe, die offen tadelt, ist besser als eine, die ängstlich schweigt* (Sprichwörter 27,5).

Direkte Kommunikation ist der beste Weg, um durchs Leben zu gehen. Doch viele Menschen gehen nicht so mit anderen um, stattdessen versuchen sie Vermeidungsstrategien (indem sie die Person oder das Problem einfach ignorieren) oder ziehen eine dritte Person mit hinein.

Die Regel der Ehrlichkeit besagt, dass das Leben besser im Licht geführt werden sollte und dass Probleme besser offen angesprochen als vergraben werden sollten, selbst wenn es sehr schwierige Dinge sind. Konflikte und negative Gefühle führen zu einem Bruch in der Beziehung und dieser kann nur heilen, wenn beide Seiten offen miteinander kommunizieren.

Das bedeutet nicht, dass wir nun alles ausdiskutieren müssen, was uns nur im Geringsten stört. Meist ist unsere Irritation sowieso nur unser eigenes Problem. Es gibt wenig nervtötendere Dinge als jemanden, der ständig sagt: „Wir müssen da mal über eine Sache reden ..." Auch dazu wissen die Sprichwörter einen klugen Rat: „Wer

Einsicht hat, regt sich nicht auf; es gereicht ihm zur Ehre, bei Kränkungen Nachsicht zu üben" (Sprichwörter 19,11).

Doch wenn Regeln verletzt oder jemand ernsthaft angegriffen wird, dann sind Nachsicht, Vermeidung oder Petzen die falschen Strategien und bringen nur noch mehr Probleme mit sich. Menschen müssen ihre Bedürfnisse, Wünsche und Gefühle offen zum Ausdruck bringen. Kinder, die schüchtern oder passiv sind und ungern um Dinge bitten, müssen unbedingt lernen, offen zu kommunizieren (siehe auch Kapitel 12). Ein zurückgezogenes Kind, das bemerkt oder getröstet werden möchte, soll diese Gefühle auch äußern.

Lassen Sie uns einige Regeln anschauen, die Ihrem Kind dabei helfen können, in seinen Beziehungen offen und ehrlich zu werden:

Regel 1:
Verkörpern Sie selbst die Regel der Ehrlichkeit

Neulich habe ich einen Studienkollegen von mir besucht, dessen 12-jähriger Sohn eifrig dabei war, Staub zu saugen, seine Sachen aufzuräumen und Kleidung in die Waschküche zu bringen. So fleißig kannte ich den Jungen gar nicht und fragte ihn daher, was los sei.

„Ich glaube, ich bekomme Ärger", flüsterte er mir zu. „Deshalb räume ich vorsichtshalber mal auf. Vielleicht ist das ja der Grund."

„Wie kommst du denn darauf?", fragte ich verständnislos.

„Na ja, meine Mutter hat gerade mit einer Freundin telefoniert und ich konnte hören, dass sie irgendwie sauer auf mich war. Deshalb bin ich lieber vorsichtig."

„Was hast du denn angestellt?"

„Ich weiß nicht, aber es muss irgendetwas gewesen sein."

„Woher willst du das denn wissen?"

„Ach, das merkt man einfach. Sie ist dann so ... anders!"

Es stellte sich heraus, dass seine Mutter tatsächlich wütend war, aber nicht auf ihn, sondern auf ihren Mann. Das Traurige daran war, dass ihr Sohn ständig in der Angst lebte, dass er sie irgendwie verstimmt haben könnte, ohne den Grund zu kennen. Das fand ich schlimm und sprach daher mit seinem Vater darüber.

Er berichtete mir, dass seine Frau die Leute nie direkt um das bat, was sie wollte, und dass sie auch nie jemandem direkt sagte, wenn er etwas falsch gemacht hatte. Stattdessen verbreitete sie eine irgendwie unangenehme Atmosphäre im Haus, und ihre Lieben wussten dann nur, dass sie wieder mal *diese Stimmung* hatte. Sie mussten dann raten, was wer von ihnen falsch gemacht haben könnte.

Dieses Verhalten lehrte ihren Sohn einige äußerst schädliche Muster. Zunächst einmal war er immer unsicher, was sein eigenes Verhalten anging. Er wusste nie, ob er sich gerade richtig oder falsch verhielt. Außerdem konnte er keine gesunde Liebesfähigkeit entwickeln, weil er ständig damit beschäftigt war, sich Gedanken um die Befindlichkeit seiner Mutter zu machen und ihre Launen und indirekte Kommunikation einzuschätzen. Drittens bekam er so natürlich ein Verhaltensmuster vermittelt, das ihm später die größten Schwierigkeiten einbringen konnte.

Die Art, wie Eltern miteinander und mit ihren Kindern kommunizieren, ist der erste Ansatzpunkt für die Regel der Ehrlichkeit. Leben Sie das, was Ihre Kinder lernen sollen! Wenn Sie wütend sind oder einen Konflikt mit ihnen haben, gehen Sie hin und kommunizieren Sie offen, ehrlich, direkt und liebevoll mit ihnen!

Regel 2:
Setzen Sie deutliche Grenzen

Ein Kind kann keine strukturierte Persönlichkeit entwickeln, wenn es in einem Elternhaus lebt, in dem die Regeln und Erwartungen ihm gegenüber nicht klar definiert sind. Wenn Sie also Ihrem Kind gegenüber Regeln und Erwartungen hegen, dann sollten Sie sicherstellen, dass Ihr Kind sie auch kennt. Dies wird Ihnen in den Zeiten, in denen Ihr Kind mit Ihrer Hilfe einen weiteren Schritt in Richtung eigenständiger Persönlichkeit macht, helfen.

Solche Zeiten finden meistens statt, wenn sowohl Eltern als auch Kinder ihren Aufgaben nachkommen. Die Aufgabe der Eltern ist, Regeln aufzustellen. Die Aufgabe des Kindes hingegen besteht darin, diese Regeln zu brechen. Daraufhin weisen die Eltern das Kind zurecht und disziplinieren es. Meist bricht das Kind die Regel noch einmal und die Eltern sorgen mit Hilfe von Empathie und Konsequenz dafür, dass die Regel für das Kind zur Realität und zu einem Teil seiner inneren Struktur wird.

Doch diese Zeiten des Lernens können nicht stattfinden, wenn die Regeln nicht unmissverständlich kommuniziert wurden. Gehen Sie deshalb auf Nummer sicher, dass Ihr Kind weiß, was es falsch gemacht hat, damit Sie ihm die richtige Verhaltensweise erklären können. Auch die Bibel sagt bereits über das Gesetz, dass es unser Lehrer ist, mit dessen Hilfe wir erkennen können, dass wir die Regeln verletzt haben (Galater 3,24). Dasselbe gilt auch für Ihre Kinder.

Regel 3:
Entkräften Sie Ängste und machen Sie die Kommunikation „ungefährlich"

Der Hauptgrund dafür, dass Menschen nicht offen miteinander reden, ist Angst – wir fürchten, dass, wenn wir unseren Ärger oder Schmerz ansprechen, die andere Person sich entweder von uns zurückzieht oder wütend wird. Kinder denken zudem, dass ihr Zorn viel mehr Einfluss hat, als das tatsächlich der Fall ist, und dass sie damit die Beziehung zu ihren Eltern zerstören können. Sie müssen deshalb lernen, dass ihre Eltern über ihren Gefühlen stehen, sodass auch sie selbst lernen können, Herr ihrer Gefühle zu werden.

Diese Ängste sind universell. Doch traurigerweise gibt es viele Familien, in denen diese Ängste begründet sind und tatsächlich Liebesentzug oder Zorn folgt, wenn ein Kind offen kommuniziert. Die Folgen sind sehr komplex und langwierig. Ich habe mit vielen Erwachsenen gearbeitet, die in Panik ausbrechen, wenn sie einmal wirklich ehrlich über ihre Gefühle sprechen sollen. Tatsächlich liegt diese Dynamik vielen Depressionen und Angstattacken zu Grunde.

Als Eltern können Sie diese Ängste bei Ihrem Kind entweder heilen oder verstärken. Sehen Sie sich bitte diesbezüglich die Tabellen auf den folgenden Seiten genau an.

Die Schlüsselprinzipien sind hier folgende:

- Alle Gefühle sind legitim, und es ist gut, wenn man sie in Worte fasst.
- Es gibt allerdings gewisse Grenzen im Ausdruck dieser Gefühle. Zum Beispiel ist: „Ich bin sauer auf dich!" in Ordnung, aber „Du bist ein Idiot!" nicht. Auch Schreien, Schlagen oder mit Gegenständen werfen ist nicht akzeptabel.

- Zuerst müssen Sie Empathie zeigen, um eine emotionale Verbindung herzustellen. Akzeptieren Sie die Gefühle des Kindes und versuchen Sie sie zu verstehen.
- Ihre Selbstbeherrschung ist ein wichtiges Element. Ihr Kind ist außer Kontrolle geraten und braucht Struktur von Ihnen.
- Werden Sie nicht schwankend. Sie sollten freundlich und liebevoll sein, aber Ihr Kind auch wissen lassen, dass seine Gefühle Sie nicht zerstören oder abschrecken können.
- Lassen Sie Ihren Stolz, Ihr Ego und Ihren Narzissmus außen vor. Reaktionen aus diesen Bereichen bestärken das Kind in seinen Urängsten.
- Versuchen Sie, nach einem Konflikt eine gute Zeit mit Ihrem Kind zu verbringen, auch wenn Sie ihm einfach nur Ihre Liebe versichern. Dies hilft ihm zu verstehen, dass Ihre Beziehung auch in Konflikten stabil bleibt.
- Fassen Sie Gefühle in Worte. Das macht sie kleiner und strukturiert sie. Wenn man Gefühle benennen und erklären kann, sind sie eben nur Gefühle und nicht länger globale Realität! Sich traurig zu fühlen ist etwas anderes als das Gefühl, die Welt geht unter.

Problem	Wodurch die Ängste des Kindes unterstützt werden	Wodurch die Ängste des Kindes besänftigt werden
Das Kind ärgert sich über eine Grenze	• Sie werden ebenfalls wütend. • Sie kritisieren die Gefühlsäußerung des Kindes. • Sie machen ihm Schuldgefühle, weil es ärgerlich ist. • Sie hüllen sich in eisiges Schweigen. • Sie sind am Boden zerstört, weil das Kind ärgerlich auf Sie ist. • Sie vergleichen das Kind mit anderen, *guten* Kindern.	• Zeigen Sie Mitgefühl mit seinem Ärger. • Äußern Sie Verständnis für die Tatsache, dass Grenzen unangenehm sein können. • Helfen Sie dem Kind, seine Gefühle in Worte zu fassen. • Seien Sie liebevoll, aber bleiben Sie fest. • Halten Sie die Grenze aufrecht. • Begrenzen Sie unangemessene Gefühlsäußerungen wie Geschrei, körperliches Ausrasten etc.
Das Kind ist wütend über etwas, das Sie ihm gegenüber falsch gemacht haben.	• Sie fühlen sich durch die Beschuldigungen verletzt. • Sie sagen etwas wie: „Wie kannst du es wagen, mich in Frage zu stellen?" • Sie zählen dem Kind seine eigenen Vergehen auf. • Sie strafen es mit Liebesentzug. • Sie werden wütend und schreien das Kind an.	• Zeigen Sie Empathie mit dem Schmerz des Kindes. • Hören Sie aufmerksam zu und seien Sie offen für die Meinung Ihres Kindes. • Helfen Sie dem Kind, seine Gefühle in Worte zu fassen. • Wenn Sie wirklich im Unrecht waren, entschuldigen Sie sich sofort. • Bitten Sie Ihr Kind, Ihnen zu sagen, wenn Sie das wieder tun (das vermittelt dem Kind, dass seine Beschwerde ernst genommen wurde). • Wenn Sie nichts falsch gemacht haben, äußern Sie Verständnis, aber stellen Sie auch klar, dass Sie keinen Fehler erkennen können. Lassen Sie das Kind trotzdem wissen, dass Sie sein Feedback schätzen.

Problem	Wodurch die Ängste des Kindes unterstützt werden	Wodurch die Ängste des Kindes besänftigt werden
Das Kind leidet an einer allgemeinen Krise.	• Sie sagen dem Kind, dass es aufhören soll zu jammern. • Sie befehlen ihm, mit dem Weinen aufzuhören oder Sie geben ihm einen Grund zum Weinen! • Sie verspotten das Kind. • Sie vergleichen es mit Geschwistern oder anderen Kindern. • Sie nennen es eine Heulsuse.	• Zeigen Sie Empathie mit seinen Gefühlen. • Bieten Sie ihm Trost und Verständnis. • Helfen Sie ihm, seinen Schmerz in Worte zu fassen. • Seien Sie nicht zu schnell mit Erklärungen bei der Hand. Das ist erst dann dran, wenn die ersten Gefühle abgeklungen sind. • Schlagen Sie dem Kind vor, sein Problem mit einem Freund durchzusprechen. Stellen Sie sich nicht sofort als Puffer zwischen Ihr Kind und die *böse* Welt, sodass es Konflikte immer vermeiden kann. • Zeigen Sie Verständnis, aber lassen Sie nicht zu, dass Ihr Kind sein Problem als Ausrede benutzt, um nicht ins wahre Leben hinaus zu müssen oder seine Pflichten zu erfüllen. Gefühle auszudrücken ist gut; Rückzug aus dem Leben ist nicht gut. Manchmal ist der altmodische Ratschlag, „nach einem Sturz gleich wieder aufs Pferd zu steigen", gar nicht so verkehrt!

Regel 4: Kampf der „Sprachlosigkeit"!

Eines Tages kam die vierjährige Susie wegen einer Kindheits-Depression und einer traumatischen Erfahrung zu mir zur Behandlung in die Praxis. Susies Eltern waren besorgt, weil sich die Kleine immer mehr in eine Fantasiewelt zurückzog. Während unserer Behandlungssitzungen verletzte ich manchmal ihre Gefühle oder sie empfand etwas, das sie aber nicht aussprach. Dann zog sie sich sofort zurück und spielte mit ihren Sachen. Ich konnte aber auch sehen, dass sie mich dabei sehr wohl beobachtete und wissen wollte, wie ich reagierte.

Wenn dies zu Hause passierte, fragte ihre Mutter Susie normalerweise, was los sei. Susie sagte dann nichts und ihre Mutter nahm daraufhin einfach eine bestimmte Ursache an. Anschließend holte sie meist etwas für Susie, zum Beispiel ein Stück Schokolade, weil sie so traurig aussah.

Eines Tages beschloss ich, einen direkten Vorstoß auf Susies Gefühle zu wagen – und war überrascht von dem Kampf, in den ich mich sofort verwickelt sah!

„Susie, du bist so still. Was ist los?", fragte ich.

„Nichts", sagte sie.

„Das glaube ich dir nicht."

Achselzucken.

„Ich bleibe einfach hier sitzen, bis du es mir sagst", sagte ich.

„Okay. Kann ich jetzt gehen?"

„Nein."

Darauf folgte eine interessante Szene. Sie wollte gehen, ich ließ sie nicht, und sie wurde immer wütender. Dann fing sie sich wieder, weil sie merkte, dass sie dabei war, Gefühle zu zeigen. Also versuchte sie wieder auf stumm zu schalten, doch ich ließ sie nicht weg. Ich würde meine Grenze aufrechterhalten, bis einer von uns an Altersschwäche starb.

„Ich bleibe hier sitzen, bis du mit mir redest", sagte ich und starrte sie an.

Schließlich begann sie zu weinen.

„Du bist traurig, stimmt's?", sagte ich.

Sie weinte noch heftiger und ich tröstete sie. Schließlich kamen die Worte und sie erzählte mir von den schlimmen Sachen, die ihr widerfahren waren.

An diesem Tag wurde eine Brücke zwischen mir und Susies blockierter Innenwelt gebaut. Doch was noch wichtiger war: Sie hatte gelernt, ehrlich und direkt über ihre Gefühle zu sprechen anstatt sie auszublenden und passiv darauf zu warten, dass jemand sie rettete. Auch ihre Eltern lernten, offene Kommunikation von ihr zu verlangen, und langsam änderte sich ihr Verhalten.

Grundsätzlich sind in sich zurückgezogene Kinder meist ängstlich. Wenn man als Eltern ihnen gegenüber liebevoll bleibt, gleichzeitig aber ihr Schweigen nicht duldet, lernen sie mit der Zeit, dass Sie zwar auf ihrer Seite sind, aber nicht ihren Umgang mit ihrem Problem billigen. Das Verhalten eines Kindes ändert sich nicht von heute auf morgen. Denken Sie immer an die beiden *Zutaten* Zuneigung und Aufforderung zum Reden.

In Susies Beispiel reichte es, sie einfach nicht gehen zu lassen, damit der Damm schließlich brach. Manchmal müssen Sie aber aktiver sein, um an die Gefühle Ihres Kindes heranzukommen. Es kann helfen, wenn Sie sein Schweigen interpretieren oder Fragen stellen wie: „Stimmt es, dass du jetzt gerade ziemlich wütend bist?", oder „Ich glaube, du bist sauer auf mich." Manche Kinder muss man auch einfach mehrmals bitten, über ihre Gefühle zu sprechen.

Andere Kinder kommunizieren durch Handlungen wie Wutausbrüche, Schreien, Beschimpfungen oder Wegrennen. Der Trick dabei ist, diese Form von Gefühlsausdruck zu unterbinden und verbale Kommunikation zu fördern. „Ich möchte wissen, was in dir vorgeht, aber du sollst es mir *sagen* und nicht nur zeigen."

Regel 5:
Lassen Sie sich nicht als Puffer missbrauchen

Wie schon gesagt tendieren Kinder dazu, jemanden als Puffer zwischen sich und die Person zu schieben, mit der sie ein Problem haben. Lassen Sie das nicht zu! Auch wenn ein Kind zum Beispiel eine ältere Schwester vorschiebt, sollten Sie einschreiten. In diesen Bereich gehört es auch, wenn ein Kind die Eltern gegeneinander auszuspielen versucht: „Aber Papa hat es mir erlaubt!"

Generell sollten Kinder ihre eigenen Konflikte selbst lösen, außer wenn es sie wirklich überfordert. Sagen Sie zum Beispiel: „Ich weiß gar nicht, warum du damit zu mir kommst. Geh zu deinem Bruder, wenn du mit ihm ein Problem hast. Ihr zwei werdet schon eine Lösung finden." Oder: „Geh erst mal zu Tina und versuch, es selbst zu klären. Wenn ihr beide den Streit nicht beilegen könnt, dann helfe ich euch." Tragen Sie aber alles Mögliche dazu bei, dass Ihre Kinder das Problem selbst lösen, auch wenn Sie hier und da moderierend eingreifen. Nur so können sie es lernen!

Es ist in Ordnung, mit den Kindern über die Notwendigkeit und die Möglichkeiten der Problemlösung zu sprechen, aber die Praxis müssen sie selbst übernehmen. Dasselbe gilt auch für schulische Probleme. Sicher sind Elternbeiräte und Elternabende eine gute Sache, aber Sie sollten sich nicht in jedes Problem einmischen, das Ihr Kind in der Schule hat. Eines Tages muss es sich schließlich auch mit unzufriedenen Arbeitgebern auseinander setzen und soll dann nicht hilflos dastehen.

Regel 6:
Ihr Kind sollte Worte, die Grenzen eindeutig kennzeichnen, kennen und auch aussprechen können

Oft wissen wir in Streitgesprächen nicht so recht, was wir sagen sollen. Es ist eine gute Sache, wenn Sie mit Ihren Kindern üben, was sie in bestimmten Situationen einem anderen entgegensetzen können. Wenn jemand sie verletzt oder zu etwas zwingen will, was sie nicht wollen, sollten Kinder vorbereitet sein und Sätze parat haben wie:

* „Nein und Punkt!" Bringen Sie Ihrem Kind bei, wie es fest bleibt.
* „Nein, dabei fühle ich mich nicht wohl."
* „Nein, das will ich nicht."
* „Nein, das mache ich nicht."
* „Nein, meine Eltern erlauben das nicht."
* „Nein, Gott möchte nicht, dass ich so etwas tue."
* „Nein, ich habe gelernt, dass man keine Dinge von anderen Menschen klauen darf."
* „Nein, ich will damit nichts zu tun haben."

Diese Sätze klingen zu einfach und irgendwie trivial. Aber manchen Kindern hilft es, wenn sie solche einfachen *Neins* schon einmal ausgesprochen haben. Machen Sie Rollenspiele, wenn Sie den Eindruck haben, dass Ihr Kind gehemmt ist und im Zweifelsfall einfach aus mangelnder Übung nachgeben würde.

In Beziehung bringen

Eigentlich dreht sich letztlich alles um Beziehungen. Wie Jesus sagte, können alle Grenzen dieser Welt in zwei Gesetzen zusammengefasst werden: „Liebe Gott und liebe deinen Nächsten wie dich selbst." Aus diesem Grund muss Ihr Kind lernen, seine Gefühle, Ängste, Gedanken, Wünsche und alle anderen Erfahrungen in Beziehungen einzubinden. Und wenn es Probleme mit einer bestimmten Person hat, dann muss es die Sache mit dieser Person klären, wann immer das möglich ist.

Beziehungen heilen, trösten und strukturieren unsere Erfahrungen. Wir müssen lernen, dass die Liebe, die wir brauchen, größer ist als unsere Gefühle, und dass der einzige Weg, das herauszufinden, darin besteht, unsere Gefühle in unsere Beziehungen hineinzutragen. Sie selbst müssen die Person sein, mit der Ihre Kinder dies einüben können. Bringen Sie sie aber auch dazu, dies mit anderen Menschen auszuprobieren. Dann werden sie viel weniger Angst vor ihren Gefühlen und vor der Liebe selbst haben.

Teil 3

Grenzen aufstellen

14. Krempeln Sie die Ärmel auf ....

Sechs Schritte, um Ihren Kindern Grenzen nahe zu bringen

Ob Sie nun Mutter, Vater, Verwandte/r, Lehrer/in oder Erzieher/in sind – wir hoffen, dass Sie beim Lesen dieses Buches einen Eindruck davon bekommen haben, wie wichtig es ist, dass Kinder ihre eigenen Grenzen entwickeln und die Grenzen anderer Menschen respektieren lernen. Leider sind Einsicht und guter Wille nicht genug. Wenn Sie dieses Buch auf Ihren Nachttisch oder unter das Kopfkissen Ihres Kindes legen, wird es Ihnen beiden nicht viel nützen. Es ist nun Zeit, sich an die Arbeit zu machen!

In diesem Kapitel werden Sie sechs Schritte kennen lernen, die notwendig sind, um Ihrem Kind Grenzen nahe zu bringen. Doch all das ist sinnlos, wenn Sie selbst nicht konsequent mit Grenzen umgehen können. Wie wir schon mehrmals gesagt haben, brauchen Kinder Eltern, die Grenzen nicht nur aufstellen, sondern *verkörpern*. Das bedeutet, dass Sie in egal welcher Situation mit Empathie, Festigkeit, innerer Freiheit und angemessenen Konsequenzen reagieren werden. So geht Gott mit seinen Kindern um und er ist unser Vorbild.

Ein Großteil der Elternschaft dreht sich um die Reaktion auf Bitten oder Probleme der Kinder. Es geht darum:

- Nein zu antworten auf Bitten um Dinge, die sie nicht haben sollen,
- schulische Probleme aufzudecken und anzupacken,
- Machtkämpfe mit Ihnen oder den Geschwistern auszumerzen,
- Probleme mit der Zeiteinteilung und mit der Ordnung zu bekämpfen,

- bei Problemen mit Gleichaltrigen zu helfen,
- ihnen in schwierigen Problemen wie Alkohol, Drogen, Sex oder Gangs beizustehen.

Worum es auch immer geht – auf jeden Fall ist es hilfreich, wenn Sie eine Struktur im Hinterkopf haben, die Ihnen hilft, Grenzenprobleme mit Ihrem Kind proaktiv anzugehen. Wenn Sie die folgenden Schritte gehen, wird Ihnen dies helfen, Zeit und Energie zu sparen und nicht einfach drauflos zu laufen und dann zu überlegen, was als Nächstes dran sein könnte.

Denken Sie daran: Sie bauen keine Partnerschaft mit einem anderen Erwachsenen auf. Sie bereiten sich auf eine Schlacht mit jemandem vor, der keineswegs erpicht darauf ist, mit Ihnen zu kooperieren! Aber schließlich hat auch nie jemand behauptet, Eltern zu sein wäre eine Methode, um besonders beliebt zu werden!

Also beginnen Sie einerseits nicht diesen Prozess, indem Sie erst mal Ihr Kind um Erlaubnis bitten oder seine Zustimmung einholen. Andererseits sollten Sie auch nicht übertrieben autoritär oder rein reaktiv daherkommen. Es gibt Eltern, die zugelassen haben, dass sie selbst von der mangelnden Struktur ihrer Kinder gefangen genommen wurden. Wenn sie dann merken, dass sie nun effektive Mittel in der Hand haben, um das zu ändern, versuchen sie alles auf einmal aufzuholen und umzusetzen. Sie bauen sich dann vor ihren Kindern auf und verkünden drohend: „Jetzt werden hier andere Saiten aufgezogen!“

Doch bei der Grenzenerziehung geht es nicht darum, Ihr Kind zu bestimmten Dingen *zu bringen*. Menschen, die man zu etwas zwingt, haben nicht die Freiheit, reife und moralisch gefestigte Entscheidungen zu treffen. Es geht vielmehr darum, das Leben Ihres Kindes so zu strukturieren, dass es die Konsequenzen seines Verhaltens zu spüren bekommt (im Positiven wie im Negativen) und so immer verantwortlicher und selbstständiger wird.

Schritt 1: Die drei Realitäten

Folgende drei Realitäten müssen Sie verstehen: *1. Es gibt ein echtes Problem: Ihr Kind ist nicht perfekt!* Das kann in geringerem Maße auf Ihr Kind zutreffen – dann sind nur ein paar Feinabstimmungen nötig – oder aber im größeren Rahmen, sodass die Polizei mit ins Spiel kommt. Ausnahmslos alle Kinder sind unreife Sünder; dies ist der Normalzustand unserer menschlichen Existenz. Manche Eltern haben Schwierigkeiten mit diesem ersten Erkenntnisschritt. Sie verleugnen die Verhaltensmängel ihres Kindes und reden echte Probleme schön. Spott wird auf diese Weise zu einem *guten Sinn für Humor* erklärt, Faulheit als *Erschöpfung* deklariert und Respektlosigkeit heißt dann plötzlich *Temperament*. Wenn jemand anderer Ihnen dieses Buch gegeben hat und Sie wissen nicht warum, dann fragen Sie die fünf ehrlichsten Freunde, die Sie haben, danach und seien Sie gespannt auf die Antworten. Wie sagt man so schön: „Wenn eine Person behauptet, du seiest ein Pferd, dann erkläre sie für verrückt. Wenn fünf Personen das behaupten, geh und kauf dir einen Sattel!"

Eltern erklären die Probleme ihrer Kinder aus verschiedenen Gründen weg. Manche tun es, um Schuldgefühle zu vermeiden. Manche möchten ihren eigenen Perfektionismus nicht in Frage stellen lassen. Andere möchten es vermeiden, peinlich berührt zu sein. Und wieder andere scheuen einfach den anstrengenden Prozess der Disziplinierung. Sie als Eltern sollten sich der Möglichkeit stellen, dass Sie vielleicht das Wohlergehen Ihres Kindes riskieren, um Ihre eigene Bequemlichkeit zu schützen. Gott hat unsere Fehlerhaftigkeit nie bestritten und war sich für keine Unannehmlichkeit zu schade, um unser Problem zu lösen. Verhalten Sie sich ebenso!

Nachdem Sie also zugegeben haben, dass es ein Problem gibt, muss nun die zweite Realität greifen, nämlich: *Das Problem ist nicht das eigentliche Problem.* Das Verhalten oder die Einstellung Ihres Kindes, die Sie zum Wahnsinn treiben, sind nur die Symptome eines tiefer liegenden Problems, das oft ein Grenzenproblem ist. Das Verhalten Ihres Kindes wird vielleicht von etwas Zerbrochenem oder Unterentwickeltem in seinem Charakter angetrieben. Das Symptom alarmiert Sie, doch reagieren Sie nicht nur auf das Symptom, sonst haben Sie garantiert wenig später noch ganz andere Probleme. Eltern reagieren in Notfällen oft schnell und intuitiv richtig, doch kaum ist die momentane Krisensituation vorüber, treten sie häufig wieder einen Schritt zurück. Ein *grenzenloses* Kind wird deshalb immer Symptome aufweisen, bis sein Grenzenproblem gelöst ist!

Hier kommen einige Beispiele für „Probleme, die nicht die eigentlichen Probleme sind":

Äußerliches Problem	Grenzenproblem
Schlechte Schulnoten	Mangelnder Respekt vor Konsequenzen
Dominantes Verhalten gegenüber anderen Kindern	Mangelnder Respekt vor den Grenzen anderer Kinder
Weigert sich, auf Anweisungen zu hören	Mangelnder Respekt vor Konsequenzen
Trotzige Einstellung	Mangelnde Grenzen in Bezug auf Anspruchsdenken

Die dritte Realität, der Sie sich stellen müssen, ist folgende: *Die Zeit heilt nicht alle Wunden!* Viele Eltern greifen bei Grenzenproblemen nicht durch, weil irgendjemand ihnen mal gesagt hat, „das verliert sich schon, wenn sie älter werden." Ja, sie werden älter. Aber wie viele 42-Jährige kennen Sie, die immer noch keine reifen Grenzen kennen? Zeit ist der Kontext für Heilung; sie ist nicht der Heilungsprozess an sich! Infektionen brauchen auch mehr als Zeit, um zu heilen; manchmal hilft nur ein Antibiotikum!

Tatsächlich gibt jede Vermeidungstaktik dem Teufel einfach nur mehr Zeit und Raum, um sein Werk zu tun (siehe Epheser 4,27). Außer Zeit braucht Ihr Kind aber auch noch jede Menge Liebe, Gnade, Wahrheit und Konsequenz. Machen Sie sich sofort an die *Reparaturarbeiten!*

Schritt 2: Die Versorgung sicherstellen

Sorgen Sie dafür, dass Sie genug gute, unterstützende Beziehungen außer Ihrem Ehepartner haben. Wachstum entsteht nie in einem Vakuum; die Erziehung ist eine anstrengende und frustrierende Arbeit, die Sie manchmal an den Rand des Wahnsinns treiben kann. Information ist da einfach nicht genug; Sie brauchen auch Hilfe und Liebe von anderen Menschen.

Viele Eltern verlieren den Kampf um die Grenzen nur deshalb, weil ihr Kind lange genug aktiven Widerstand geleistet hat und sie einfach nicht mehr können. Das Kind hat nur zu gut begriffen, was auf dem Spiel steht, und es kämpft mit allen Mitteln. Es setzt seine ganze Überzeugungskraft ein, damit Sie sich schuldig oder ungerecht fühlen. Ihre Entschlusskraft wird einem harten Test unterzogen. Wenn Eltern alleine dastehen und das alles zusätzlich zu ihren alltäglichen Belastungen ertragen sollen, werfen sie nur allzu schnell die Flinte ins Korn. Doch wenn Sie sich mit Menschen umgeben, die Sie nicht verurteilen, die mit Ihnen gehen und denen gegenüber Sie verantwortlich sind, können Sie es schaffen! Wenn Sie es allein oder nur mit Ihrem Ehepartner hinbekommen könnten, müssten Sie es ja schon geschafft haben ...

Finden oder gründen Sie eine Gruppe, die sich mit Grenzen befasst. Tauschen Sie sich über Tipps, Erkenntnisse, Geheimnisse, Techniken, Erfolge und Versagen aus. Vielleicht möchten Sie auch gemeinsam dieses Buch durcharbeiten, um Ihre Lernerfahrung zu strukturieren. In unserer Gemeinde leitet der Pastor eine solche Elterngruppe. Er hat es als *politisch inkorrekt* erklärt, *keine* Probleme mit den Kids zu haben! Die teilnehmenden Eltern sind erleichtert festzustellen, dass sie ganz normal sind, dass es den anderen auch nicht besser ergeht und dass es Hoffnung gibt. „Wo viele Ratgeber sich einig werden, da ist Sicherheit" (Sprichwörter 11,14).

Schritt 3:
Wachsen Sie selbst in Ihrem Grenzenverhalten

Bevor Sie Ihren Kindern Respekt vor Grenzen predigen, sollten Sie selbst mit gutem Beispiel vorangehen. Kinder haben sehr feine Rezeptoren für Inkonsequenz und Täuschung. Doch davon ganz abgesehen brauchen Sie wie jeder Mensch gesunde Grenzen und deshalb sollten Sie ohnehin daran arbeiten.

Wir kennen viele Eltern, die die Probleme mit ihren Kindern als Gelegenheiten wahrgenommen haben, um selbst geistlich und emotional zu wachsen. Weniges kann uns schneller auf die Knie treiben als ein außer Kontrolle geratenes Kind. Diese demütigende, schmerzliche und überwältigende Erfahrung zwingt uns dazu, unser eigenes Innenleben neu zu betrachten und uns neu nach Gott und seiner Kraft auszustrecken.

Dieser Schritt soll Sie dazu ermutigen, nicht nur an Ihrem Grenzenverhalten zu arbeiten, sondern an Ihrem ganzen Leben. Sie müssen sich eng an Gott halten und geistlich, emotional und charakterlich weiterkommen. Und dazu brauchen Sie alle Hilfe, die Sie bekommen können. Sie brauchen Freunde, die Sie unterstützen, trösten und mit Ihren Schwächen konfrontieren. Es ist schwer für ein Kind, sich weiterzuentwickeln, wenn es nicht bei Eltern lebt, die sich ständig weiterentwickeln. Verlassen Sie sich nicht auf die Schule und die Gemeinde, was das Wachstum Ihres Kindes angeht. Sie müssen Ihrem Kind ein anschauliches Beispiel für eine ehrliche, vorwärts strebende Person sein, die aktiv bemüht ist, Gott zu suchen und andere Menschen zu lieben. „Wie glücklich ist, wer Gottes Weisung ausführt und wer mit ganzem Herzen nach ihm fragt!" (Psalm 119,2). Wenn Sie wollen, dass Ihr Leben gut läuft, dann ist es klug, den zu fragen, der es erfunden hat!

Manche Eltern beginnen an sich selbst zu arbeiten und merken, dass es ihnen schwer fällt, ihrem Partner, ihrem Chef oder ihren Freunden Grenzen zu setzen. Sie beginnen zu begreifen, warum ihre Kinder ihnen auf der Nase herumtanzen. Solche Eltern suchen sich unterstützende Freunde oder eine Elterngruppe und beginnen ihre *Muskeln* zu trainieren. Sie ergreifen mehr und mehr Kontrolle über ihr eigenes Leben und hören auf, Konflikte zu fürchten. Plötzlich werden auch die Dinge mit ihren Kindern *ganz von allein* besser. Vielleicht möchten Sie ja einmal unser erstes Buch lesen, *Nein sagen ohne Schuldgefühle*, um selbst ein besseres Verständnis von Grenzen zu bekommen, ohne dass es dabei speziell um Elternschaft geht.

Vielleicht stellen Sie auch in diesem Prozess fest, dass Sie ein Problem damit haben, die Grenzen anderer Menschen zu respektieren. Als aktive, aggressive Persönlichkeit können Sie nur schlecht ein Nein akzeptieren. Geben Sie Ihre Fehlerhaftigkeit zu, akzeptieren Sie sie, und dann arbeiten Sie daran, nicht mehr zu kontrollieren, sondern nur noch zu beeinflussen. Erinnern Sie sich immer wieder an die empathische Regel Jesu: „Behandle andere Menschen so, wie du selbst behandelt werden willst" (frei nach Matthäus 7,12).

Ich (John Townsend) arbeitete einmal mit einem Vater und seinem 15-jährigen Sohn, der sich die falschen Freunde ausgesucht hatte, in der Schule abgestürzt und in Drogengeschichten verwickelt war. Der Vater, der eine Militärlaufbahn hinter sich hatte, konnte nicht verstehen, warum seine Kontrolltaktiken bei seinem Jungen nicht funktionierten.

Eines Tages kamen die beiden in mein Büro und die vorher schulterlangen Haare des Jungen waren raspelkurz geschnitten. Aus einem Impuls heraus hatte der Vater seinen Sohn zu einem Frisör geschleppt und sie ihm abscheren lassen.

„Ich habe die Nase gestrichen voll von Ihrem Psychogeschwätz", erklärte er mir. „Ich habe beschlossen, das Problem auf meine Weise zu lösen. Jetzt ist er nicht mehr so wie diese üblen Rumtreiber!"

Der Junge war unglaublich wütend und zugleich gedemütigt.

„Dieser Schachzug hat das eigentliche Problem nur noch verstärkt", sagte ich nur.

Es dauerte eine lange Zeit, in der der Junge in immer schwerwiegendere Probleme geriet, bis der Vater endlich begriff, dass er mit seinem kontrollierenden Verhalten aufhören musste. Stattdessen begann er, den natürlichen Konsequenzen ihren Lauf zu lassen. Dieser Vater hatte schwer an seinen eigenen Grenzen zu arbeiten! Er ließ es zu, dass sein Sohn von einer Schule flog, die der Vater sehr schätzte, und er sah sogar tatenlos zu, wie der Junge wegen Drogenbesitzes vor Gericht gestellt wurde. Er war immer für seinen Sohn da, er unterstützte ihn, aber er unterstützte auch die Grenzen, die das Gesetz vorgab. Ohne ständig an seinem Sohn herumzumeckern, stellte der Vater einige Hausregeln auf, denen er angemessene Konsequenzen folgen ließ. Mit der Zeit wurde der Junge verantwortungsbewusster und begann, in der Schule produktiver zu werden.

Schritt 4: Abschätzen und Planen

Wenn es ein Problem gibt, wägen Sie sorgfältig die Situation Ihres Kindes und Ihre Möglichkeiten ab und entwickeln Sie dann einen Plan.

Das Kind

Stellen Sie (innerlich oder schriftlich) eine Liste von verschiedenen wichtigen Faktoren auf:

Alter: Kleinkinder sehen das Leben anders als Teenager, obwohl die meisten Grenzenprobleme altersunabhängig sind. Seien Sie sich der Themen entsprechend der Altersgruppe Ihres Kindes bewusst, auch der Dinge, zu denen Ihr Kind bereits fähig ist. Die Kunst besteht darin, das Kind aus seiner Bequemlichkeitszone herauszulocken und zu fordern, ohne es zu überfordern. Kinder unter einem Jahr sollten zum Beispiel jede Menge Zuneigung und nur ganz wenige Grenzen erfahren. Danach sollten sie das Wort *Nein* kennen lernen, wenn es um Dinge geht wie Finger in Steckdosen stecken etc. Je älter das Kind ist, desto mehr Enttäuschungen kann es tolerieren.

Entwicklungsstand: Die innere Reife kann sich von Kind zu Kind unterscheiden; manche 6-Jährigen sind *erwachsener* als gewisse Teenager. Betrachten Sie Themen wie das Grundvertrauen, die Fähigkeit, Freundschaften aufzubauen und zu erhalten, die Reaktionen auf Anweisungen, die Fähigkeit, auch mal zu widersprechen, die Fähigkeit, Niederlagen einzustecken. Fragen Sie auch andere, die Ihr Kind gut kennen, nach ihrer Einschätzung, wie zum Beispiel Lehrer, Gemeindemitarbeiter, Freunde oder Verwandte. Etwas weiter unten sehen Sie die beiden wichtigsten Charaktereigenschaften, die Ihr Kind aufweisen und erweitern muss, wenn es reifen soll. Wenn es hier Probleme gibt, sollten Sie diese schnellstens anpacken!

- *Bindung:* Ist Ihr Kind in der Lage, gefühlsmäßig mit Ihnen in Verbindung zu treten? Sieht es Sie als jemanden, dem es wichtig ist? Oder ist es Ihnen gegenüber distanziert, abweisend oder kühl?
- *Ehrlichkeit:* Sagt Ihr Kind die Wahrheit oder hat es mit Flunkern, handfestem Lügen oder Betrug zu kämpfen?

Kontext: In welchen Lebensumständen befindet sich Ihr Kind? Gibt es bei Ihnen Eheprobleme oder sind Sie geschieden? Hat das Kind Probleme wie Lernstörungen oder das Aufmerksamkeits-Defizit-Syndrom? Gibt es ständig Reibereien mit den Geschwistern? Sie müssen den Einfluss der Umgebung auf Ihr Kind richtig einschätzen!

Spezielle Grenzenprobleme: Finden Sie heraus, mit welchem Bereich genau Ihr Kind Schwierigkeiten hat. Ist es ein Problem mit Familienregeln, Aufgaben im Haushalt, Schule oder Freunden? Wie können Sie es möglichst einfach beschreiben?

Ausmaß des Problems: Stellen Sie fest, wie schwerwiegend das Problem ist. Vielleicht haben Sie ein Kind, dem Sie alles dreimal sagen müssen. Mit diesem Kind müssen Sie anders verfahren als mit einem, das sich nicht konzentrieren kann und wegen dem Sie ständig von der Schule angerufen werden. Hängen Sie sich nicht zu sehr an Kleinigkeiten auf, sondern kümmern Sie sich verstärkt um Themen wie Ehrlichkeit, Verantwortungsbewusstsein, Mitgefühl und Ethik. Innerhalb bestimmter Grenzen sollten Sie in Fragen rund um Frisur, Kleidung, Musik und Zustand des Zimmers möglichst locker sein.

Ihre eigenen Möglichkeiten

Jetzt, wo Sie ein etwas umfassenderes Bild von dem Problem Ihres Kindes haben und wissen, wo es herkommt und wie schwerwiegend es ist, überlegen Sie, was Sie an Möglichkeiten haben, um Ihrem Kind zu helfen. Sehen Sie sich die folgenden Faktoren an:

Ihre eigenen Themen: Wie schon gesagt ist es nicht so wichtig, was Sie *tun*, sondern vor allem, was Sie Ihrem Kind gegenüber *sind*. Beobachten Sie genau, wie Sie auf es reagieren, es meiden, reizen oder ignorieren. Arbeiten Sie an den Dingen, die bei Ihnen selbst nicht in Ordnung sind und zu unpassenden Reaktionen führen. Wenn Sie sich vor Augen halten, dass Sie die äußerlichen Grenzen verkörpern, die Ihr Kind mit der Zeit verinnerlicht, dann wird Ihnen klar, dass Sie entweder der Schlüssel zur Lösung sind – oder die Ursache dafür, dass das Problem immer weitergeht!

Ihr Lebensumfeld: Betrachten Sie Ihren Kontext, Ihre Ehe, Ihren Beruf, Ihre Finanzen, die anderen Kinder. Wenn es irgendwo eine Krise gibt, suchen Sie schnellstens Hilfe! Wir haben schon viele Eltern kennen gelernt, deren Kinder Grenzenprobleme hatten und bei denen selbst in irgendeinem Bereich das Chaos herrschte. Die wichtigsten Dinge zuerst! Bringen Sie sich in eine Lage, in der Sie genug Kraft, Ordnung und Struktur haben, um Ihrem Kind Ordnung und Struktur vermitteln zu können!

Ich möchte hier gern ein Wort an allein erziehende Eltern richten. Gott hat die Aufgabe, Kinder aufzuziehen, eigentlich für zwei Elternteile bestimmt und das aus mehreren Gründen: 1. Das Kind soll von zwei verschiedenen Personen geliebt werden, die einander lieben. 2. Jeder Elternteil bringt unterschiedliche Aspekte in die Erziehung ein, in denen der andere vielleicht nicht so stark ist. 3. Die

Eltern können sich gegenseitig in der Erziehung korrigieren und unterstützen.

Allein erziehende Eltern haben diese Unterstützung und Lastenverteilung nicht. Viele müssen ihren Kindern Vater und Mutter gleichzeitig sein und tragen eine enorme Verantwortung. Dazu haben sie noch ihre eigenen Probleme – Streitereien mit dem ehemaligen Partner, Geldnöte, Zeitmangel, neue Beziehungen, Einsamkeit und andere Stressfaktoren. Wenn Sie allein erziehend sind, können Sie das nicht alles alleine schaffen, vor allem wenn Sie dann noch die Energie aufbringen sollen, die Grenzenprobleme Ihres Kindes in den Griff zu bekommen.

Ergreifen Sie die Initiative und suchen Sie sich Hilfe und Unterstützung. Viele Kirchengemeinden bieten Gruppen und Beratung für Alleinerziehende an. Sehen Sie sich in Ihrer Nachbarschaft, Verwandtschaft und im Freundeskreis nach Hilfe und Synergiemöglichkeiten um. Ihr Kind braucht den Einfluss und die ganz unterschiedlichen Anregungen von anderen Menschen, zum Beispiel eine christliche Teenie-Gruppe, deren Leiter positive Menschen sind, die Ihren Erziehungsstil ergänzen, oder befreundete Familien, die Ihr Kind zu Fußballspielen und Ausflügen mitnehmen, oder jemand vom anderen Geschlecht, der oder die Ihrem Kind ab und zu bei den Hausaufgaben hilft und mit ihm über seine Probleme und Vorlieben spricht.

Wir haben viele allein erziehende Eltern beobachten können, die ihre außer Rand und Band geratenen Kinder mit der Hilfe und Unterstützung anderer Menschen wieder in gesunde Bahnen lenken konnten. Denken Sie daran, dass Gott gewissermaßen auch ein *allein erziehender Vater* ist (siehe Jeremia 3,8). Er wurde symbolisch von Israel *geschieden* und musste seine Kinder ohne Unterstützung großziehen, er versteht Ihren Kampf und wird Ihnen helfen!

Ein Partner, der nichts von Grenzen hält. Vielleicht sind Sie verheiratet, aber in Ihren Bemühungen um gesunde Grenzen für Ihr Kind trotzdem allein. Das kann ein ernsthaftes Problem werden, wenn das Kind die Eltern gegeneinander auszuspielen beginnt. Dann steht der grenzenbewusste Elternteil oft als Buhmann da. Das Kind gerät in einen inneren Zwiespalt und wendet sich naturgemäß eher dem *lieben* Elternteil zu.

Wenn Ihr Partner Ihre Grenzenerziehung nicht unterstützt, sprechen Sie ihn oder sie konkret darauf an, bevor Sie sich wirklich in die Arbeit mit Ihrem Kind stürzen. Wenn er oder sie nicht darauf eingeht, arrangieren Sie die Dinge so, dass der verantwortungslose Partner auch die Früchte seiner Inkonsequenz erntet. Wenn Ihr Partner zum Beispiel keine Lust hat, Ihr Kind dazu anzuhalten, dass es seine Aufgaben im Haushalt erledigt, dann überlassen Sie eben Ihrem Partner diese Tätigkeiten. Wenn Ihr Partner es nicht so wichtig findet, dass Ihr Kind seine Hausaufgaben macht, dann leiten Sie die Anrufe des Lehrers an ihn oder sie weiter. Wenn der Widerstand Ihres Partners über einfache Bequemlichkeit hinausgeht, sollten Sie sich Hilfe suchen. In den meisten Fällen behindern Grenzenprobleme des einen Partners mehr als nur die gemeinsame Erziehung. Betrachten Sie dies daher weniger als ein Thema Ihrer Elternschaft, sondern eher als Eheproblem.

Der Plan

Überlegen Sie sich eine Struktur, die Sie für sich selbst verwenden und Ihrem Kind vorstellen möchten. Beziehen Sie die oben erarbeiteten Erkenntnisse mit ein und schreiben Sie anhand der folgenden Punkte Ihren Plan nieder. Dies ist sehr wichtig! Viele Eltern werden von ihren Kindern mit dem Satz schachmatt gesetzt: „Aber das hast du so gar nicht gesagt!" Was aufgeschrieben ist, kann nicht in Frage gestellt werden! Vielleicht sollten Sie sich zunächst nur auf ein oder höchstens zwei Grenzenprobleme konzentrieren. Denken Sie daran, dass Sie die Regeln der Realität, wie Ihr Kind sie bisher wahrgenommen hat, total auf den Kopf stellen. Zuerst wird es sich dabei vorkommen, als sei es auf einem anderen Planeten gelandet!

Das Problem: Beschreiben Sie das Problem in spezifischen Worten: Die Noten Ihres Kindes sind völlig inakzeptabel. Es hat Verhaltensprobleme, das heißt es reagiert nicht auf Anweisungen oder kommt ständig zu spät und bringt keine Aufgabe zu Ende. Oder seine Einstellung lässt zu wünschen übrig: Widerworte, Beleidigungen, Wutausbrüche, Wehleidigkeit. Hüten Sie sich in Ihrer Beschreibung vor Angriffen auf das Kind (wie etwa: „Du bist ein Lügner", oder „So wirst du es nie zu etwas bringen"), denn dann wird es in eine Verteidigungshaltung gedrängt.

Die Erwartungen: Sie möchten, dass das Kind nur noch Dreier und schlechtestenfalls eine Vier nach Hause bringt. Sie möchten, dass es sofort antwortet, wenn Sie ihm eine Frage stellen. Sie haben keine Lust mehr auf Machtkämpfe. Es ist okay, wenn das Kind eine andere Meinung vertritt als Sie, aber Beleidigungen werden nicht geduldet. Ihre Erwartungen müssen messbar und realistisch sein. Messbare Dinge werden meist eher verbessert als andere!

Die Konsequenzen: Schreiben Sie auf, was passiert, wenn das Kind Ihren Erwartungen nicht entspricht. Es wird diese oder jene Privilegien verlieren, folgende Einschränkungen hinnehmen müssen. Zum Beispiel könnten Sie Teile des Taschengeldes streichen, die Fernsehzeiten oder gar die Ausgehzeiten mit Freunden kürzen. Die Konsequenz sollte möglichst viel mit dem Vergehen zu tun haben und angemessen sein. Auch positive Konsequenzen sollten Sie aufschreiben, wenn das Kind entsprechende Bemühungen und Fortschritte zeigt. Seien Sie hier aber vorsichtig; manche Eltern übertreiben mit den Belohnungen und überschütten ihr Kind regelrecht mit Lob, nur weil es sich einmal nicht wie im Dschungel aufführt. Und Sie möchten schließlich nicht, dass Ihr Kind davon ausgeht, dass es jedes Mal ein neues Fahrrad bekommt, wenn es sich die Zähne putzt. Es wäre später schwer enttäuscht, wenn es seinen ersten Job hat und es von niemandem gelobt wird, weil es pünktlich zur Arbeit erscheint. Es ist völlig in Ordnung, dass gewisse Grundvoraussetzungen bezüglich des Verhaltens in Ihrer Familie bestehen, für deren Einhaltung es keine Sonderbelohnung gibt.

Schritt 5: Stellen Sie den Plan vor

Sie und Ihr Kind müssen beide ein Teil dieses Planes sein. Je mehr das Kind darin eingebunden ist und je mehr Zeit, Hilfe und Informationen es bekommt, desto wahrscheinlicher ist es, dass es mehr und mehr die Verantwortung für seine eigene Entwicklung übernimmt. Laden Sie es zur Zusammenarbeit ein, obwohl der Plan natürlich auch durchgeführt wird, wenn es sich verweigert. Beachten Sie die folgenden Elemente:

Erklären Sie dem Kind den Plan in einer friedlichen Stunde. Warten Sie auf eine gute Gelegenheit, wenn Sie und Ihr Kind gut miteinander auskommen. Holen Sie Ihre Notizen nicht mitten in einem Streit heraus; damit polarisieren Sie nur noch stärker und das Kind fühlt sich dazu gedrängt, besonders negativ auf Ihre Ideen zu reagieren.

Sprechen Sie mehr von den Dingen, für die Sie sind, statt von denen, gegen die Sie sind. Lassen Sie Ihr Kind wissen, dass dies alles nicht dazu dienen soll, es zu etwas zu zwingen, weil Sie wütend auf es sind. Erklären Sie ihm vielmehr, dass Sie ein Problem an ihm wahrnehmen, das es selbst und andere Menschen verletzt. Sie möchten dieses Problem in den Griff bekommen, weil Sie Ihr Kind lieben, und am liebsten möchten Sie das zusammen mit dem Kind tun.

Erläutern Sie das Problem. Wie schon gesagt: Sie sollten spezifische Worte finden, um das Problem zu beschreiben. Sprechen Sie über die schmerzlichen Folgen: „Deine Beschimpfungen sind schlimm, weil du anderen damit wehtust. Irgendwann will dann niemand mehr etwas mit dir zu tun haben und das täte mir sehr Leid!"

Stellen Sie Ihre Erwartungen vor. Auch hier sollten Sie das Kind möglichst stark miteinbeziehen. Lassen Sie es ganz genau wissen, was Sie möchten.

Stellen Sie die Konsequenzen vor. Atmen Sie einmal tief durch und seien Sie dann ganz direkt. Keine Scheu vor schlechten Nachrichten! Sie tun Ihrem Kind nicht weh, sondern Sie bereiten ihm den Weg in eine bessere Zukunft! Erklären Sie dem Kind, dass es die Wahl hat. Es kann mit seinem Verhalten einfach so weitermachen, doch es muss sich darüber im Klaren sein, dass die angekündigten Konsequenzen dann wahr werden. Denken Sie daran: Sie können das Verhalten Ihres Kindes nicht kontrollieren, wohl aber die Konsequenzen! Bleiben Sie bei *Ihren Leisten* und versuchen Sie nicht, dass Kind zu zwingen.

Verhandeln Sie über alles, was verhandelbar ist. Lassen Sie das Kind seine Meinung zu alledem äußern. Kleine Zugeständnisse können dem Kind helfen, sich weniger machtlos zu fühlen. Lassen Sie es auch wissen, dass Sie Ihre Erwartungen und Konsequenzen anpassen werden, wenn es die Bereitschaft zur Mitarbeit zeigt. Geben Sie aber nicht in grundsätzlichen Punkten nach! Sex-Experimente, Gewalt, schlechte Noten, Schuleschwänzen, Lügen oder Konflikte mit dem Gesetz sind keine Grauzonen!

Denken Sie auch immer daran, dass für Erwachsene teilweise andere Regeln gelten als für Kinder. Oft wird Ihr Kind protestieren: „Aber du machst das doch auch nicht!" Das passiert oft im Zusammenhang mit Schlafenszeiten, Geldfragen und so weiter. Sie müssen ehrlich genug sein zuzugeben, wenn Sie zum Beispiel in letzter Zeit zu viel ferngesehen haben und Ihr Verhalten sofort ändern. Allerdings ist es nun mal ein Fakt, dass Erwachsene mehr Freiheiten haben als Kinder, weil sie auch (hoffentlich) mehr Verantwortungsgefühl besitzen. Verantwortlichkeit bringt Freiheit, das muss Ihr Kind wissen und verstehen. Stellen Sie ihm Freiheiten in Aussicht, wenn es sich verantwortungsvoll verhält. Es hat auch seine Vorteile, erwachsen zu werden!

Erwartungen und Konsequenzen müssen jederzeit einsichtig sein. Legen Sie Ihren Plan gut sichtbar irgendwo hin, damit Sie sich selbst und das Kind immer wieder daran erinnern. Wie bei einem Vertrag müssen Sie vielleicht beide immer mal wieder nachschauen, wie der genaue Wortlaut war.

Schritt 6: Halten Sie den Kurs

Dieser letzte Schritt ist schwieriger und wichtiger als alle anderen. Der ganze Plan bricht zusammen, wenn Sie nicht als personifizierte Grenze für das Kind auftreten. Alles hängt davon ab, dass Sie das tun, was Sie angekündigt haben. Um ein Sprichwort abzuwandeln: Der Weg zur Grenzenlosigkeit ist mit guten Vorsätzen gepflastert! Hier sind einige der Hindernisse, mit denen Sie rechnen müssen:

Erwarten Sie Ungläubigkeit und Tests. Sie konfrontieren das Kind mit einer völlig neuen Sicht der Welt, in der sein Verhalten und sein Leiden direkt miteinander zusammenhängen. Es hat nicht länger eine nörgelnde, wütende Mutter, auf die es sich konzentrieren, die es ignorieren oder umgehen muss. Stattdessen ist da jetzt eine Frau, die einen Schritt zurück macht und das Kind frei entscheiden lässt, wie schwierig oder angenehm sein Leben verlaufen wird. Das ist gewöhnungsbedürftig!

Obwohl Ihr Kind vielleicht schon meckert, wenn Sie ihm Ihren Plan vorstellen, ist das meist noch nicht der eigentliche Test. In dieser Phase sieht es Ihre Präsentation vielleicht noch als eine Ihrer üblichen Nörgeleien und hört gar nicht richtig zu. Erst wenn Sie es die Konsequenz spüren lassen, die einer Grenzüberschreitung folgt, wird der Widerstand einsetzen. Sie können mit Reaktionen wie Schock, Wut, Verletztheit, Isolation, Schuldzuweisungen, Ausrastern und Manipulationsversuchen rechnen. Ihr Kind befindet sich mitten in dem Kampf, der nun einmal nötig ist, damit die Realität Herr werden kann. Und obwohl es dafür sorgt, dass Sie sich schlecht fühlen, fühlt es sich selbst noch viel schlechter! Der Krieg in seinem Inneren ist viel schlimmer als sein Kampf gegen Sie. Dafür sollten Sie Mitgefühl aufbringen. Ihr Kind ist wie ein Schaf ohne Hirte, verloren in seiner eigenen Unreife (siehe Markus 6,34).

Man kann gar nicht überbetonen, wie wichtig es ist, dass Sie an dieser Stelle unbedingt an Ihren Konsequenzen festhalten! Sie fühlen sich vielleicht schuldig, schlecht, gemein, gehasst, allein und ungeliebt, aber halten Sie die Grenzen aufrecht! Beten Sie um Kraft, rufen Sie Freunde an, die Sie unterstützen, und tun Sie, was Sie können, um fest zu bleiben. Denken Sie daran, dass Gott dasselbe durchmacht, wann immer er uns zu unserem eigenen Besten diszipliniert. Wir protestieren, jammern, hassen ihn, toben und bezeichnen ihn als ungerecht. Trotzdem liebt er uns so sehr, dass er nicht zulässt, dass wir weiter in die falsche Richtung rennen. Ihre Konsequenz ist Teamarbeit zwischen Ihnen und Gott, die gemeinsam Ihr Kind zu einem reifen Menschen erzieht.

An diesem Punkt kann es hilfreich sein, Ihr eigenes Leben im Rückblick zu betrachten. Gab es Zeiten, in denen mangelnde Strukturen und Konsequenzen Sie etwas gekostet haben? Wurden Sie manchmal zu sehr kontrolliert und hatten keine Wahlmöglichkeiten, sodass Sie auch später Schwierigkeiten damit hatten, Entscheidungen zu treffen? Lassen Sie Ihr Kind von Ihren Erfahrungen profitieren und versuchen Sie nicht, es vor der Realität zu beschützen.

Haben Sie Geduld und scheuen Sie sich nicht vor Wiederholungen. Ihr Kind befindet sich auf einer Lernkurve und Lernen bringt viele Herausforderungen mit sich. Gehen Sie daher davon aus, dass das Kind nicht nur Ihre Grenzen überschreiten wird, sondern sich auch gegen die Konsequenzen auflehnt. Wenn die Idee der Grenzen neu für Sie ist, werden Sie nicht immer konsequent bleiben. „Feste Nahrung gibt es nur für die Gereiften, die ihre Sinne geübt und geschärft haben, um Gut und Böse zu unterscheiden" (Hebräer 5,14). Bleiben Sie dran und üben Sie, so konsequent wie möglich zu sein. Wenn Sie sich dazu nicht in der Lage sehen, suchen Sie Hilfe bei reifen Freunden, die Sie begleiten und mit Ihnen gemeinsam herausfinden, ob Ihr Problem etwas mit Ressourcen, Fähigkeiten, Charaktereigenschaften oder unrealistischen Erwartungen zu tun hat. Dann können Sie die nötigen Schritte unternehmen.

Loben Sie Ihr Kind für jeden richtigen Schritt. Wenn der Prozess vorangeht, werden Sie mit der Zeit weniger unerwünschtes und mehr erwünschtes Verhalten bei Ihrem Kind bemerken. Vielleicht macht es Ihr Kind traurig, wenn es seine eigenen Begrenzungen und seine Verletzbarkeit erkennt. Seien Sie liebevoll und unterstützend! Ihr Kind arbeitet sehr hart – auch wenn es sich die ganze Zeit beklagt –, um sich Ihren Erwartungen anzupassen. Konzentrieren Sie sich nicht zu sehr auf Ihre Liebe zu Ihrem Kind, denn das sollte eine absolute Konstante sein. Machen Sie Ihr Kind vielmehr ständig darauf aufmerksam, wie viel angenehmer sein Leben ist, wenn es keine Konsequenzen zu spüren bekommt, und dass auch die Menschen um es herum dann viel glücklicher sind. Helfen Sie Ihrem Kind zu erkennen, dass das Akzeptieren von Regeln und Grenzen zu seinem eigenen Besten ist und dass es das nicht tun muss, um sich Ihre Liebe zu verdienen. Vielleicht könnten Sie sogar eine Party feiern, wenn Ihr Kind einen großen Schritt in die richtige Richtung getan hat.

Feinabstimmung und Anpassung. Wenn Sie den Eindruck haben, dass ein Kind eine Basisanforderung nun ganz gut meistert, leiten Sie den nächsten Schritt ein. Oder vielleicht müssen Sie sich einem anderen Problem zuwenden. Auf jeden Fall sollte das Kind nicht den Eindruck gewinnen, dass sich in Ihrer Beziehung alles nur noch um Grenzen dreht. Sorgen Sie deshalb auch immer wieder für unbeschwerte, einfach nur spaßige Zeiten. Das Kind muss aber auch wissen, dass es in seinem Leben ständig dazulernen muss, um „so zu leben, dass es dem Herrn Ehre macht ... tut stets, was ihm gefällt. Euer Leben wird als Frucht viele gute Taten hervorbringen, und auch in der Erkenntnis von Gottes Willen werdet ihr immer weiter fortschreiten" (Kolosser 1,10). Sie und das Kind dürfen diesen Prozess nie aus den Augen verlieren.

Ist es bereits zu spät?

Eine wichtige Frage, die Eltern uns im Zusammenhang mit Grenzen immer wieder stellen, lautet: „Ist es irgendwann zu spät, um damit anzufangen?" Eltern, die mit schweren Verhaltensproblemen bei ihren Teenagern zu kämpfen haben, sind oft verzweifelt und entmutigt. Wir sind der Meinung, dass es nie zu spät ist, das Richtige für Sie und Ihr Kind zu tun. Ehrlicher und klarer im Hinblick auf Verantwortlichkeit zu werden, mehr Initiative bei der Problemlösung zu zeigen und eine gewisse Struktur in Ihr Heim zu bringen sind wichtige Aspekte Ihres eigenen Wachstums und eines Lebens im Lichte Gottes. Selbst wenn Ihr Kind keine Grenzenprobleme hat, sollten Sie Ihr Leben an Gottes Gerechtigkeit ausrichten, denn: „Gott hält zu denen, die ihm gehorchen" (Psalm 14,5).

Andererseits ist es natürlich einfacher, Grenzen als Norm einzuführen, je jünger das Kind ist. Die Bibel lehrt uns, dass die Jugend die beste Zeit für die Gewöhnung an Grenzen ist: „Bring einem Kind am Anfang seines Lebens gute Gewohnheiten bei, es wird sie auch im Alter nicht vergessen" (Sprichwörter 22,6). Je länger ein Kind mit der Illusion lebt, es sei Gott, desto mehr Widerstand wird es leisten, wenn es diesen Gedanken aufgeben soll.

Doch Kinder sind immer noch Kinder, auch wenn sie im Teenageralter sind. Ein Kind ist jemand, der noch nicht erwachsen ist, jemand ohne die nötigen Fähigkeiten, um im wahren Leben zu bestehen. Das bedeutet, dass ein Kind, egal was es sagt und meint, noch nicht *fertig* und nicht fähig ist, allein mit dem Leben zurecht zu kommen. Gott hat es so geschaffen, dass es Sie als Begleiter beim Erwachsenwerden braucht. Auch das altklügste, distanzierteste Kind braucht Sie!

Etwas tief im Inneren Ihres Kindes braucht Sie und Ihre Einmischung, auch wenn es äußerlich noch so sehr dagegen protestiert. Oft ist es von seinen eigenen außer Kontrolle geratenen Gefühlen erschreckt und wünscht sich unbewusst jemand Größeren an seiner Seite, der ihm dabei hilft, sein Leben zu strukturieren. Mit Widerständen und Abwehrverhalten umzugehen ist nun einmal ein Teil der Elternschaft.

Sehen Sie dieses Thema als eine Frage Ihrer Ressourcen. Wenn Sie einen Teenager haben – besonders einen mit schweren Problemen –, brauchen Sie mehr Ressourcen, um die Situation zu verbessern. Mehr Zeit, mehr Energie, mehr Geld und die Unterstützung von Institutionen wie der Schule, der Kirche, Beratungsstellen oder sogar des Gerichts können hilfreich sein. Die Mutter eines 7-Jährigen braucht wahrscheinlich weniger Aufwand, um dasselbe zu erreichen, was bei einem Teenager Wochen dauert und viel Kraft kostet.

Sie werden sich mit unvollkommenen Ergebnissen abfinden müssen. Ein 16-Jähriger, der sein ganzes bisheriges Leben lang ein schwerwiegendes Verhaltensproblem gehabt hat, wird vielleicht nicht gerade ein Staranwalt werden. Aber Sie haben noch die Gelegenheit, ihm in seinen letzten Kinderjahren einige wichtige Erfahrungen mit auf den Weg zu geben. Er kann Methoden und Ideen lernen, wie er mit bestimmten Problemen umgehen kann, die ihm später im Erwachsenenleben weiterhelfen werden.

Viele Teenager, deren Eltern erst spät im Leben konsequent geworden sind, werden später von selbst Hilfe suchen und persönliches Wachstum anstreben. Wenn man aber noch im *Nest* sitzt, ist man vor so manchen Stürmen des Lebens geschützt. Und dabei sind das größte Problem die vermeintlich ahnungslosen Eltern. Doch wenn man dann selbst Miete zahlen, Essen einkaufen und sich Sorgen um mögliche Schwangerschaften machen muss, sieht man das Leben plötzlich in einem anderen Licht. Viele junge Leute nehmen sich dann zu Herzen, was ihre *doofen* Eltern damals gesagt und getan haben und beginnen selbst, gesunde Grenzen aufzustellen!

Geben Sie Ihr Kind nicht auf, auch nicht in den letzten Teenagerjahren. Nutzen Sie jede Gelegenheit, denn die Zeiten sind böse (Epheser 5,16). Sie sind die einzigen Eltern, die Ihre Kinder je haben werden; niemand hat so viel Einfluss auf ihre Herzen wie Sie!

Ihre Hoffnung

Die Begriffe *Elternschaft* und *Probleme* scheinen untrennbar miteinander zusammenzuhängen. Vielleicht beugen Sie momentan einfach bestimmten Problemen vor oder Sie haben bereits Sorgen mit Ihrem Kind, die Ihnen das Herz brechen wollen. Und doch weiß Gott davon. Er ist sich Ihrer Lage bewusst und möchte Ihnen und Ihrem Kind helfen. Gott hat eine Hoffnung für die Zukunft Ihres Kindes, die real und hilfreich ist. Diese Hoffnung zeigt sich in den folgenden Bereichen:

Gott selbst

Als der himmlische Vater Ihres Kindes ist Gott persönlich daran interessiert, dass Ihr Kind zu einem reifen, liebesfähigen und verantwortlichen Menschen heranwächst. Er möchte Ihnen als seinem *Agenten* in diesem Prozess zur Seite stehen. Gehen Sie zu ihm, wenn Sie Hilfe und Unterstützung brauchen, und bitten Sie ihn um seine Leitung und seinen Rat. „Mit dir schlage ich feindliche Horden zurück, mit dir, meinem Gott, überspringe ich Mauern" (Psalm 18,30).

Seine Regeln und Gesetze

Gott hat in seinem Wort seine Prinzipien und Gesetze vorgestellt, die den Prozess der Reife seiner Kinder unterstützen. Dieses Buch beruht auf vielen seiner *Erziehungs-Prinzipien*. Lesen Sie daher vor allem in Gottes Wort, um Ihrem Leben und Ihrer Elternschaft die nötige Struktur zu verleihen. „Sogar in meiner Not bin ich getröstet, denn durch dein Wort erhältst du mich am Leben" (Psalm 119,50).

Seine Realität

Weil Gott das Universum nach seiner Natur geschaffen hat, läuft das Leben besser, wenn wir es auf seine Weise versuchen. Wenn wir mitfühlend, verantwortlich und an ihm ausgerichtet leben, stehen die Chancen für unser Gelingen gut. Die Realität ist dann auf unserer Seite. Gott hat sie so gestaltet, dass ein unreifes Verhalten Ihrem Kind Unannehmlichkeiten einbringt; Selbstverantwortung führt dagegen meist zu einem gewissen Gefühl der Befriedigung und Erfüllung. Lassen Sie zu, dass Ihr Kind das erlebt, um Grenzen kennen zu lernen.

Sein Volk

Andere Menschen, die versuchen, in Gottes Sinne zu leben, können Ihnen dabei helfen, Ihrem Kind zu helfen. Lassen Sie sich unter die Arme greifen und sich mit Liebe, Struktur, Unterstützung und Leitung versorgen. „Von ihm her wird der ganze Leib zu einer Einheit zusammengefügt und durch verbindende Glieder zusammengehalten und versorgt. Jeder einzelne Teil erfüllt seine Aufgabe, und so wächst der ganze Leib und baut sich durch die Liebe auf" (Epheser 4,16).

Ihr Kind selbst

Ob Sie es glauben oder nicht – Ihr Kind ist ebenfalls ein Agent derselben Hoffnung auf Wachstum und Verantwortlichkeit. Gott hat es mit dem Bedürfnis geschaffen, sein Leben in Verantwortung vor ihm selbst in die Hand zu nehmen. Es mag sich dessen noch nicht bewusst sein, aber Sie sind es! Denken Sie daran, dass Sie ihm dabei helfen, die Vorstellung von Gott zu vertiefen, die es bereits in sich trägt, denn es ist ebenso nach seinem Bild geschaffen wie Sie und ich.

Erinnern Sie sich immer wieder an diese Hoffnungszeichen und lassen Sie sich von ihnen trösten und helfen, während Sie Gottes Spuren folgen und Ihr Kind dazu anleiten, dasselbe zu tun.

Ich danke Ihnen für die Opfer und Mühen, die Sie jeden Tag auf sich nehmen, um Ihr Kind zu einem selbstständigen, liebesfähigen Mitglied der Gesellschaft zu erziehen. Gott segne Sie dabei!

DER ULTIMATIVE MÜHLAN-RATGEBER!

Claudia & Eberhard
Mühlan:

**DAS GROSSE
FAMILIEN-
HANDBUCH**

Erziehungstips für alle
Entwicklungsphasen
Ihres Kindes

Nach 25 turbulenten Ehejahren
mit 13 Kindern haben Claudia und Eberhard Mühlan
reichlich Erfahrungen und jede Menge erprobte Praxis-
Strategien gesammelt, von denen schon unzählige
Familien profitieren konnten.

In kurzen, knackigen Kapiteln auf jeweils einer Doppel-
seite geben sie Rat in allen Fragen der Erziehung – von
der Geburt bis zum heiklen Teenageralter. Und damit bei
alledem die eheliche Beziehung nicht zu kurz kommt,
gibt es auch zum Thema Partnerschaft viel Nährstoff.

Die einzelnen Kapitel sind übersichtlich nach Stichworten
geordnet und machen das zweifarbig gestaltete Buch zu
einem stets aktuellen Nachschlagewerk für alle
Erziehungsfragen. Über 200 Fotos sowie Fragebögen,
Platz für Notizen und weiterführende Literaturhinweise
runden diese „Pflichtlektüre" für engagierte Eltern ab.

Gebunden, 280 Seiten, Bestell-Nr. 815 434

Josh McDowell:

DIE
PAPA-CONNECTION

So legen Sie ein gutes
Fundament im Leben
Ihrer Kinder.

Möchten Sie auch ein Vater sein,
der von seinen Kindern respektiert und geachtet
wird, der der beste Freund seiner Kinder ist und auf den
sie sich unter allen Umständen verlassen können?
Möchten Sie eine Zuflucht für Ihre Kinder sein, jemand,
zu dem sie aufschauen und der für seine Kinder eintritt?
Was bedeutet es überhaupt, ein „guter Vater" zu sein?

Auch wenn Sie selbst kein Rollenvorbild für gute Vaterschaft gehabt haben, können Sie genau diese Art von
Vater werden! Josh McDowell führt zehn Eigenschaften
auf, die jeden guten Vater auszeichnen. Und er zeigt
anhand des großen Vorbilds für gute Vaterschaft,
nämlich Gott, unseres himmlischen Vaters, wie Sie
die „Connection" zu Ihrem Kind bekommen, die es
so dringend braucht.

Fragen zum weiteren Nachdenken und zum Gespräch
mit den Kindern runden jedes Kapitel ab. Zudem finden
Sie viele wertvolle und hilfreiche Tipps für gemeinsame
Aktivitäten.

Paperback, 180 Seiten, Nr. 815 633